JN410805

추억追憶의 편린片鱗들

문금용 지음

위대한 빛의 저력

한솜미디어

하늘이 천국인가, 천국이 하늘인가.
그 무한대의 광활한 하늘 공간에 하나님 계시는 하늘 궁궐은 어디인가. 하늘보다 상위개념인 천국은 하나님이 계시는 영혼의 나라, 영혼의 세계로 죽어 가보지 않고서는 상상할 수 없는 불가사의한 형이상학적 사차원의 신비 그 자체인 것이다.

나는 이 신비의 나라를 그려 보고 싶다.

나는 강렬한 원색톤을 잘 구사한다.
그것은 색감을 통해 그 내면에 영혼을 실현코자 하는 것이 나의 감성적 미학이며 노을빛 창작이다.

불타는 노을은 장엄하고 화려하게 마지막을 장식한다.
그 신비한 빛의 유혹.
황혼의 길목에서 찬란한 수확의 결실을 한번 보고 싶다.

열정으로 꽃피운 감성의 미학!
영구 미완성의 길목에서 무아의 빈자리에 탄생하는
창작의 기쁨과 소중함이여!

나의 아틀리에(atelier) 고촌은 창작의 산실이다.
이 공간에서 지고지순(至高至純)을 갈망한다.
그러나 그것은 잘 잡히지 않는다. 무엇인지도 모르겠다.
다만 나에게 기쁨을 주는 작품들이 비상(飛翔)하는 것을 보고 싶다.

나의 작품 소재는 역시 자연의 근저에 두고 있으나
가급적이면 사실적이고 묘사적인 접근은 피한다.
구상, 추상 등으로 형상화한 콘셉트가 이루어지면
사유적 기법으로 실재하지 않는 이상의 세계를 탐구하고
작품을 제작한다.

이 과정은 가장 어려운 작업이기도 하다.
그러나 때로는 만족한 작품을 얻기도 하며
최대의 희열을 느낄 때도 있다.

저자 문금용(文今用)

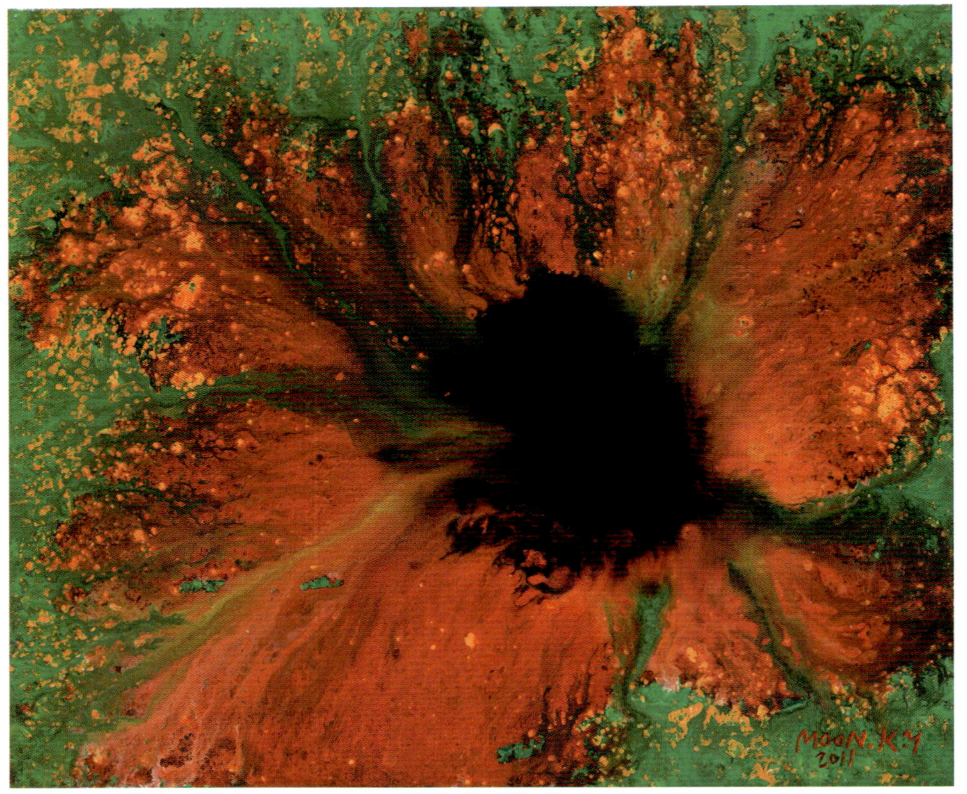

열애

열애熱愛

그림의 꽃밭에 문학의 씨를 뿌리고
문학의 토양 위에 그림의 꽃이 핀다.

갈증을 해소할 예술의 샘은 어디일까.

예술의 이름으로 피어난 열애의 꽃은
아름다운 사랑의 감성으로 영원하리라.

열정

열정熱情

열정이란 에너지를 불태우지 않고 얻어지는 예술은 빛이 없다.
열정은 내게 있어서 생명의 원천이며 욕망의 에너지다.
열정을 쏟지 않고 얻어지는 것은 무가치하다.
열정의 에너지를 불태워서 얻어지는 예술은 불멸의 최고봉이 될 것이다.

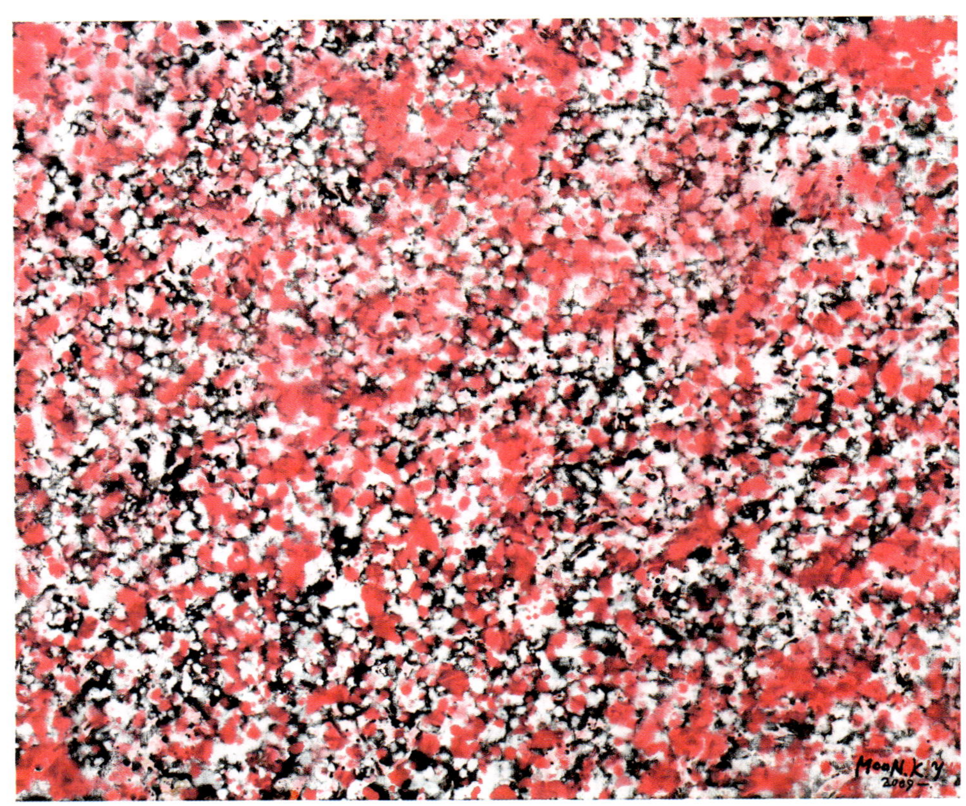

윤중로의 봄

윤중로의 봄

남녘의 봄소식
화신으로 전해 듣고
서울의 봄은 늦잠에서 깨어난다.
화들짝 놀라 꽃망울 터뜨리니
여기는 서울 여의도 윤중로
인파, 인파, 인산, 인해
윤중로의 봄은 이렇게 온다.

파라다이스(Paradise)

파라다이스

나는 실재하지 않는 이상의 세계를 꿈꾼다.
즉, 내가 좋아하는 파라다이스가 그런 영역이다.
사유적 추상기법을 통해 형이상학적 정신 지형으로
신비한 작품을 창작하는 것이 최대의 목표요, 기쁨이다.

야망

비상

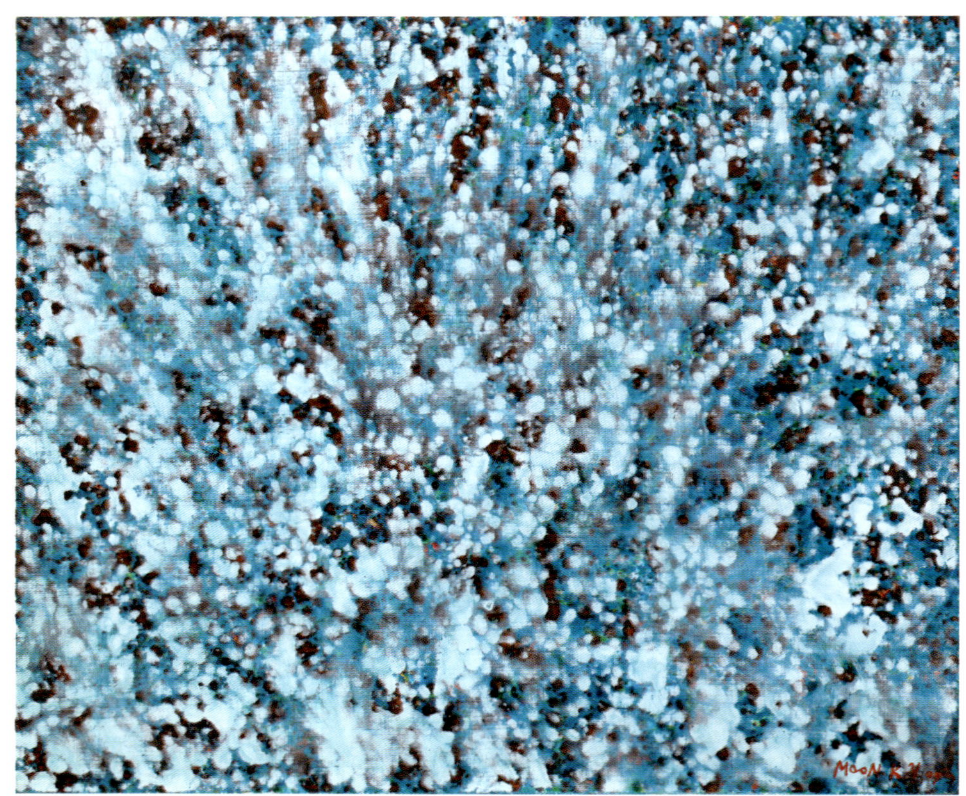

축제

축제祝祭

설레임이 있는 날을 기다리는 밤은
마음이 들떠서 단잠을 잘 수가 없다.

설치던 잠자리 잠시 눈을 붙이면
어딘지 알 수 없는 경이로운 세계를 본다.

그 형상의 테마는 영혼의 신미였고
심연에 응고된 그리움의 꽃이었다.

축제의 한마당이 열리는 그날은
뜨거운 열기 속에 갈채의 박수가 터질 것이다.

하늘에서 본 금수강산

하늘에서 본 금수강산

높은 곳에 하늘이 있고
낮은 곳에 땅이 있어
땅에서 하늘을 보고
하늘에서 땅을 본다.
천하명산 금수강산
아름다운 청산이여!

천지창조

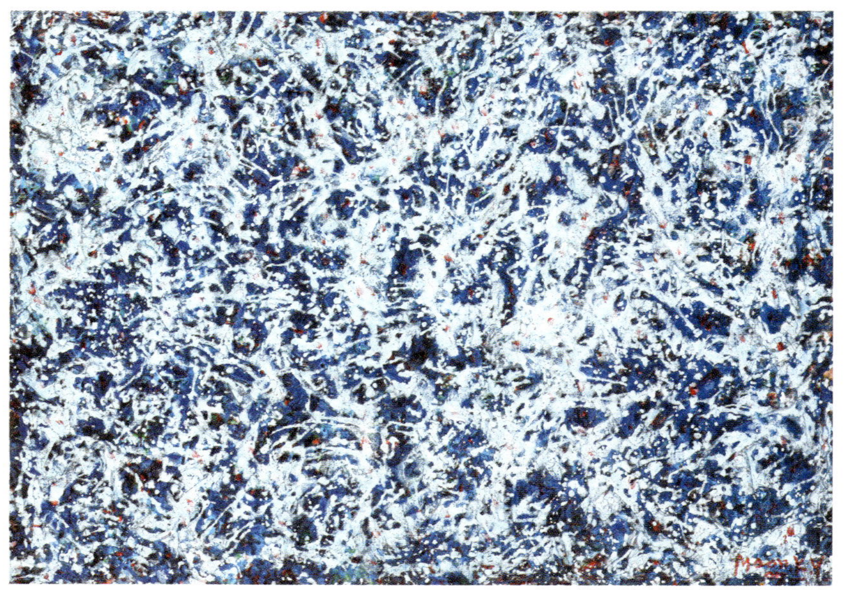

축제

터키 국립현대미술관 초청

한국터키국제현대미술전 출품작

Innocent love

사랑의 이름으로

파라다이스(Paradise)

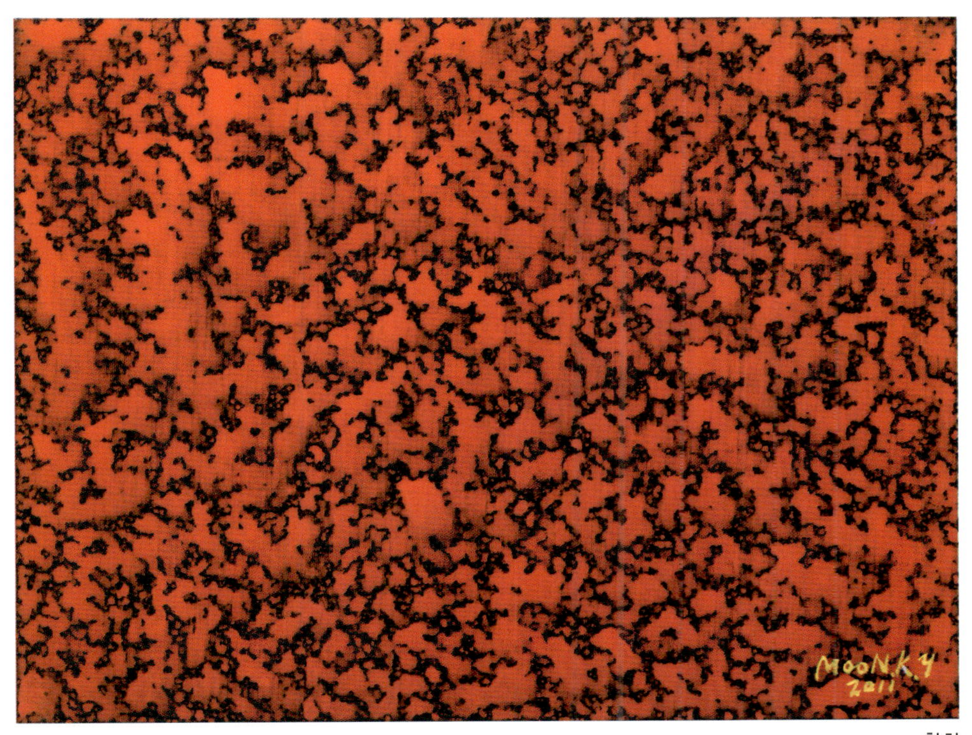

환희

시간은 물과 같이 흘러 또 새로운 한 해 신묘년이 밝았다.

오랜만에 글을 좀 쓰기 위해 책상머리에 앉으니 창밖으로 녹음 짙은 푸른 밤섬이 한눈에 들어온다.

언론직을 떠난 이후 글을 써야 할 일이 특별히 없었는데, 책 한 권을 단행본으로 출판하는 기회에 그 출판사에서 발행하는 '풍자문학諷刺文學'의 논설위원論說委員으로 취임 권유를 받아 6년 동안 글을 쓰게 되었다. 내가 쓰는 글의 범위는 정치 · 경제 · 사회 · 문화 등에 걸쳐 그때그때 이슈가 되고 있는 문제점들을 풍자諷刺와 해학諧謔적인 측면에서 논평論評 · 칼럼 형식으로 다루어 '쓴소리 단소리' 편에 실었다. 또한 동유럽 6개국을 탐방, 여행하면서 공산권에서 벗어나 서방 민주진영으로 편입한 그들 나라의 변화상을 보고 느낀 대로 수필체나 기행문 형식으로 다루어 여러 편을 썼다.

내가 쓴 글들이 잘 쓰고 못 쓰고를 떠나 이미 노년의 세월을 살아가고 있는 나이에 다시 이러한 글들을 쓸 기회도 없을 것 같고 또 한편으로 소중한 재료가 되고 추억이 될 것으로 생각되어 풍자문학에 실었던 여러 원고들을 간추려 한데 엮었다. 또한 새롭게 하고 싶은 이야기, 남기고 싶은 말을 덧붙여 '추억의 편린들'이란 이름으로 한 권의 책을 낸다.

많은 수고를 아끼지 않은 출판사 김태봉 사장과 직원 여러분께 고마운 인사를 전한다.

시퍼렇게 날이 선 연장도 오랫동안 쓰지 않으면 녹이 슬듯이 글도 한동안 쓰지 않았더니 마음처럼 잘 되지 않는 것 같다. 따라서 이 책을 읽어 주실 독자 여러분의 많은 이해를 바라는 바이다.

신묘년 새해

밤섬이 보이는 서가(書架) 묵헌산방(墨軒山房)에서

저자 문금용(文今用)

목차

작가노트 / 2
작품감상 / 4
초대전시 / 13
서문(序文) / 16

Part 01 논설 · 수필 · 기행

- 세계의 자랑, 한국 민화의 예술성 25
  — 순수한 겨레의 그림으로 친근감 느껴
- 인사동 제 모습 찾기 운동 29
- 천세 만세에 빛나는 문화 대국을 기대하며 32
- 우리 정치 진정한 국리민복 위해 선진화되는 것이 시대적 요망 39
- 가을의 노래 48
  — 만산홍엽(滿山紅葉) 시정(詩情)의 낙엽
- 재신임 국민투표 국정혼란 자초 철회하는 것이 바람직하다 56
- 4.15 총선 65
- 4.15 총선의 의미 79
  — 17대 국회에 바란다
- 러시아 탐방 90
- 동유럽 탐방 114

- 불 꺼진 집창촌 ······ 142
  — 성매매 특별법의 파장
- 인사동 이대로 좋은가? ······ 152
- 건국대통령 이승만의 업적과 명암 ······ 159
  — 뒤돌아보는 8.15, 광복 60주년을 말한다
- 청계천 새물맞이 ······ 173
- 폴란드 크라쿠프와 체코 수도 프라하 ······ 184
  1. 폴란드 크라쿠프 — 역사적인 두 곳의 관광명소 / 185
     ① 왕립 소금광산 비엘리치카 / 186
     ② 아우슈비츠 수용소 / 191
  2. 체코의 수도 프라하(Prague) — 세계 관광객이 줄을 잇는다 / 194
     ① 프라하의 봄(Prague Spring) — 세계에 감동을 준 민주자유화 운동 / 201
     ② 벨벳혁명 — 비폭력 무혈혁명으로 민주화 쟁취 / 203
- 한명숙 총리에 바란다 ······ 206
- 전시작통권 단독 행사 서둘 때가 아니다 ······ 220
- 노무현 대통령 당찬 리더십으로 국난 극복을 ······ 232

Part 02 사랑과 예술 그 영원한 추억

- 밤섬의 사계 247
  — 서울은 한강이 있어 아름답고, 한강에는 밤섬이 있어 더욱 아름답다
- 서울의 봄 253
- 인사동의 봄 256
- 즐거운 바캉스로 추억을 만들자 259
- 추억의 수채화전 263
  — 가을의 찬가(讚歌) 그리고 시정(詩情)의 낙엽
- 잊을 수 없는 하숙집 이야기 267
  — 영원한 구원의 어머니상
- 그림과 함께한 세월이야기 283
  — 나는 어떻게 화랑을 하게 되었는가?
- 나는 어떻게 화가가 되었는가? 298
- 최초의 외국 여행 309
- 나의 신앙 나의 기도 325
- 역사와 문화가 꽃피는 터키와 그리스를 가다 329
  — 한국 · 터키 국제현대미술전

Part 03 반려견 사랑의 희로애락(喜怒哀樂)

백동이의 죽음 ………… 347
– 백동이의 홍역 투병기
킹돌이와의 이별 ………… 378
귀여운 우리 금동이 재롱에 시름을 잊다 ………… 390

추억의 편린 / 401

Part 01

논설 · 수필 · 기행

이 장의 글은 '풍자문학(諷刺文學)'의 논설위원(論說委員) 당시 쓴 글들로 정치 · 경제 · 사회 · 문화 등에 걸쳐 그때그때 이슈가 되고 있는 문제점들을 풍자(諷刺)와 해학(諧謔)적인 측면에서 논평(論評) · 칼럼 형식으로 다루었다. 또한 동유럽 6개국을 탐방, 여행하면서 공산권에서 벗어나 서방 민주진영으로 편입한 그들 나라의 변화상을 보고 느낀 대로 수필체나 기행문 형식으로 다루어 여러 편을 썼다.

이 장은 계간지 〈풍자문학(1~18호)〉에 게재한
작품들을 모은 것이다.

| 수 필 |

세계의 자랑, 한국 민화의 예술성

— 순수한 겨레의 그림으로 친근감 느껴 —

우리 조상들은 한결같이 아름답고 지혜로운 문화유산을 많이 남겼다. 그 시대상에 따라 약간씩 유형은 다르나 여러 형태의 전통적인 문화재가 많이 있다. 선조들의 작품은 우리 민족의 정신적인 혼이 깃들어 있고, 슬기로운 지혜와 멋이 살아있어 아름다움의 극치를 이루고 있는 것들이 많다. 우리 문화유산에는 겨레의 가식 없는 생활감정과 정서가 소박하게 담겨 있고, 그 순진무구한 아름다움은 우리 겨레의 심성과 맞닿아 있는 것처럼 느껴진다.

한국의 민화 〈까치 호랑이〉

그 중에서도 가장 쉽게 우리 생활 주변에서 볼 수 있고, 수집할 수 있으며 감흥을 느낄 수 있는 것이 무엇이냐고 묻는다면 필자는 서슴없이 한국의

민화라고 대답할 것이다. 민화는 우리 겨레의 사랑과 애환이 담겨 있고 고향을 그리는 마음속의 향수를 느끼게 하는 친근감이 서려 있다.

민화란 과연 무엇인가? 민화는 글자 그대로 순수한 백성의 그림으로 바로 우리 겨레의 그림인 것이다. 초야에 묻혀 묵묵히 일하는 어느 이름 없는 농부의 그림이기도 하고, 대장간에서 구슬땀을 흘리며 무쇠를 녹여 연장을 만들던 어느 대장장이의 그림이기도 하다. 또한 입신을 꿈꾸는 이름 없는 선비의 그림이기도 하다. 이와 같이 민화를 그렸던 계급은 일반적으로 평범한 백성들이었다.

그림을 그리는 소질은 있었으나 학문적인 바탕이나 회화적인 기초가 없던 그들은 다만 그려 보고 싶은 것을 감정 그대로 꾸밈없이 솔직하게 표현했을 것이다. 누구에게 잘 그렸다고 평가받기를 원해서도 아니고 팔기 위해 그린 것은 더더욱 아니다. 이렇게 계산 없이 그려진 순수한 백성의 그림을 우리는 민화라고 부른다.

민화는 대체로 언제부터 그려지기 시작했는가? 민화는 5천여 년을 면면이 이어 내려온 역사 속에서 우리 민족의 삶과 항상 함께하고 있었다. 우리의 찬란한 고미술 영역에서 민화가 차지하는 비중은 실로 막중하다. 실제로 민화가 본격적으로 그려진 시대는 조선조 초기부터 말기까지라고 볼 수 있다.

초기의 작품은 문인화에 가까운 것이 많았으며, 중기에 접어들면서 본격적으로 감흥이 감도는 아름다운 민화를 그려 전성기를 이루었다. 차츰 후기로 내려오면서 민화는 양적으로는 늘어났으나 거의 묘사법에 가까웠고, 그 내용이나 질에 있어서는 많이 떨어졌다.

민화는 대체로 지본紙本이나 비단에 그려졌고 채색은 화려하게 사용했는데 당채로 그린 민화가 주종을 이루고 있다. 원색적으로 채색

법을 구사하여 당채로 그린 화조와 같은 그림은 아름다움의 극치를 느끼게 된다. 당채는 불변색이기 때문에 몇 백 년 전의 그림이 조금도 변하지 않고 보존되고 있다. 감탄을 금치 못할 일이다. 우리 조상의 지혜 앞에 머리가 숙여진다.

민화는 오래된 것일수록 좋다. 다시 말하면 연대가 높을수록 고미술로서 보존상의 가치와 전통적인 문화재로의 의미가 큰 것이다. 민화의 역사는 대체로 4~5백 년 된 것이 가장 오래된 것에 속한다. 대부분 2~3백 년 된 것이 많은데, 백 년 미만인 한말의 묘작描作도 상당히 있다. 때와 장소, 생활환경이 각기 다른 상태에서 그려진 민화가 공통적으로 순박한 감정을 담은 합일된 속성을 보이는 것은 회화적 기술이나 기법에 있는 것이 아니라 우리 민족의 진실된 정신과 혼이 맥으로 이어지기 때문이다.

민화는 대부분 사실적으로 정성껏 그렸다. 뿐만 아니라 음양학설적인 금슬琴瑟을 바탕으로 화면구도에 정감이 넘치는 원앙과 같은 암수를 그려 영원히 변치 않는 사랑을 구가했다. 이렇게 아름다운 의미를 지닌 민화는 거의 공통적으로 낙관落款이 없는 것이 특징이다. 그 이유는 다음 세 가지로 요약된다.

첫째는 그리는 사람 자신이 직업 화원이 아니라고 생각했고, 둘째는 뚜렷한 목적이나 팔기 위해 그린 것이 아니었다. 셋째로는 평범한 백성이 아호雅號가 있을 리 없다. 또한 반듯하게 이름과 호, 화제畵題를 붙일 수 있는 글재주가 없었기 때문이었을 것이다. 이와 같은 이유가 있었겠지만 낙관을 하지 않은 가장 의미 깊은 사연 중의 하나는 숭고지순하고 고고한 임 향한 일편단심의 충성심에 있었다.

'아무런 벼슬도 이름도 없는 촌부가 정성을 쏟아 그림을 그렸으나

보낼 곳이 없기에 구중궁궐에 계신 임금님께 태평성대를 갈구하며 그림을 바치고 싶은 충정이 마음 바탕에 깔려 있었다.'

그러니 어찌 감히 서투른 그림 위에 평민의 신분으로 이름을 쓰고 낙관을 찍을 수 있을까. 이러한 간절한 백성의 소망이 민화에 있어서 낙관이 없는 전설적인 이야기로 전해지고 있다. 이 얼마나 만고에 다시없는 우리 민족의 애국지심의 충절인가.

이렇듯 미술이란 어느 민족의 경우를 막론하고 그 나라의 생활감정과 정서가 농후하게 깃들어 있기 마련이다. 이것이 조형적으로 얼마나 특성이 있고 아름다운 극치를 보이는가에 따라서 그 민족미술의 미술사적인 의미와 이론이 정립된다고 할 수 있다.

민화는 여러 가지 형태의 종류가 있는데 가장 많은 것은 화조花鳥, 까치, 호랑이, 초충도草蟲圖, 일월곤륜도日月崑崙圖, 어해도魚蟹圖, 책거리, 호렵도胡獵圖, 십장생도十長生圖 등이 있고 약 50여 종에 가까운 그림으로 세분된다.

대체로 우리 조상들은 이런 소재를 벗 삼아 민화를 그려 왔고 꽃을 피웠으며 뿌리를 내려 오늘의 문화유산으로 남겼다. 기름진 부富보다는 청빈한 가난을 좋아했던 우리 조상들의 호수와도 같은 아름다운 감성과 고결한 정신, 바로 그것이 민화의 생명이요 본질이기도 했다.

우리는 아름답고 훌륭한 겨레의 자랑스런 그림 민화를 갖고 있다. 다른 민족의 회화예술에 비해 조금도 손색이 없는 겨레의 그림 민화의 소중함을 다시 한번 재인식하면서 민족적인 긍지를 갖고 그 보존과 연구에 최선을 다해야겠다. 오늘을 사는 후손으로서 이는 우리의 책무와 사명이기도 한 것이다.

— 〈풍자문학 2002년 가을 제1호〉

| 수 필 |

인사동 제 모습 찾기 운동

인사동은 우리나라의 유일무이한 전통문화의 거리이다. 유구한 역사를 가진 우리 민족의 고색창연한 이끼가 서려 있는 많은 문화유산들이 살아 숨 쉬는 역사의 거리여야 하는 것이다. 아울러 시대의 흐름에 따라 문화재적인 평가를 받아도 손색없는, 그야말로 장인정신을 발휘하여 만든 많은 물건들과 예술품들이 공존하면서 문화의 거리에 걸맞은 품격을 갖춘 거리로 거듭 태어나지 않으면 안 될 지경에 이르렀다. 말이 좋아 문화의 거리지, 문화의 거리와는 전혀 상반되는 무질서하고 소란한 광란의 거리로, 아이들의 놀이마당으로 전락해 버린 지도 벌써 오래다.

많은 문화업소가 문을 닫거나 다른 곳으로 떠나버리고 그나마 몇 군데 남아있는 문화업소는 유지가 어려워 비명을 질러대다가 이젠 아주 목이 쉬어버린 상태이다. 필자가 인사동에 들어와 화랑을 한 지도 어언 20여 년이 지났다. 돌이켜 보면 그때의 인사동은 지금의 모습과는 전혀 다른 그야말로 문화의 거리라고 할 만큼 화랑, 표구, 골동품, 도자기, 고목기, 고서화점, 지필묵 가게 등 다 열거할 수 없으리만큼 수많은 문화업소가 있었다. 따라서 이러한 문화유산 내지 문화상품을 구경하고 그 물건을 사기 위해 여유 있고 품위 있는 손님들

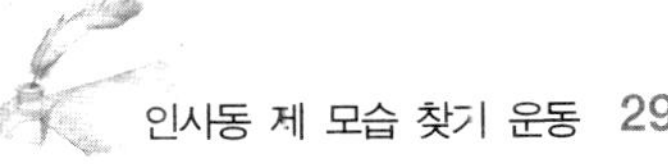

도 인사동에 많이 나왔다. 그러나 반대로 오늘의 상황을 놓고 볼 때 격세지감을 느끼지 않을 수 없다. 필자는 20여 년 전의 인사동을 그리워하며 향수를 느낀다.

문화는 한 나라의 지적 가치를 보는 척도이고 그 나라 국민의 품격과 수준이다. 이러한 토대 위에서 볼 때 작금의 인사동은 변해도 너무 변했고 그 본래의 모습이 변질되어도 한참 변질되었다. 몇 군데 남지 않은 문화업소도 이대로 간다면 문을 닫거나 떠날 것이고 망할 것이다. 그래도 좋은가? 인사동은 정말 이대로 좋은가? 인사동은 반드시 제 모습을 찾아야 하며 한국 문화예술의 거리로 그 본래의 모습으로 되돌려 놓아야 할 것이다. 자, 한번 열거해 보자.

첫째, 인사동에는 왜 그리 국적 불명의 액세서리, 기타 잡동사니들이 많은가? 그중에서도 중국 상품들이 왜 그리 많은가? 인사동은 한국의 문화예술의 거리이지 차이나타운이 아니다. 물론 국제화 시대 보호무역 장벽이 철폐된 오늘의 현실에서 외국 상품을 들여오지 않을 수도 팔지 않을 수도 없다. 그러나 외국 상품도 상품 나름이다. 그 상품들이 우리 국민 생활과 우리의 청소년들에게 꼭 필요하고 도움이 되는 물건들인가 다시 한번 생각해 볼 일이다.

둘째, 관계 당국에 말하고 싶다. 소위 물학 걸상이라는 큰 돌멩이가 인사동의 분위기를 살리고, 인사동을 찾는 사람들에게 꼭 필요한 것인가. 한마디로 인사동 분위기를 다 망치는 꼴불견이고, 무심히 대화를 하면서 걷다가는 다리 정강이 부러지기 일쑤이다. 위험하기 짝이 없는 장애물에 지나지 않는다. 따라서 많은 사람들이 이것을 치워 주기를 원한다.

셋째, 인사동 전통문화보존회에 말한다. 작금의 인사동은 보존회의 책임도 크다고 본다. 부질없이 마치 민속촌에서나 있을까 말까 한 행사를 기획하여 아이들만 모이게 하고 귀한 손님이 발길을 돌리는 현실에 대한 책임도 통감해야 한다고 본다. 인사동 전통문화보존회는 정말 우리 전통문화 보존을 위해 무엇을 하고 있으며 어떻게 추진하고 있는지, 그것이 많은 문화업소에 도움을 줄 수 있는 일인지에 대해 다시 한 번 신중히 검토하기 바란다. 따라서 불필요한 행사는 예산이 낭비되는 만큼 이롭지 못하고 소란스러울 뿐, 사람만 많이 모이게 하는 것이 능사는 아니다.

넷째, 인사동에 늘어만 가는 찻집과 식당은 가급적 뒷골목으로 유도하고 문화업소가 전면에 나서는 새로운 모양새를 갖춰야 한다. 뿐만 아니라 문화업소가 망해서 문을 닫고 이사하는 현상은 인사동의 비극이다. 문화업소를 보호하고 육성하는 것이 당국은 물론 보존회의 사명이다. 세계 어느 나라의 문화거리가 인사동 같은 곳이 있단 말인가. 앞으로 더 많은 외국인이 한국을 다녀갈 것이고 그들은 진정한 한국의 문화예술을 보기 위해 인사동을 찾을 것이다.

인사동의 제 모습 찾기 운동을 범시민적으로 벌여야 한다. 부질없이 인사동으로 모여드는 젊은이들이여! 미안하지만 차라리 대학로나 다시 종로 거리로 돌아가라. 인사동은 인사동에 걸맞은 손님이 와야 한다. 그래야 나라의 체모가 살고 인사동이 다시 제 모습을 찾을 것이다. 이대로 내버려두면 인사동은 그대들의 완전한 놀이마당으로 변해버릴 것이기에 말이다.

— 〈풍자문학 2002년 가을 제3호〉

| 쓴소리 단소리 |

천세 만세에 빛나는 문화 대국을 기대하며

▍미술계 불황을 타개하는 길

미술계의 불황은 지난 88년 올림픽 이후부터 점차적으로 심화되어 오다가 IMF를 맞아 더욱 막대한 타격을 받았다. 수많은 기업이 도산되고 부도가 나서 문을 닫게 되는 어려움에 직면, 수많은 실업자가 거리를 방황하였고 기업의 구조조정이나 합병 등으로 명퇴를 당하는 실직자들이 더욱 늘어나면서 국가적인 사회 현상은 대체로 암울하고 어수선했다. 이 가운데 여타 다른 분야에 비해 몇 배나 더 심각한 타격과 영향을 받은 곳이 미술계였다. 이처럼 미술계는 너무나 깊은 수렁에 빠져 헤어나지 못하고 허우적대고 있다.

그림이야 어려운 상황에서 당장 필요한 것도 아닐뿐더러, 문을 닫는 기업이나 구조조정으로 합병을 하는 금융기관 등에서 처분해야 하는 그림들이 역으로 쏟아져 나오기까지 하는 실정에 직면하고 보니 그림을 간간이 사던 기업이나 금융권은 말할 것도 없고 개인 고객들도 그림에 대한 관심을 접고 등을 돌리기 시작했다. 이렇게 IMF 한파는 더욱 매섭고 차갑게 미술시장을 강타하면서 미술시장인 화랑가에서는 완전히 거래가 중단되다시피 했고, 따라서 특별히 유명한 인기작가로 기반을 단단히 굳힌 작가분들을 제외하고는 붓을 놓고

작품 활동을 중단하고 어려운 생활 앞에 참담하게 한숨지어야 했던 작가들이 실로 수없이 많았다.

이러한 상황 속에서 수없이 많은 화랑과 표구점이 부도가 나거나 문을 닫고 자진 폐업하게 되었다. 또한 화랑은 현실 속에서 살아남기 위한 유지 방책으로 그림 값을 매입가격도 안 되게 본전 이하로 닿은 손해를 보고 파는 경우도 허다했다. 뿐만 아니라 개중에 어려움을 극복하기 위한 수단으로 빚을 내거나 혼신의 힘을 다하여 전시회를 열었다가 그림 한 점 못 팔고 경비는 물론 대관료도 못 내서 작품도 찾아 나오지 못한 작가분들도 많았다.

이러한 현상들은 국가적으로 불행한 IMF를 맞아 불가피하게 겪어야 했던 한 시대적인 흐름으로 치부해 버릴 수도 있을지 모른다. 그러나 혹독한 IMF 체제를 극복하고 벗어나 국가적으로 안정을 되찾고 사회와 경제 등 제반 분야가 제자리를 찾거나 질서가 잡힌 오늘에 와서도 유독 미술 분야는 침체 국면에서 벗어나지 못하고 있다. 이것은 현실적으로 문제의 심각성이 아닐 수 없다. 따라서 필자는 이에 대한 원인적 분석과 그 방책을 요약하고자 한다.

❙그림 한 점 사는 일이 소비란 개념 버려야

첫째, 미술품은 필요 불가결한 생필품과는 완전히 다른, 있어도 그만 없어도 그만인 마치 사치 품목과 같이 생각하는 의식구조와 사고의 모순이다.

둘째, 미술품은 영원불변의 예술로 우리 인간 생활에 있어서 정서적으로 감성적으로 또한 교육적인 기능에 얼마나 큰 비중을 차지하는가를 망각하고 있는 정신적인 황폐함이다.

셋째, 미술품을 사는 것을 소비 개념으로 생각하는 사고의 모순이다. 먹고 마시고 해외여행을 하거나 기타 사치품을 사고 집을 거창하게 꾸미는 것은 위세 당당하게 해놓고 싶지만, 그림이야 있으면 아무거나 한두 점 걸고 없으면 가족사진이나 골프 치는 사진 한 장 멋지게 찍어서 걸면 된다는 후진적인 사고思考이다. 그러나 이것은 극히 일부의 사람들에게 해당되는 말이라는 점을 첨가한다.

❙기업과 금융권, 미술 투자 늘려야

넷째, 기업이나 금융기관이 미술품 구입에 비교적 인색하고 투자를 꺼리고 있다는 데 큰 원인이 있다. 미술품은 환금성이 없다고 보는 견해가 투자를 꺼리는 이유가 될지 모르나 미술품을 전부 돈으로만 환산하는 것은 정서에 먹칠을 하는 편협한 사고이다.

다섯째, 이름 있는 유명화가는 물론 이름 없는 무명화가의 그림이 뒤늦게 빛을 보아 미술시장에서 거금으로 팔리고 있는 사례는 얼마든지 있다. 그 한 예로 작고한 작가 이중섭, 박수근, 김환기 선생 이외에도 많은 작가분들이 당시 시대적인 어려움을 감안하더라도 살아생전에 가난과 싸우면서 그림 한 점 제값 받고 팔지 못했다고 한다.

그러나 오늘날에 와서 이분들은 유명세를 타고 거금으로 작품이 거래되고 있다. 그분들이 생전에 작품 활동을 하던 시절은 어려운 시절이었지만 당시 다른 작가에 비해 그래도 그림 값은 좀 비쌌으리라 짐작되는데, 그 시절 자의반 타의반으로 그림 한두 점 사 두신 분들은 오늘날 그 작가분들이 유명해지고 그들의 작품이 거액으로 비싸게 거래되는 것에 대해 기뻐하고 벅찬 감동을 느낄 것이다.

여섯째, 그림이 환금성이 없다고 생각한다면 이에 대해 반론을 제기하겠다. 원래 예술품은 예술품 그 자체로 유익하고 값진 무한대의 가치를 지닌 것으로 평가에 따라 때와 장소와 보는 사람의 취향과 안목에 따라 그 가치와 금액의 높고 낮음이 결정되는 것으로 반드시 정가가 있는 것은 아니다. 무명작가가 유명해지면 작품 값도 따라서 비싸지고 작가의 경력이 쌓이고 인기가 있게 되면 그림 값도 올라간다. 또한 유명한 인기작가가 작고했을 경우 대부분 그 작품의 희소성과 절품으로 한없이 높은 가격으로 올라가는 경우도 허다하다. 물론 아주 적은 돈으로 싸게 산 무명작가의 그림은 돈이 되지 않는다. 그림은 예술이기 때문에 우리 인간 생활에 무한대의 가치를 제공하는 특성을 지니고 있는 것이므로 금값처럼 값이 정해진 것도 아닐 뿐더러 아무 곳에서나 바로바로 돈을 만들 수 있는 것이 아니라는 점이 예술의 특성이다.

❙ 가난한 작가 해외 전시 후원해야

일곱 번째, 외국의 사례를 살펴보자. 오늘날 불후의 명작으로 평가

되고 있는 인상파 작가들 역시 그들이 활동하던 시절에는 가난과 처참하게 싸워야 했고 그림이 팔리지도 않고 가격 또한 제대로 형성되지 않았다. 대표적인 작가로 빈센트 반 고흐는 생전에 그림 한 점 제대로 팔지 못하고 정신이상으로 자기 귀를 스스로 자르고 캔버스를 찢고 붓도 여러 번 꺾었다고 하며 자살로 비참하게 생을 마감했다. 피카소를 제외한 대부분의 작가가 거의 다 어렵고 열악한 환경에서 간신히 명맥을 유지하며 작품 활동을 했다.

그러나 그들이 남기고 간 작품은 오늘날 엄청난 거금으로 우리나라 돈 몇 십억 내지 몇 백억대에 '소더비', '크리스티' 경매장 등의 세계 미술시장에서 팔리고 있지 않은가. 따라서 그 시대에 제대로 알아주지도 않던 작가들은 작금에 와서 얼마나 유명세를 탄 대가들로 평가받고 있는가. 뿐만 아니라 그들이 남긴 작품 한 점 한 점은 세계적인 미술사에 영원히 남을 불후의 명작이 된 것이다. 따라서 국내외의 이러한 사례를 놓고 볼 때 미술품을 환금성의 잣대로 보는 사고는 큰 오류이며, 작가와 그 작품의 내용과 유형에 따라 오히려 다른 무엇보다 환금성이 높을 수도 있다.

미술품이 거금에 판매되는 세계적인 추세, 예술의 경제학이 보편화된 시대에 진입했다. 우리나라도 세계적인 작가를 배출해야 하고 문화대국으로서의 입지를 바로 세워야 할 것이다.

우리나라의 문화정책은 그동안 너무나 허술한 점이 많았다. 간간이 신문지상을 통해 보도되는 기사를 보면 귀중한 문화재급 도자기나 그림이 밀매꾼들의 손을 통해 일본 사람들의 손으로 넘어가는 사례가 종종 있었고, 일제 강점으로 수탈된 수많은 국보급 문화재는 제대로 찾지도 못하고 있다. 뿐만 아니라 병인양요 때 프랑스 군대가 수탈해 간 '외규장각 의궤'는 한 · 불 양국의 대통령이 돌려주고 돌려받기로 합의해 놓고도 찾지 못하고 그저 세월만 보내는 현실이다.

이처럼 귀중한 문화재급 도자기나 그림은 암암리에 나라 문턱을 빠져나갈 수 있다. 철저하게 단속하고 감시하여 우리의 귀중한 문화재가 허술하게 외국으로 빠져나가는 것을 막아야 할 것이다.

▌침체 국면의 미술계에 활기 띨 바람을

끝으로 우리나라의 문화정책도 가능한 한 예산을 대폭 늘리고 허술한 점이 있다면 이를 보강하여 천세 만세에 길이 빛날 문화 대국의 기초를 초석부터 다시 놓는 새 정부의 문화정책을 기대한다. 따라서 예술을 하는 국민의 한 사람으로 제16대 대통령에 당선된 노무현 당선자에게 커다란 기대를 걸며 진심으로 축하를 드린다. 아울러 침체한 미술계의 불황을 타개하기 위한 정부 차원의 정책적인 배려가 있기를 기대한다.

이상 열거한 바와 같이 불황의 늪에서 허우적대는 침체한 미술계를 살리기 위해서 국민들이 예술을 사랑하고 가까이 하는 분위기 조성이 필요하며, 작가나 화랑도 심기일전하여 새 바람을 불러일으켜야 할 것이다. 또한 가장 중요한 것은 기업이나 금융권에서 여력이 있는 한 보다 폭넓은 관심을 갖고 미술품과 예술 분야에 투자를 늘려주기를 바라는 마음 간절하다. 따라서 정부는 적극적인 문화정책의 일환으로 세제 면을 통해서라도 이에 대한 배려가 있기를 바란다. 정부는 가난한 작가들의 해외 진출이나 전시회를 후원하고 지원할 수 있는 길을 모색해 주었으면 한다.

아울러 10년째 계속되는 미술시장의 침체로 연달아 문을 닫고 비명을 울려대는 화랑가에도 활기를 띨 수 있게 정부 관련 부처에서 바람을 한 번 일으켜 주길 바라는 마음 간절하다.

— <풍자문학 2003년 봄 제3호>

| 쓴소리 단소리 |

우리 정치 진정한 국리민복國利民福 위해 선진화되는 것이 시대적 요망

작금에 집권 민주당은 신당 창당을 놓고 한참 진통을 거듭하고 있다. 제16대 대통령에 민주당 소속으로 젊은 정치인 노무현 후보가 당선됨으로써 김대중 전임 대통령에 이어 두 번째로 집권당이 된 민주당은 권력을 재창출하였다는 유리한 입지 조건에도 불구하고 정당의 기반이 더욱 튼튼해지기는커녕 신주류다 비주류다 하고 신경전을 벌이다가 급기야는 신주류를 중심으로 한 개혁 성향의 의원들이 중심이 되어 목소리를 높이고 시대적인 명분을 앞세워 신당을 창당하는 쪽으로 대세를 잡은 듯하다.

우리나라 헌정사에 한 시대를 민주화 운동과 투쟁에 앞장서 온 YS와 DJ가 다같이 대통령을 지내고 물러남으로써 이제 3김 시대가 사실상 막을 내리고 뒤를 이어 새로운 젊은 세대로 노무현 후보가 당선되었다. 당내 기반이 취약하고 자금과 조직도 열세였던 노무현 후보가 민주당이 처음 채택한 국민경선제에 의해 당당히 대통령 후보로 선출되고 대통령 선거전에서 거대 야당의 한나라당 이회창 후보를 누르고 그야말로 변화를 갈망하는 국민의 힘에 의해 젊은 세대의 각광을 받으면서 대통령에 당선되었다.

따라서 변화와 개혁으로 구태의연한 정치의 틀을 깨고 새롭고 참신

한 정치로 국민에게 희망을 주는 정치, 다시 말하면 이제는 보다 선진화된 정치를 보여주기를 바라는 마음은 국민의 한결같은 소망일 것이다. 여러 가지로 어려운 난관을 극복하고 대통령에 당선된 노 대통령은 그야말로 입지전적인 인물이라고 볼 수 있다. 역대 그 어느 대통령 못지않게 감회가 다른 포부로 새로운 국정좌표를 설계할 것으로 본다.

대통령의 소임은 실로 막중하고 클 것이다. 국민에게 공약한 많은 과제들을 실천해야 하고 국가의 명운이 달린 안보와 경제문제 등 대통령의 자리는 결코 편안하고 화려한 자리가 아닌 것이다. 노 대통령은 대통령으로서의 책임을 다하기 위해 최선을 다하고 있을 것이다. 그러나 한편 불만과 반대하는 계층의 목소리와 정서도 깊이 성찰하면서 국민 모두를 하나로 묶는 화합의 정치를 해주기를 바란다. 아직도 취임 초에 불과한데 국민의 기대는 너무나 크고 국정현안은 어려운 문제들로 산적해 있다. 특히 북한의 핵문제와 자꾸만 틈새가 커지고 있는 한미 관계의 조율과 IMF 때보다 더 심각하다고 하는 불황에 직면한 경제문제의 소생 등은 현안 중에서도 비중이 가장 큰 시급하고도 중요한 과제로서 대통령의 어깨를 무겁게 하는 것들이다.

대통령제하에서 국정운영의 총책임자는 대통령이지만 대통령을 중심으로 구성된 정부 각 부처의 장관들이 전문 분야별로 소임을 다해 유익하게 많은 도움을 줌으로써 대통령이 진실로 국리민복國利民福을 위한 정치를 할 수 있고 나아가서는 국민의 신뢰와 사랑을 받는 정부가 될 것이다. 따라서 노 대통령의 내각도 막중한 책임감으로 최선을 다해 주기를 당부하면서 전술한 바와 같이 집권당인 민주당의 신당 움직임에 대해 언급하고자 한다.

▌민주, 신당新黨 창당創黨 명분

국민통합과 정치개혁을 위한 전국 정당으로 거듭나야

노무현 대통령이 개혁성향이 강한 진보적인 대통령이기 때문에 이에 걸맞은 집권당으로 새롭게 거듭나야 한다는 것은 논리적으로 명분이 있다. 또한 노 대통령을 당선시킨 시대적인 흐름이기도 하다. 지금까지의 민주당은 DJ 중심의 호남인맥이 주류를 이룬 정당이었다. 때문에 당내에서도 간간이 DJ 사당私党과 같은 이미지를 벗고 전국 정당으로 새로 태어나야 한다는 목소리가 높았던 것도 사실이다. 대통령 한 사람이 바뀌면 정당이 바뀌는 악순환은 결코 바람직한 것은 아니며 정치발전을 저해해 온 요인이 되어 왔던 것도 부인할 수 없는 사실이다. 그러나 민주당이 당내 사정이나 또는 노 대통령 시대의 흐름에 맞춰 국민적인 전국 정당으로 환골탈태하여 신당을 창당코자 한다면 굳이 반대할 이유도 없거니와 오히려 정치발전을 개혁적으로 한 차원 높일 수만 있다면 국민의 절대적인 지지도 받을 수 있을 것이다.

그러나 내년의 총선에 대비하여 인기를 만회하기 위한 방편으로서의 신당 창당은 명분도 약하고 국민의 빈축만 사게 될 것이다. 다시 말하면 일단 헤쳐모여식으로 당명만 바꾸는 것은 마치 신장개업과 같은 인상을 줄 뿐, 오히려 하지 않는 것보다 못한 결과를 초래할지도 모른다.

민주당은 지금 신당 창당을 놓고 찬성하는 쪽의 목소리와 반대하는 쪽의 목소리가 팽팽히 맞서고 있는 가운데 그 방법상의 문제를 놓고도 의견이 양분되고 있다. 즉 지금의 민주당 의원들이 몽땅 함께 하는 통합정당이냐 뺄 사람 빼고 개혁성향의 인물, 즉 이른바 코드가

맞는 사람만이 하는 개혁적 전국 정당이냐 또는 중도적 보수성향의 정당이어야 하느냐 하는 의견들이 팽팽히 맞서고 있는 것 같다. 민주정당에서는 다양한 목소리가 나올 수도 있다. 신당 문제를 놓고 민주당은 분당 위기설도 신문지상을 통하여 간간이 보도되고 있는 것으로 보아 진통을 거듭하다가 신당이 하나 창당될 것으로 예견된다.

만일에 신당이 탄생한다면 신당은 어디까지나 신당다워야 한다. 속담에 "새 술은 새 부대에 담아야 한다"라는 말과 같이 신당에 참여하는 사람들은 그 면면이 신당에 어울리는 사람들로서 낡은 정치의 틀을 깨고 새로운 정치개혁을 통해 국민통합과 지역감정을 해소시키고 노 대통령이 젊음을 불살라 소신껏 열정적으로 국정을 수행할 수 있도록 정책적으로 뒷받침하고 힘을 실어 줄 수 있는 정당이어야 할 것이다. 이러한 신당은 속된 말로 누이 좋고 매부 좋게 모두가 참여하는 통합정당이라는 것보다는 국민의 두터운 신망을 받고 있는 정말 깨끗한 정치인들이 중심이 되고 시대사적인 요구에 걸맞은 개혁적인 인물로 국민에게 희망을 주고 국민이 믿고 기대할 수 있는 정당, 한마디로 요약해서 비전이 있는 신당이어야 할 것이다.

정치인은 특히 스스로를 뒤돌아보고 성찰하는 건전한 양식을 가져야 한다. 국민에게 실망을 안겨주고 신망을 저버리는 일을 하지 않았는가, 의정議政 활동을 소홀히 하지 않았는가, 이권청탁에 연루되어 부당한 정치자금을 받지 않았는가, 스스로 품행을 손상시키는 일은 없었는가, 지역감정을 부추기고 이에 편승하지 않았는가, 수시로 소속 정당을 바꾸고 철새 정치인으로 낙인찍히지 않았는가 등 이러한 일 외에도 여러 가지 형태로 국민의 눈살을 찌푸리게 한 정치인은 자기반성을 통하여 새로 태어나지 않는다면 정치를 그만두게 될 것이다. 정치하는 사람은 뚜렷한 목표가 있어야 한다. 자기 자신의 출세를 위한 입신立身과 직업적 생활수단이어서는 안 된다.

위국애민爲國愛民의 열정을 가진 진실한 인물의 정치 참여가 국민의 뜻

국가와 민족을 위해서 보람 있게 일하고 역사에 한 페이지를 남기겠다는 가슴 뜨거운 애국심이 있어야 한다. 이러한 사람들이 민주당 신당 창당 대열에 많이 참여하여 정치의 요체인 국리민복을 위해 최선을 다하고 열심히 일하는 정당이 창당되기를 바란다.

필자는 이러한 애국충정으로 정치를 해보고 싶은 열정을 가진 분들이 우리 사회에 많이 있다고 본다. 다만 그런 분들은 정치에 염증을 느껴 스스로 나서지 않고 있을 뿐이다. "시대가 영웅을 낳고 영웅이 시대를 주도한다"라는 역사적인 명언과 같이 이 시대를 선도적으로 이끌 훌륭한 일꾼을 찾아내서 기성 정치인들은 과감하게 기득권을 버리고 새로운 정치 대열에 참여시켜야 한다. 그래야만 이 나라의 미래가 있고 또한 언젠가는 맞이하게 될 통일을 위한 정치적 기반조성도 할 수 있으리라고 본다.

이상 열거한 바와 같이 만일 민주당이 끝내 분당을 하여 새로운 정당을 창당한다면 국민의 박수와 찬사를 받는 깨끗하고 참신한 사람들이 많이 참여하여 힘 있는 여당으로 거듭 태어나 노 대통령이 국정운영을 잘 수행할 수 있도록 뒷받침하기를 바란다. 그리하여 훌륭한 업적을 남기는 대통령이 되기를 다시 한 번 국민의 한 사람으로 간절히 희망한다.

▌대통령 바뀔 때마다 정당 바꾸는 것
— 정치발전의 저해요인

오늘까지 이어져 내려오는 민주당이란 이름은 우리나라 전통 야당의 당명으로 가장 오래된 귀에 익은 정당이다. 회고해 보면 자유당 정권의 이승만 대통령과 대통령 선거에서 대결한 민주당 소속 신익희 선생의 한강유세에 당시로서는 상상을 초월한 30만 명의 청중이 유세장 한강 모래사장을 뒤덮었고, 당시 "못살겠다 갈아보자"라는 민주당의 구호는 정권교체를 원하는 국민들의 가슴에 불을 붙게 하였으나 호남유세를 가던 차 안에서 신익희 선생이 심장마비로 급서急逝, 국민들의 열화와 같은 정권교체는 무위로 돌아갔다. 뒤이어 유석 조병옥 박사가 대통령 후보로 나와 국민들의 비통한 마음을 달래주며 열렬한 지지를 받았으나 조 박사 또한 미국 월터리드 육군병원에서 지병을 수술하다가 운명하였고 그의 운구가 태극기에 덮여 돌아오자 국민들은 한없이 애통하여 눈물을 흘렸다. 말할 필요도 없이 자유당 소속의 이승만 대통령이 당선되었다. 그러나 민주당은 절대적인 국민의 지지와 사랑을 받고 있었다.

▌우리나라 정당의 변천사變遷史와 선진국의 정당사政黨史

1960년 4.19혁명으로 이승만 정권의 자유당은 그 간판을 내리고 이 박사가 하와이로 망명을 떠나면서 역사의 한 페이지가 바뀌게 된다. 4.19혁명으로 집권한 민주당은 구파에 윤보선 대통령, 신파에 장면 총리가 이끄는 정부가 들어섰지만 너무나 무기력하여 당시 사회질서가 말할 수 없이 무질서하고 혼란스러웠다. "데모로 해가 뜨고 데모로 해가 지는 나라"라고 외신이 보도할 만큼 무정부 상태가 계속되는 가운데 힘없는 장면 정권은 1961년 5월 16일 박정희 소장이 이끄는 군사혁명으로 민주당 간판을 내리게 된다. 민정이양을 선포하였던 박정희 소장은 최고회의 의장직에서 대장으로 예편, 민정에 참여하며 대통령 선거에 출마하여 당선됨으로써 또한 새로이 민주공화당이 창당된다.

그러나 공화당 정권의 18년 장기 집권은 1979년 10월 26일 당시 중앙정보부장 김재규에 의해 연회석상에서 돌연히 박 대통령은 총살을 당하게 된다. 참으로 애석한 일이었다. 누가 뭐라고 해도 박정희 대통령은 이 나라의 근대화의 화신으로 빈곤을 추방하고 경제를 꽃피웠으며 자주국방의 기틀을 유비무환의 지도이념으로 실현코자 노력한 위대한 지도자였다.

공화당의 간판이 내려지고 당시 보안사령관이었던 전두환 씨가 대통령에 당선되면서 정의사회正義社會 구현이란 기치 아래 민주정의당民主正義黨이 창당되었다. 뒤이어 노태우 씨가 직선제하에서 출마하여 대통령에 당선되었으나 당시 여소與小 야대野大 현상으로 국정수행이 어렵게 되자, 김영삼 통일민주당 총재와 신민주공화당의 김종필 총재와 같이 3당 합당을 하면서 또 하나의 새로운 정당명인 민자당民自黨이 생겼다. 뒤이어 YS가 대통령에 당선되면서 신한국당新韓國黨이 탄생하여 집권당이 되고 그 뒤를 이어 조순 민주당 대표가 입당하면서 신한국당은 이회창 총재를 중심으로 한나라당으로 당명이 바뀌게 된다. 그 다음 대통령으로 당선된 DJ는 평화민주당에서 국민회의로 또는 새천년민주당으로 당명을 바꾸게 된다.

우리 헌정사에 수많은 정당이 우후죽순처럼 명멸하였고 대통령이

한 사람 바뀔 때마다 여지없이 정당 명칭은 그때마다 새로운 당명으로 간판이 바뀌었다. 정당이 국민 속에 깊이 뿌리내리지 못한 것은 정치발전을 저해해 온 커다란 요인이 되었으며 정치가 후진성을 면치 못한 가장 큰 이유 중의 하나라고 본다.

정치의 선진국인 미국은 1854년에 현존의 공화당이 창당되었으며, 민주당 역시 1832년에 창당 171년의 전통을 이어오고 있고, 의정議政의 본산인 영국은 현 '토니 블레어'의 집권당인 노동당이 1900년에 창당되었으며, 현재의 야당인 보수당은 1830년에 창당되어 현존하고 있다. 또한 가까운 나라 일본의 자민당은 1955년에 창당하여 48년 동안 집권당으로서의 기반을 다지면서 오늘의 일본을 경제 대국으로 일구어 놓았다. 또한 사회민주당은 1945년에, 공명당은 1964년에 창당되었다.

이상 열거한 세 나라 외에도 정치 선진국의 정당은 그 역사가 오래되었고 누가 어떤 인물이 총리나 대통령이 되어도 정당의 이름은 바꾸지 않았다. 이것이 우리가 가장 가슴 깊이 되새기며 본받아야 할 정치 선진화가 아니고 무엇이겠는가?

▌여 · 야 초당적超黨的 중지 모아 국가적 난제 풀어야

대통령 한 사람을 위해 정당이 태어나거나 이름이 자꾸 바뀌는 것은 있을 수 없는 일이다. 정당의 궁극의 목표는 집권이라고 할지라도 정당의 존립 목표는 국리민복을 위한 정책 입안立案의 수단이다. 또한 정치라는 것도 목표가 아닌 수단으로서 국가를 부강하고 튼튼하게, 국민을 편안하고 복되게 살 수 있도록 하는 요체로서 정당은 국민 속에 뿌리내리고 정치는 국민을 위한 정치로 국민의 갈채를 받는 정치가 되어야 함은 두말할 필요가 없는 것이다. 이렇게 하기 위해서는 정치하는 사람들의 진정한 애국심과 양식이 있어야 되겠지만 보다 한 차원 정치를 선진화하기 위해 우리나라의 정당이 대통령 한 사람을 당선시키고 대통령 한 사람을 위한 사당私党이 되어서는 절대 안 된다. 새로이 창당될 것으로 예상되는 민주당이 정당으로서 빛을 내고 국민의 지지와 사랑을 받는 정당으로 오랜 역사를 쌓아가면서 성숙한 민주정당으로 뿌리내리기를 바라 마지않는다.

이 간절한 소망이 어찌 필자 한 사람만의 바람이겠는가. 국민의 여망임을 부연하면서 전당대회를 앞두고 당권 경쟁을 하고 있는 거대 야당 한나라당에도 국민의 사랑과 존경을 받는 지도자가 나오기를 바란다. 또한 우리의 정치가 모든 면에서 앞서가는 정치 선진국이 되어 국민의 찬사와 신뢰를 받는 날을 기대하면서 당면한 국가적 난제를 풀어나가는 데 여야가 초당적으로 대처하여 중지를 모아 국민을 편안하게 안심시켜 주기를 바라는 마음 간절하다.

— <풍자문학 2003년 여름 제4호>

| 수 필 |

가을의 노래讚歌

— 만산홍엽滿山紅葉 시정詩情의 낙엽 —

▌가을의 서곡序曲

무던히도 길고 더웠던 지난여름 긴 장마가 끝나고 입추立秋가 지나고 나니 자연의 섭리대로 어김없이 가을이 찾아왔다. 그러나 아직도 마지막 더위가 기승을 부리고 햇볕은 유난히 뜨겁다. 원래 가을 햇볕이 더욱 뜨겁다고 했는데 이는 자연의 원리로 오곡백과가 영글고 익어가게 하는 계절의 절묘한 이치이기도 하다.

아침저녁으로 불어오는 한 줄기 바람결에 완연한 가을을 느끼게 되고 훨훨 날아다니고 있는 고추잠자리는 이미 가을을 만끽하고 있다. 때때로 아침과 해질녘 오후, 한강변 자전거도로와 보행로를 거닐어 보면 무성하게 자라던 잡풀 속에 이름 없이 피었던 풀꽃들도 이미 다 저버렸거나 꽃대와 함께 시들어 버렸다. 머지않아 꽃피울 억새풀 갈대숲만 우거진 채 아직도 녹음이 한창인 한강의 밤섬에서 은은히 길게 들려오는 매미소리도 여름이 가는 것을 예감하는지 그 소리도 애처롭게 들린다. 무심히 쳐다보는 벽공碧空은 유난히도 높고 파랗게 보이고 몇 점씩 떠 있는 구름도 평화롭게 흘러가며 가을 하늘의 변화를 신비하게 느끼게 한다.

가을을 일컬어 천고마비지절天高馬肥之節이라고 하지 않았는가. 가을은 오곡백과가 익어가는 결실의 계절이요, 하늘은 높고 말이 살찌는 절기라고 읊었다. 지금쯤 농촌에는 농민들이 풍년을 기원하며 땀 흘려 지어 놓은 농사가 한창 무르익어 갈 것이다. 논에는 벼가 패고 밭에는 콩이며 팥, 고추, 강냉이 등이 한창 뜨거운 햇볕을 받으며 영글어 갈 것이고 감나무에 열린 감과 밤나무에 달린 밤송이도 날마다 자꾸만 커지고 있을 것이다. 그리고 마을로 들어서는 길 양편에는 코스모스가 하늘하늘 가을바람에 흔들리며 오가는 사람에게 반갑게 인사할 것이다. 논두렁 가는 길에 청조하게 피어 있는 코스모스도 구슬땀을 흘리는 농민에게 가을의 정서를 선사할 것이다. 과수원에는 사과와 배가 주먹같이 굵게 커 가고 울타리 앞에 피어 있는 해바라기는 고고하게 가을을 풍미할 것이다. 그리고 사방에서 풀벌레 소리가 들리고 밤이면 대청마루 밑이나 축담 밑에서 귀뚜라미가 가을을 노래할 것이다.

이런 구절을 쓰다 보니 옛날 어린 시절 고향 생각이 떠오른다. 여름이면 매미채를 만들어 매미를 잡으러 다니고 가을이면 고추잠자리를 잡는다고 이리저리 뛰어다니던 어린 시절, 귀뚜라미 소리가 너무 시끄러워 잠을 이루지 못하고 휘영청 달 밝은 가을밤 할아버지를 졸라 옛날이야기를 듣곤 했다.

그 시절이 추억으로 떠올라 여기에 지난 1972년 옥스퍼드Oxford 대학교로 유학을 떠나면서 고궁 안의 푸른 버들을 자신에게 비유, 아름다운 글 한 폭을 써서 족자로 만들어 필자에게 선사하고 간 '영玲아'의 성의에 보답하는 마음으로 지었던 필자의 자작시 한 편을 소개한다.

추야장 깊은 밤에 귀뚜라미 우는 소리
휘영청 밝은 달밤 오동잎도 지는고야
어느 하늘 밤하늘 밑 곱게 곱게 잠들었을
그리운 우리 님
사무치는 이내 심사 학처럼 날개 펴서
한시름 꿈나라로 그대 품을 찾으리라

— 1972년 달 밝은 어느 가을밤,
용답동 서재에서

젊은 시절의 아름다웠던 추억은 구름처럼 피어오르고 내 심장은 고동치며 날고 싶은 이상理想은 아직도 녹슬지 않았는데 무심한 세월은 필자의 모습을 할아버지 나이로 만들어 놓았으니 계절은 여지없이 바뀌고 세월은 참 빠르기도 하다. 살아온 인생역정을 뒤돌아보며 주자朱子 선생의 시 한 편을 소개한다.

少年易老 學難成　소년이로 학난성
一寸光陰 不可輕　일촌광음 불가경
未覺池塘 春草夢　미각지당 춘초몽
階前梧葉 已秋聲　계전오엽 이추성

소년은 늙기 쉽고 학문은 이루기 어려운데
짧은 그림자, 짧은 시간도 소홀히 하지 마라.
연못 옆의 풀은 아직도 봄꿈에서 깨지도 못하고 있는데
계단 옆 오동나무는 벌써 가을소리를 내더라.

가을이 오는 소리 그 서곡은 도농都農 간 어디서나 들을 수 있으나 아무래도 실감나게 가을을 현실적으로 느끼고 볼 수 있는 곳은 대도

시보다 농촌일 것이고, 서울 같은 대도시에 사는 사람들은 가을에 단풍 구경을 하기 위해 여행을 떠나거나 낙엽을 밟아 보며 시심詩心에 젖어 보는 것도 가을의 정서를 느낄 수 있은 것이다.

만산홍엽滿山紅葉이 찬란한 가을

초가을은 점차 깊어가고 농촌의 들판은 불어오는 가을바람에 익은 벼가 황금물결로 일렁일 것이고, 산마다 단풍이 곱게 물들어 그야말로 만산홍엽이 찬란한 가을을 노래하게 될 것이다. 그리고 도심의 가로수가 주종을 이룬 서울 거리의 은행 나뭇잎은 노랗게 물들어 가을의 아름다운 정경을 느끼게 할 것이다. 그럴 때쯤이면 서울을 비롯하여 도시에 사는 많은 사람들이 단풍구경을 하기 위해 산을 찾을 것인데, 설악산, 내장산, 지리산, 한라산 등 특히 유명한 산은 몸살을 앓게 될 것이다. 또한 북한의 금강산 관광이 다시 열리면 수많은 사람들이 금강산 단풍여행 대열에 줄을 이을 것으로 예견된다.

중추仲秋의 노래

가을의 매력은 누가 뭐라고 해도 만산홍엽과 황엽이 절정을 이루는 때라고 할 수 있다. 그야말로 "추색만산秋色滿山이요, 양풍만홍수凉風滿紅樹하니, 천고추월명天高秋月明"이라고 가을을 노래한 시심은 각박한 세태의 번거로움을 잊게 해주는 가을의 선물이며 감성으로 느끼는 정서일 것이다. 추석을 전후로 가을이 중추에 접어들면 햅쌀과 햇과일이 풍성하게 시장에 쏟아져 나오고 수확에 바쁜 농촌의 일손은

더욱 바빠질 것이고 농자천하지대본農者天下之大本을 구가하게 될 것이다. 또한 반대로 깊어가는 가을, 서울의 고궁에 들러 거닐어 보면 고색창연한 역사의 또 다른 이끼를 느껴볼 수 있으리라.

조락凋落의 노래

가을이 깊어 만추晩秋에 접어들면 그토록 찬란하고 아름다운 단풍도 낙엽 되어 서늘하게 불어오는 가을바람에 한 잎 두 잎 우수수 떨어지는 조락을 맛보게 된다. 시심에 젖어 어디론가 떠나고 싶은 가을은 고독을 사랑하는 남심男心의 계절이라고도 했다. 젊음이 다 가고 황혼의 인생이 지는 허무감을 느끼면서 많은 시인들은 조락을 읊었다.

여기 송강 정철 선생의 시 한 편을 적는다.

추일작秋日作

山雨夜鳴竹　산우야명죽
草蟲秋近床　초충추근상
流年那可駐　유년나가주
白髮不禁長　백발불금장

비 오는 가을밤 산속의 빗줄기가 밤새 대숲을 울리고
풀벌레 소리는 가을이라 침상 가까이 들려오네.
흘러가는 저 세월을 어찌 머물게 할 수 있으랴.
흰머리 길어지는 걸 막을 수가 없어라!

그러나 조락하는 낙엽은 겨울을 맞을 준비요, 또 새로운 한 봄을 맞이할 자연의 순리가 아니겠는가. 수북이 쌓이는 낙엽을 밟으며 바

바리코트 깃을 세우고 조용히 걸으면서 가을의 정서를 느끼고 인생의 완숙함을 생각해 보는 것도 얼마나 멋있는 일이겠는가. 우리나라는 사계절이 뚜렷한 기후 좋고 풍토 좋은 산수를 지닌 나라이기에 봄, 여름, 가을, 겨울을 특색 있게 느끼며 살고 있음은 하늘의 축복이다.

우리에게 친숙한 도연명의 사시四詩 한 편을 적어 본다. 사계절을 노래한 아름다운 한 편의 시다.

春水滿四澤　춘수만사택
夏雲多奇峰　하운다기봉
秋月揚明輝　추월양명휘
冬嶺秀孤松　동령수고송

봄바람이 따뜻하니 얼었던 대지가 녹으면서 봄물이 사택에 가득 차고
여름 구름은 아름다운 기봉이 많도다.
가을 하늘 높고 맑은데 밝은 달은 환하게 천지를 비추고
겨울 산꼭대기에 우뚝 솟은 소나무 한 그루 그 자태가 정말 뛰어나구나

▌등화가친燈火可親

앞에서도 언급했지만 가을은 결실의 계절이며 풍성한 수확을 거두는 보람찬 절기이기도 하다. 또한 가을을 일러 등화가친燈火可親의 계절이라고도 했다. 절기상으로 춥지도 덥지도 않고 서늘한 밤 등잔불 밑에서 글 읽기가 좋은 때를 말하는 것으로 다시 말하면 독서의 계절이라는 뜻이다. 옛날 같지 않고 환한 전깃불 밑에서 좋은 양서를 많이 읽는다면 얼마나 유익하고 좋은 일이겠는가. 올 가을에는 전에 볼

수 없었던 열기로 독서의 붐이 불었으면 하는 마음 간절하다.

▌만추晩秋 국화菊花의 노래

끝으로 가을에 간과할 수 없는 것이 국화가 아니겠는가. 국화는 가을을 상징하는 꽃으로 요즘은 사시사철 재배하고 있으나 원래는 가을에 피는 향기가 그윽한 꽃으로 사랑을 받아온 우리 전통문화에 뿌리 깊은 문인화의 대표적인 사군자四君子로 고고한 품성이 선비의 지성을 품어온 고결한 꽃이다.

여기에 제봉 고경명高敬命 선생의 국화 시 한 편을 소개한다.

황백국黃白菊

正色黃爲貴　정색황위귀
天姿白亦奇　천자백역기
世人看雖別　세인간수별
均是傲霜枝　균시오상지

국화는 황색 국화를 으뜸으로 치지만
흰 국화 또한 그 모습 아름답고 기특하네.
세상 사람들이 노란 국화 흰 국화를 분별하지만
다같이 서리 맞으며 고결하게 피네.

※ 이 시는 문관文官을 귀하게 여기고 무관武官을 천시했지만 나라에 충성하고 백성을 위함은 다 같다고 한 뜻으로 읊은 시이다.

이상으로 두서없는 가을의 찬가를 마치면서 올 가을은 풍년을 구가하는 시절이 되길 바라고, 어려운 나라 형편도 풍년만큼이나 잘 풀려 그야말로 태평성대가 되었으면 하는 마음 너무나 간절하다.

— <풍자문학 2003년 가을 제5호>

| 쓴소리 단소리 |

재신임 국민투표 국정혼란 자초 철회하는 것이 바람직하다

지난 10월 10일 노무현 대통령은 느닷없이 대통령직에 대한 재신임을 묻겠다고 선언, 재신임 정국은 일파만파로 그 파장이 번지면서 국정혼란을 자초하고 있다.

구태 정치를 청산하고 새로운 정치로 새 시대를 열겠다는 노 대통령을 우리 국민은 기대와 희망을 갖고 16대 대통령으로 당선시켰다. 당시 막강한 한나라당 이회창 후보를 예상외로 누르고 당선된 노 대통령은 새로운 정치적 이정표를 설계하는 국민들의 기대심리로 취임 초기 인기가 80%대를 넘었다. 그러나 노 대통령의 인사정책은 크게 호감을 사지 못했다. 새로운 인물로 내세운 사람들, 특히 소위 386세대의 경험 부족과 미숙함은 국민의 기대에 비해 충족감을 주지 못했다.

점차로 그 인기가 떨어지기 시작하고 언론의 비판이 가열되고 야당의 공격이 거세지자 노 대통령은 취임 초 불과 얼마 되지 않은 기간에 "불안하고 우울하다, 못해 먹겠다"고 푸념조의 호소를 했다. 대통령 자리는 결코 편안한 자리가 아니고 막중한 책임이 따르는 어쩌면 힘들고 고독한 자리일 수 있다. 그러나 대통령은 국민에 대한 무한의 책임을 지고 국정을 잘 수행해 나가야 할 절대적인 사명과 의무를 지고 있는 것이다. 국가적으로 중요한 사안에 대해서 결단을 내리고 어떠한 어려운 난관에 부딪치더라도 이를 잘 극복해 나가는 결연한 용기와 의지가 있어야 하는 것이다. 또한 대통령은 앞을 내다보는 선견지명의 혜안을 가지고 있어야 하는 것이다. 그렇기 때문에 대통령은 아무나 하는 자리가 아니고 힘든 자리인 것이다.

취임 초부터 노 대통령을 괴롭게 한 측근들의 비리, 안희정 나라종금 3억9천만 원 수수, 염동연 나라종금 2억 8천여만 원 수수, 이광재 S그룹 모 씨로부터 수백만 원 용돈 수수, 양길승 전 청와대 제1부속실장 청주 키스나이트클럽 향응사건에 이어 작금에 물의를 빚고 있는 전 청와대 총무비서관 최도술 씨가 SK 손길승 회장으로부터 11억 원(CD양도성 예금증서)을 받은 것이 쟁점화되었다.

노 대통령은 국민 지지도 30%로 떨어진 어려운 정치적 상황에서 이 문제야말로 가장 소중한 덕목으로 생각하는 도덕성에 대한 심각한 타격이라고 단정, 이대로 더 이상 국정을 이끌어 나갈 수 있는 면목이 없다고 판단하고 지난 10월 10일 긴급 기자회견을 갖고 불미스러운 일이 생긴 데 대해 국민 여러분께 깊이 사죄드리고 책임을 지려 한다고 전제, 대통령직에 대한 재신임을 묻겠다고 선언했다.

이어 노 대통령은 10월 13일 국회 시정연설에서 12월 15일 전후해서 재신임 국민투표를 실시하고 만일 불신임을 받을 경우 내년 2월 15일쯤 하야하고 다음 대통령 선거를 4월 15일 총선과 함께 치를 방안을 제시했다. 현행 헌법에 대통령이 궐위 시에는 60일 이내에 대통령을 선출하도록 규정한 예를 들어 이렇게 일정을 밝혔다. 따라서 최도술 씨 사건의 수사결과가 어떻게 나오든 간에 그동안의 국민들의 축적된 불신과 지지율 하락에 따른 제반문제를 재신임을 통해 묻겠다고 말했다.

문제의 최도술 씨는 노 대통령의 고교 후배로 변호사 시절 사무장으로 있었고, 대선 때는 지역 회계 책임자로 노 대통령과는 20여 년간 절친하게 지내온 사이로 노 대통령의 집사라고도 불리어 왔다는 것이다. 노 대통령의 신임이 두터웠던 최도술 씨는 청와대 총무비서관으로 임명되어 재직하다가 부산에서 내년 총선에 출마하기 위해 사직했다는 것이다.

노 대통령은 이 사건이 보도되자 눈앞이 캄캄했다고 말할 정도로 심적인 타격이 컸던 것 같다. 최도술 씨가 SK 손길승 회장을 만나게 된 것은 역시 최도술 씨의 고교 선배인 부산의 모 은행이사 출신 이영로 씨를 통해 알게 되었고 최도술 씨가 SK 손 회장으로부터 받은 11억 원의 CD도 이영로 씨가 돈세탁을 해서 최도술에게 건네주었다고 한다.

SK로부터 돈을 받은 사람은 비단 최도술 씨만이 아니라 보도에 의하면 한나라당 최돈웅 의원은 100억을 받았고, 당시 민주당 사무총장 이상수 의원은 25억 원을 받았다는 것이다. 그런데 유독 최도술 씨의 11억 원 수수가 더 큰 비중으로 물의를 빚는 것은 그가 대통령의 측근이기 때문에 도덕적인 관점에서 크게 문제가 되는 것이다.

돈과 권력은 불가분의 종속관계로서 권력은 돈을 부리고 돈은 권력을 부패시키며 결국 정경유착의 고리로 이어지는 것이 오늘의 현실이다. 때문에 부패의 원인이 되고 있는 정경유착의 고리를 끊고 차단하는 것이 정치개혁 중에 가장 비중이 큰 당면한 문제로 제기되고 있는 것이다. 따라서 노 대통령이 제창한 새로운 정치개혁은 정경유착의 고리를 끊겠다는 확고한 의지가 담겨 있었으리라 믿고 있다.

때문에 노 대통령은 측근 인사들의 비리에 많은 고심을 했을 것이며 측근 중의 측근인 최도술 씨가 SK로부터 11억 원을 수수한 문제에 대해 도덕적으로 큰 충격을 받고 상심한 나머지 급기야 재신임을 묻겠다고 선언하기에 이른 것으로 볼 수 있다.

그러나 대통령은 단순한 자연인이 아니기 때문에 아무리 고심이 크다고 해도 이 문제를 계기로 재신임을 묻겠다고 하는 것은 상당한 무리수를 두는 것이며 명분도 약하다고 보는 것이다.

그 이유를 열거해 보면,

첫째, 대통령은 법률로 보장된 임기가 5년인데 겨우 8개월 만에 지지도 하락과 측근 몇 사람들의 비리로 정책이 아닌 대통령직에 대한 재신임을 묻겠다는 것은 대통령의 무거운 사명감을 저버리는 너무나 성급한 처사이기 때문이다.

둘째, 재신임을 국민투표로 실시한다는 것은 헌법에 위배된다는 큰 이유 때문이다. 국민투표를 규정한 헌법 제72조에는 대통령은 필요하다고 인정할 때에는 외교, 국방, 통일, 기타 국가 안위에 관한 중요 정책을 국민투표에 부칠 수 있다고 규정하고 있기 때문에 정책이 아닌 단순한 대통령직에 대한 재신임을 묻는 국민투표는 위헌이라는 시비가 있기 때문이다.

셋째, 국정혼란을 가져오기 때문이다. 재신임 국민투표의 실시 여부에 대한 찬반의 타당성을 놓고 법률적으로 많은 쟁점이 유발되고 정치적인 공방으로 국론의 분열과 혼란을 자초하는 결과가 될 뿐만 아니라 현실적으로 IMF 때보다 더 심각한 경제 불황과 민생문제를 감안할 때 1,000억 원 이상의 경비가 소요되는 예산을 쓴다는 것은 지나친 국력의 낭비다.

넷째, 전술한 바와 같이 최도술 씨의 금품수수 비리는 검찰이 이미 구속까지 하고 철저히 조사하고 있으므로 결과를 지켜본 연후에 이로 인한 더 큰 비리가 있는지 여부에 따라 대통령의 재신임이나 또는 일부 정당에서 극단적으로 목소리를 높이고 있는 사임을 요구할 수 있을지도 모르나 단순히 이 사건을 계기로 재신임을 묻는다는 것은 법은 차치하고라도 그 명분이 약하다고 보는 것이다.

다섯째, 우리 국민은 노 대통령을 선출할 때 국가와 민족을 위해서 새로운 정치시대를 열고 임기 5년 동안 국정을 원만하게 잘 운영하여 훌륭한 업적을 남기는 대통령이 되기를 원했기 때문에 앞서도 언급했거니와 겨우 8개월 만에 모험을 건 재신임을 묻는다는 데 대해 혼란스러워하고 있다. 뿐만 아니라 여론상으로 나타나는 국민의 정서는 재신임을 묻는 국민투표는 철회하기를 원하지만, 만일 굳이 재신임을 묻는다면 찬성표를 던지겠다고 하는 비율이 반대에 비해 훨씬 앞서고 있다는 데 있다. 이러한 현상은 노 대통령을 지지하지 않던 중년과 노년층까지 절대다수의 국민들이 국정혼란과 이로 인한 경제악화 내지는 안보상의 문제 등을 생각하고 노 대통령이 임기동안 새로운 국정의 면모를 갖추고 잘해 주기를 원하고 있기 때문이다.

이상 열거한 바와 같이 재신임 국민투표는 공연히 국정혼란을 자초하는 무리수를 두는 것으로 필자는 당연히 철회하는 것이 옳다고 본다. 각 정당에서도 찬반의 의견이 아직 엇갈리고는 있으나 재신임 국민투표를 꼭 해야만 한다는 쪽으로 기울고 있지는 않은 것 같다. 그렇다면 노 대통령이 APEC을 다녀와서 각 정당 대표들과 만나 재신임 문제를 논의해서 정치적으로 타결하겠다고 말했으니 대통령 스스로 국민투표를 철회하겠다고 하기는 입장이 어려울지도 모르니 대통령을 코너로 몰기보다는 대승적인 차원에서 각 정당의 대표들이 대통령의 입장을 살려주고 재신임 국민투표를 철회할 수 있도록 협조해 주는 것이 어떤 의미에서 국가를 위하고 국민을 위한 상생의 정치를 산출하는 멋진 계기가 될 것이라 믿는 것이다.

필자는 국민의 한 사람으로서 이 길만이 가장 바람직한 최선의 길이라고 생각하는데, 만일 재신임 국민투표를 꼭 해야 한다는 쪽으로 결론이 난다면 위헌 소지를 없애기 위해 대통령직과 대통령이 하고자 하는 정책을 연계시켜서 하면 아무런 법적인 하자가 없을 것이라고 본다. 그렇게 해서 재신임을 물었을 경우에는 반드시 노 대통령은 재심을 받을 것으로 예상된다. 재신임을 받아야만 국가적인 혼란과 국력낭비를 막을 수 있다고 본다.

대통령과 정당 대표들이 합의를 도출하지 못하고 쟁점들만 부각시켜 이 문제를 정치적인 공방전으로 몰고 가고 그런 어지러운 상황에서 재신임 국민투표가 실시되어 만일 노 대통령이 재신임을 얻지 못하는 결과가 오고 급기야 장장 임기 5년을 반도 못 채우고 하야하게 된다면 노 대통령은 우리 헌정사에 가장 불운한 대통령으로 기록될 뿐만 아니라 또다시 대통령 선거를 해야 하는 불행한 사태와 국정혼란과 국력의 소모적인 낭비가 얼마나 크겠는가.

뿐만 아니라 대외적으로 대한민국의 이미지가 얼마나 훼손되고 그 신인도信認度가 떨어지겠는가. 1년도 안 된 기간에 대통령이 불신임으로 하야하고 국민투표와 새로 뽑는 대통령 선거까지 합치면 결과적으로 대통령 선거를 다시 해야 하는 번거로움과 국력소모는 국가적인 불행이 아닐 수 없다. 따라서 우리는 이런 사태를 사전에 슬기롭게 막아야 한다고 생각하며 어떤 국민도 이런 사태를 바라지 않을 것이라고 믿어 의심치 않는다.

▌재신임과 국민투표보다 국정쇄신國政刷新을

노무현 대통령은 재신임 국민투표를 접고 새로운 국정쇄신책을 앞당겨 국민에게 제시하고 그 면모를 확실하게 보여 주는 것이 우선 급선무라고 생각한다. 대통령은 강해야 한다. 그래야 소신껏 국정을 펼쳐 나갈 수 있고 국민은 든든하게 대통령을 믿고 바라볼 수 있다. 그야말로 읍참마속泣斬馬謖하는 결단으로 그동안 국정운영에 미숙했던 내각 중에 몇몇 장관들과 청와대 비서진과 참모진영을 과감하게 바꾸고 국민이 든든하게 믿을 수 있고 경륜과 정치력이 있는 진용으로 개편하는 인사정책이 급선무라고 생각한다. 그리하여 총리와 각부 장관에게 소신껏 일할 수 있는 힘을 실어 주고 결과에 대한 책임을 묻는 정책을 펴나가 주기를 바란다. 소위 책임총리제를 확실히 정착시키는 것이 좋겠다는 것이다.

국정을 운영해 나가는 데 있어서 폭넓게 여론을 수렴하고 모든 것을 대통령이 다 하려고 하는 것은 무리수를 두는 것으로, 총리와 내각에게 그 권한을 대폭 이양하고 국회와의 관계를 더욱 밀접하게 해 나가면서 국회의 뜻을 실질적으로 대통령이 존중해서 확실한 의회민주주의를 정착시켜 나가는 데 대통령으로서의 역량을 보여 주기를 바란다.

그리고 대통령은 비판하는 언론을 공격적으로 받아들이거나 적대시하지 말고 더욱 가까이 하면서 언론의 비판과 지적 사항을 잘 살펴서 그 문제점을 찾아보는 폭넓은 도량으로 반대하거나 비판하는 언론을 오히려 반면교사反面敎師로 삼는 것이 보다 바람직한 성과를 가져올 수 있다고 믿는다. 국정은 여러 가지 어려운 일이 많겠지만 심각할 정도로 어려운 경제난국을 타개하는 데 최우선적인 정책수단을 강구해 주길 바란다.

그동안 국론이 찬반으로 엇갈렸던 이라크 재건 추가파병 문제는 유엔 안전보장이사회 결의안이 통과된 시점에서 파병하는 것이 한미 동맹 관계를 돈독히 하고 국익을 위해서도 파병을 하는 것이 바람직한 일이라고 결론이 난 것으로 보이기 때문에 이는 잘 하는 일이라고 생각하는 바이며, 대통령도 그동안 몇 차례 천명한 바도 있지만 우리나라의 집단 이기주의 현상과 투쟁일변도의 노사문제를 강력하게 대응하면서 새로운 노사문화가 정착되도록 정부에서 적극 힘써 주기를 국민의 한 사람으로서 바라 마지않는다.

또한 북한의 핵문제는 우리나라의 명운이 달린 국가안보상 제일 막중한 일이므로 한미 공조의 굳건한 토대 위에서 잘 대응하고 풀어가리라고 믿으나 대북관계는 철저하게 상호주의 원칙에서 무조건 베풀고 양보만 되풀이하는 인상을 불식시켜 주길 바란다.

이상 몇 가지 사례를 들었으나 국정의 폭은 한없이 넓고 크기 때문에 다 열거할 수 없거니와 노 대통령은 재신임 문제를 순리적으로 잘 매듭짓고 국정운영에 최선의 노력을 다해 줄 것으로 믿는다. 그렇게 하면 노 대통령에 대한 국민의 지지는 다시 올라갈 것이며 국민은 갈채를 보낼 것이다.

따라서 각 정당과 국회는 재신임 문제를 정치적인 이슈로 삼아 논쟁만 하거나 당리당략적으로 이용하지 말고 노 대통령이 임기를 다 마치고 훌륭한 업적을 남기고 국민의 박수를 받으며 물러나는 대통

령이 되도록 중지를 모아 힘을 실어 주기를 바라는 바이다. 이는 국민의 한결같은 마음일 것이기에 더욱 그러하다. 국민이 직접 선출한 대통령을 지나치게 과소평가해서도 안 되며 대통령의 불행은 곧 국가적인 불행이기도 하기 때문에 대통령의 재신임 문제가 슬기롭게 잘 해결되도록 정치권이 국가적 차원에서 같이 협조하는 화합된 모습을 보여 주기를 바라는 마음 간절하다.

— 〈풍자문학 2003년 겨울 제6호〉

4.15 총선

국민의 손으로 정치판을 바꾸자

"새로운 인물, 새로운 정치가 시대적 요구"

불법정치자금 국고 환수해야

▌대통령 취임 초, 어려웠던 지난해

지난 1년은 참으로 어려운 한 해였던 것 같다. 정치, 경제, 사회, 문화 등 전반적인 국정현상이 순조롭지 못하고 혼란스럽고 불안한 양상이 자주 노정露呈되었던 한 해였다.

노무현 대통령은 젊은 기개와 정열로 3김 시대로 이어져 내려온 구태한 정치적 적폐를 청산하고 새로운 정치로 시대사적인 물줄기를 바로잡으려는 의지로서 국민에게 신선한 충격을 주었다. 기대에 찬 국민적인 인기와 지지도는 취임 초 80%대를 넘었다. 그러나 386세대를 중심으로 한 인사정책과 정제되지 않은 돌출발언으로 정치적인 공방과 언론의 비판이 가열되면서 혼란의 양상을 빚게 되었고, 경제는 침체 국면에서 벗어나지 못한 채 IMF 때보다도 더 어렵다는 볼멘 소리가 높아갔다. 사회적으로는 가뜩이나 어려운 실업 사태에 청년 실업자가 더욱 늘어나면서 심각한 양상을 띠게 되고 힘으로만 밀어붙이려는 노사문제와 지역 이기주의 갈등 현상까지 겹치면서 커다란 사회적 불안요인으로 작용, 반사적으로 기업의 투자는 위축되고 임

금이 싸고 노사문제가 심각하지 않은 중국 등지로 기업이민을 가야겠다는 볼멘소리와 함께 투자처를 옮겼다. 따라서 외국 기업의 자본투자도 상당히 위축되거나 줄어든 상태라고 한다. 반면 문화예술 분야는 인기 있는 프로의 영화를 제작하여 많은 관람객이 몰려 흥행에 성공한 몇 개의 영화사를 제외하고는 별반 재미를 보지 못한 어려운 상태였으며, 특히 미술계는 너무나 심각한 침체 국면의 불황 속에서 헤어나지 못하고 수많은 화랑이 문을 닫거나 폐업하고 작가는 붓을 던져버리고 실업자가 된 상태에서 고생한 사람도 많았으며 아직도 이러한 현실에 놓여 있다. 실로 미술계야말로 암담한 실정에서 어려운 여건을 극복하기 위해 비명을 울려대며 안간힘을 쓰고 있다.

이러한 상황 속에서 정치적으로는 도덕성을 가장 큰 덕목으로 우선시했던 노 대통령은 최측근의 최도술 씨가 SK로부터 11억 원을 받은 것이 문제가 되고 물의를 빚자 재신임 국민투표까지 제안하기에 이르렀고, 이 문제는 헌법에 배치되는 위헌이다, 아니다 하고 찬반의 양론이 거세게 대립되고 여 · 야 간의 정치적인 공방이 가열되면서 국론의 분열과 혼란상이 빚어지기도 했다. 따라서 이 문제는 아직도 종결되지 못한 채 넘어가고 있다. 또한 노 대통령의 측근 인사들이 불법대선자금과 비리에 연루되어 청와대 현직에서 물러나거나 주변의 상당한 측근 인사들까지 여러 명 구속되기에 이르렀다.

이러한 상황에 처하게 된 노 대통령의 심경은 매우 착잡하고 괴로웠으리라 짐작이 간다. 이러한 문제들로 야당과의 공방이 가열되자 인기가 30%대로 떨어지기 시작하고 야당인 한나라당이 주도한 특검법안特檢法案을 일차 거부했으나 국회가 재의결로 통과시키자 이를 수용하여 그동안 줄곧 검찰에서 수사를 받고 이미 구속 상태에 있는 사람들은 대통령 측근이라고 예외일 수가 없었다. 구속된 상태에서 불려 다니며 원점에서 다시 조사받는 그 사람들의 심경 또한 착잡할 것이고 곤혹스럽기 이를 데 없을 것이다.

이런 일 저런 일로 지난 한 해에 가장 심기가 불편하고 곤혹스러울 때가 많았던 사람은 노 대통령이 아니었나 생각된다. 대통령의 국정 운영에 대해 민주국가의 국민은 누구나 비판할 수 있지만 취임 초의 지난해는 많은 국민들의 비판과 예리하고 날카롭게 비판하는 언론과의 관계도 순탄치 못했던 한 해였던 것 같다.

그러나 대통령의 직책은 아무리 힘들고 어려운 일이라도 이를 극복하고 좋은 일, 궂은 일 가리지 않고 슬기롭게 대처하고 해결해 나가면서 방안을 제시하고 차질 없이 국정을 운영해 나가야 할 국민에 대한 책임과 사명이 있는 것이다. 따라서 노 대통령은 국민이 실망하고 맥 빠지는 말을 하지 말았으면 한다. 어려운 일일수록 더욱 강력한 리더십을 발휘해 나가길 필자는 국민의 한 사람으로서 간절히 바라 마지않는다.

지난해부터 시작한 불법대선자금 수사는 해를 넘기고도 끝내지 못하고 아직도 검찰의 수사가 계속되고 있다. 불법대선자금에 연유한 비리가 수사과정에서 속속 밝혀져 나오고 있는 데 대해 국민들은 분노하면서 비리 정치인들에 대한 지탄과 함께 수사에 전력하는 검찰의 노고에 대해 많은 격려를 보내고 있는 것으로 알고 있다.

이 나라에 국민적인 추앙을 받는 훌륭한 인물이 대통령에 출마했더라면 이렇게 많은 거금이 드는 선거를 치르지 않아도 간단하게 압도적인 국민의 지지를 받아 쉽게 대통령에 당선될 수 있으련만 대통령 하려는 사람은 많아도 국민의 존경과 사랑을 받는 그런 위대한

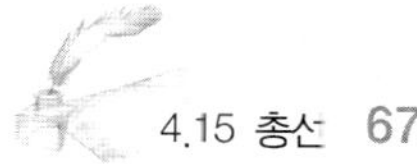

인물은 어딘가 묻혀 있을지 모르나 아직도 두각을 나타내지 않고 있다. 아무튼 지난 한 해는 대통령이 취임하여 국정에 임하는 첫해인데 마치 정권 말기적인 현상과 같은 상황들이 전개되면서 매우 어렵고 혼란했던 한 해가 아니었나 생각된다.

▍불법대선자금

꿀단지에 벌이 달라붙는 것처럼 권력의 속성상 당선이 가장 유력시되는 후보 쪽으로 대선자금도 많이 몰리게 되는 것은 일반적인 상식이기는 하나 기업 하는 사람들이 다른 쪽에는 그다지 인심이 후하지 않은 것으로 아는데 어떻게 대선자금은 몇 백억 원씩 그렇게 큰 거금을 주었는지 기가 탁 막힐 노릇이다.

지난 제16대 대통령 선거는 한나라당의 이회창 후보와 새천년민주당 노무현 후보의 대결로 압축되었는데, 지난 15대 대통령에 출마하여 30여만 표의 근소한 표차로 낙선한 바 있는 이회창 후보의 당선을 기정사실로 보는 판세였고 또한 한나라당은 국회의석의 과반수가 넘는 의석수를 가진 거대 야당이었기 때문에 여러 가지로 유리한 입장이었으나 열세를 극복하고 현재의 노무현 대통령이 당선되었다. 그러나 대선자금은 역시 판세가 유리했던 한나라당 이회창 후보 캠프 진영으로 많이 몰렸다. 그것은 수사과정에서 밝혀진 금액상으로 뚜렷이 나타나고 있다. 한나라당의 불법대선자금은 4대 그룹에서 제공한 금액을 합산하여 전체 530억 원대라고 하고, 노무현 캠프 진영에는 그동안 수사과정에서 4대 그룹에서는 거의 제로상태에 가깝다고 보도되어 왔으나 그 내역은 대충 썬앤문(문병욱 회장) 그룹, 대우, 금호

그룹, SK, 한화, 현대 등에서 받은 불법대선자금은 약 80여억 원대라고 보도되고 있다.

반면 한나라당의 불법대선자금 모금내역을 간단히 살펴보면 삼성그룹에서 112억 원어치의 채권과 40억 원의 현금을 한나라당에 제공했고 SK는 지하주차장에서 100억 원을, 또한 LG는 고속도로 휴게소에서 150억 원을 트럭째 한나라당에 전달했다는 것이다. 이들 그룹에 처음 돈을 요청한 사람은 그 당시 재정위원으로 이회창 후보의 최측근이었던 최돈웅 의원이었다고 하는데 아무리 대통령 당선이 유력시되는 정당의 재정위원이고 후보의 측근이었다 하더라도 그 사람 말 몇 마디에 수백억 원을 끌어모을 수 있었다는 사실은 도무지 상상도 할 수 없고 믿어지지가 않는다. 평범한 사람으로서는 실로 꿈같은 얘기가 아닐 수 없다.

또는 돈을 주는 기업이나 받는 측에서도 남의 눈을 피하기 위해 침침한 지하주차장이나 고속도로 휴게소까지 가서 거액의 돈을 차떼기로 전달하는 방법을 택하면서 머리를 썼다는 공통점은 스릴 있는 한 편의 영화 같은 생각이 들어 어처구니가 없고 실소를 금할 수가 없다. 깨끗한 도덕정치를 갈구하는 국민에게 허탈감을 안겨 주고 생계가 어렵고 직업이 없는 절대다수의 서민들에게는 참기 어려운 좌절감과 분노를 자아내게 하는 이러한 불법과 비리는 국민의 공분을 사고도 남는 용납될 수 없는 일이라고 본다.

불법대선자금의 내역은 방대하고 복잡하여 이상은 표면적인 얘기에 불과하고 수사과정에서 보도를 통해 이미 밝혀진 것 외에 앞으로 계속 수사가 마무리되는 시점까지 얼마나 더 많은 불법대선자금 제공 기업과 금액이 밝혀질지 그 규모는 예측할 수 없다. 불법대선자금

내역은 자고 나면 또 새로운 사실이 밝혀지고 제공한 기업과 금액이 자꾸 달라지고 있으니 그 집계도 어려울 뿐만 아니라 정신이 어지러울 지경이다. 수사하면 할수록 새로운 사실이 밝혀지는 것은 마치 고구마 줄기에 고구마가 달려 올라오는 것과 흡사하다는 생각이 들기도 한다. 어쨌든 이 불법대선자금을 수사하는 과정에서 한나라당은 '차떼기 정당'이란 비아냥거림의 별칭이 붙어 세간에 회자되고 있다. 이로 인하여 한나라당의 이미지는 큰 손상을 받은 게 아닌가 하는 생각이 든다. 세간의 국민정서는 이미 밝혀진 것이 이러할진대 밝혀지지 않은 돈은 양 진영에 과연 얼마나 되겠는가 하고 이미 밝혀진 것은 빙산의 일각일지도 모른다는 말을 하고 있다.

대통령 선거를 하면서 돈 타작도 같이 한 셈이 아닌가 하는 생각마저 든다. 불법대선자금과 또는 비리에 관련되어 구속된 8명의 의원 이외에도 추가로 대선 당시 한나라당 대표로 대선 선대위원장이었던 서청원 의원과 대선기획단장을 지낸 신경식 의원을 비롯하여 열린우리당의 대선 당시 총무본부장이었던 이상수 의원도 수차례 소환조사를 받은 끝에 사전구속영장이 청구된 상태이기 때문에 앞에서도 말한 바와 같이 사법 처리될 의원은 몇 명으로 더 늘어날지 예측하기 어렵다.

불법대선자금 모금과 기타 비리에 연루되어 거의 동시다발적으로 이렇게 많은 국회의원이 구속된 사례는 처음이다. 현직 국회의원은 회기 중에 불체포 특권이 있기 때문에 국회가 열리고 있을 때는 전원 체포동의안이 부결되었던 이들 국회의원들이 방탄국회가 끝나자 전원 구속되었다. 이미 지상에 보도된 바 있기 때문에 새삼 그들의 실명은 밝히지 않는다.

국회의원은 삼권분립에 의한 독립된 헌법기관으로 입법권, 예산심의권, 국정감사권을 가지며 정책을 입안하고 행정부를 비판 견제하면서 국민의 대변자로서의 역할과 책무를 다해야 하는 것이다. 따라서 국회의원의 의정활동은 곧 대의정치의 기틀이 되는 것이다. 국회의원은 다른 그 어떤 공직에 비해 국민이 직접 뽑은 선출직으로서 그 임기 동안 신분을 보장받으며 의정활동을 위한 막중한 권한을 가지며 또한 국민이 내는 세금으로 많은 세비를 받고 국회의원 회관의 사무실을 배정받아 불편 없이 사용하고 있으며 2명의 4급 보좌진과 5급에서 9급까지 4명의 비서진을 두고 있다. 그야말로 더 이상 욕심부리지 않는다면 특별히 큰 불편 없이 국회의원 직책을 잘 수행할 수 있도록 대우를 받고 있다.

따라서 임기 동안 전문 분야별로 열심히 노력하고 성실한 의정활동을 통해 국리민복에 공헌하는 큰 족적을 남겨야 하는 절체절명의 의무와 사명이 있는 것이다. 국회의원의 책무와 사명이 이러할진대 국민의 신뢰와 찬사는 받지 못할망정 당리당략에 집착하여 정쟁政爭만 일삼고 정치자금이란 명분으로 툭하면 부정한 돈을 사양하지 않고 받아들이고 각종 이권과 청탁에 연류되어 스타일을 구기고 국민의 눈살을 찌푸리게 하는 처신으로 지탄을 받는 그런 정치인은 기필코 정치 일선에서 스스로 물러나야 할 것이며 시대적인 흐름 속에서 그러한 사람들은 도태되고 말 것이다. 이러한 정치의 토양은 국민의 힘으로 국민의 손으로 가꾸고 바꾸어 놓아야 할 것이다.

그동안 우리는 정치와 돈은 불가분의 인과관계처럼 생각해 왔던 것은 사실이지만 정치자금이란 단순한 명분으로 거리낌 없이 거액을 주고받는 형태는 반드시 태생적으로 정경유착의 고리가 되기 때문에 이런 부조리한 비리를 척결하고 근절시키지 않는 한 우리 정치의 밝은 미래는 기대할 수 없을 것이다. 기업이 제대로만 정상적으로 기업을 운영한다면 아리고 쓰리게 정치권에 뭉칫돈 싸다 '보험 든다'는 생각으로 바칠 이유도 없고, 이런 돈 덥석덥석 받아 챙기는 불로소득은 사회정의상, 정치도의상 용납될 수 없다. 이런 돈 있으면 기업을 확장하거나 시설에 투자하고 근로자의 후생복지에 보람 있게 쓰고 우리 사회에 어려운 사람들을 위해 봉사한다면 얼마나 뿌듯하고 좋은 일이겠는가. 또한 국가적 차원에서도 얼마나 유익한 일이겠는가. 대선자금이 되었든 일반 정치자금이 되었든 묵시적으로 거액을 주고받는 행태는 앞으로 반드시 없어져야 할 당면과제이자 국민적인 바람이란 점을 강조하면서 필자는 국민의 한 사람으로 이에 대한 처방으로 몇 가지 방안을 제시하는 바이다.

첫째, 거금의 불법정치자금을 개인이건 기업이건 주고받는 사람을 같이 처벌하는 쌍벌죄를 적용하고 정상적인 정치자금을 기부한다 하더라도 한도를 명확히 정해 그 액면을 초과할 때에는 불법정치자금으로 간주, 처벌 대상에 포함해야 한다.

둘째, 한도를 초과한 불법정치자금은 처벌과 동시에 국고에 환수조치하고 기업인 경우에는 세제상의 불이익과 제공한 금액에 비례하는 과징금을 물리도록 한다.

셋째, 현행법상으로 명시되어 있는 것으로 알고 있으나 정치자금수수는 반드시 투명하게 공개하는 것을 원칙으로 하고 개인이나 정당이나 다같이 영수증 처리와 함께 선관위에 신고해야 하는 의무규정을 보다 강화해야 한다.

이상의 방책은 현실적으로나 법적인 차원에서 다소 무리가 있는 문제로 논란의 여지가 있을지 모르나 이대로 심화되어 가다가는 대외적으로 우리나라가 정치부패의 천국으로 비칠지 모르므로 어떠한 법적 제도적 장치를 만들더라도 근절시켜야 될 아주 심각한 문제로서 이미 그 한계점을 넘어섰다는 것을 지금도 수사가 계속되고 있는 엄청난 정치비리와 대선자금 내역을 보면 여실히 증명되고 남음이 있다.

돌이켜 보면 역대 전두환, 노태우 두 전직 대통령은 천억 원대의 천문학적인 비자금이 정치적인 쟁점이 되어 국민의 지탄을 받으며 사법처리를 받은 바 있고, YS와 DJ 두 전직 대통령의 측근들과 아들들도 돈 문제로 물의를 일으키고 구속된 사례도 있을 뿐만 아니라 DJ정권 때 실세였던 권노갑 씨는 200억 원, 박지원 씨 역시 억대의 거금을 받은 혐의로 지금도 구속되어 있다. 이런 사실을 놓고 볼 때 지금까지 줄곧 악순환이 되풀이되고 있는 불법정치자금과 정치비리는 대외적으로도 나라의 신임도를 떨어뜨리는 일일 뿐만 아니라 우리 국민에게 허탈감을 안겨 주고 실망과 함께 분노를 치솟게 하는 커다란 문젯거리가 아닐 수 없다. 이러한 현실이 우리나라의 자화상이라고 본다면 참으로 맥이 빠지고 슬픈 일이 아닐 수 없다.

▌4.15 총선으로 정치판을 바꾸자

오는 4월 15일은 제17대 국회의원을 뽑는 총선이다. 우리 정치를 개혁하고 새롭게 바꿀 수 있는 절호의 기회가 불과 얼마 남지 않았다. 구태의 정치를 청산하고 깨끗하고 정직한 그리고 희망을 걸 수 있는 정치판을 만들 수 있는 4.15 총선은 국민적인 축제마당이 되었으면 한다. 그동안 미루어 오던 정치개혁법, 선거법, 정치자금법은 총선이 임박해 오자 국회의 정치개혁특위를 중심으로 범개협汎改協과 사회단체들이 수시로 머리를 맞대고 토론하고 협의하면서 최선의 노력을 아끼지 않고 있으며 이미 상당 부분 큰 줄거리에 대해서는 합의점을 도출하고 있는 것으로 보여진다.

금년 4.15 총선은 과거 그 어느 때 총선에서도 볼 수 없었던 특이한 현상이 나타나고 있다. 즉, 당선권에 드는 관록 있는 다선 중진의원들이 자의반 타의반으로 스스로 퇴진을 하고 있다. 주로 60대 이상의 고령에 해당하는 의원들이 나름대로 의미 있게 불출마의 변을 남기고 정계를 떠나겠다고 선언하고 있다. 이러한 현상은 노 대통령의 당선과 궤를 같이하는 시대적 흐름이기도 하지만 불법대선자금의 공방으로 정치권이 국민에게 실망과 허탈감을 안겨 주고 또한 여러 명의 쟁쟁한 정치인들이 잇달아 줄줄이 구속되는 구태의연한 국회의 작태에 대해 정치 불신이 심화되어 오면서 이대로는 안 되겠다는 국민들의 정서가 대세의 흐름이 되면서 정치를 개혁하고 새롭게 바꾸기 위해서는 과감한 세대교체와 소위 물갈이를 하지 않으면 안 되겠다는 필연적인 당위성에서 연유한 것으로 볼 수 있다.

사실 돌이켜 보면 5공, 6공을 거쳐 3김 시대가 막을 내렸는데 그때의 정치판에서 정치를 하던 사람들이 비록 다선의 경륜을 쌓았다 하더라도 오늘날까지 정치일선에 남아있다는 것은 새로운 인물로 정치가 보다 신선하고 생동적인 면모로 그 판이 싹 바뀌기를 갈망하고 있기 때문에 정치 노장老將들의 퇴진은 시대의 흐름과 같이하는 필연적인 현상이라고 본다. 시대가 바뀌면 그 시대에 걸맞은 정치 주역들로 바뀌어야 한다. 물은 고여 있으면 썩는 이치와 같다. 그래서 물갈이를 해야 한다고들 하지 않는가.

4.15 총선에는 이렇게 기성 정치인들이 많이 퇴장하는 반면 정치 신인들이 대거 참여하는 현상으로 각 당의 공천 경합도 그 어느 때보다 높을 것으로 예상되며 공천을 못 받은 신인들은 무소속 출마가 러시를 이룰 것으로 예견된다. 또한 각 사회단체의 소위 총선시민연대가 기성 정치인들에 대한 낙천落薦, 낙선落選 운동을 벌이며 많은 정치적 쟁점이 유발될 것으로 내다보이며 이에 대한 찬반의 양론이 국민의 관심사가 될 것 같다.

그러면 각 정당의 불출마 선언을 한 의원들의 그 퇴장의 변을 들어본다.

◈ 한나라당

· **박관용 의원**(현재 국회의장, 66세, 6선)

"국회의장직 끝나면 국회 떠나는 관례를 만들기 위해."

· **김종하 의원**(국회부의장 역임, 70세, 5선)

"나의 역할은 끝났다."

· **한승수 의원**(68세, 3선)

"축복받으며 떠날 때가 되었다고 생각한다."

· **서정화 의원**(71세, 5선, 비례대표)

"이제 그만 후진에게 길을 터주려고 한다."

· **정창화 의원**(64세, 5선)

"병상의 아내 곁으로 돌아가겠다."

· **유흥수 의원**(67세, 4선)

"시대의 변화를 절감하지 않을 수 없다."

· **양정규 의원**(71세, 6선)

"후진에게 길을 터 주려고 한다."

· **오세훈 의원**(43세, 초선)

"4년의 정치 경험이 부끄럽습니다."

· **신영균 의원**(76세, 재선 비례대표)

"본업인 영화인으로 돌아가려고 한다."

이상 10명의 국회의원을 포함하여 총 22명의 현직 국회의원이 퇴진을 선언했다.

◈ **새천년 민주당**

· 장태환 의원

· 장재식 의원

· 장성원 의원

이상 3명이 퇴진을 선언했다.

◈ **열린우리당**

· 이창봉 의원

· 이원성 의원

· 송석현 의원

· 송영진 의원

· 이우재 의원

이상 5명의 의원이 불출마 선언을 했다.

위의 두 당은 불출마 의원들의 숫자도 많지 않다. 때문에 편의상 불출마 선언의 변을 생략하나 각자 뜻있게 한 마디씩 변을 남기고 있다.

아직도 총선 때까지는 날짜가 많이 남아 있으므로 불출마 선언을 할 의원들이 더 늘어날지도 모른다. 대선자금 수사가 계속되고 있는 뒤숭숭한 상황에서도 4.15 총선이 임박함에 따라 전열을 가다듬고 총선 승리를 위해 각 당은 분주하게 움직이고 있다.

한나라당은 대선 모금과정에서 차떼기 정당이란 별칭으로 이미지가 다소 손상되었다고 보고 당선이 확실하고 국민에게 신선함을 줄 수 있는 유능하고 훌륭한 인물을 영입하기 위해 최선의 노력을 다 쏟고 있다.

새천년민주당은 고 조병옥 박사의 자제인 5선의 조순형 의원이 새로 당 대표에 선출되어 깨끗한 정당의 이미지로 분위기를 쇄신하고 5선을 안겨 준 강북 지역구를 떠나 대구 출마를 선언하여 전국 정당으로서의 판세를 바꾸기 위해 역시 안간힘을 쏟고 있는 가운데 중진인 김경재 의원도 지역구인 전남, 순천을 떠나 서울 출마를 선언하고, 한화갑 전 대표도 지역구인 전남 무안, 신안을 떠나 서울 출마를 선언하고 있는데 이분들은 지금까지의 정들고 뿌리 깊은 지역구를 버리고 새롭게 이적한 지역구인 대구와 서울에서의 당락이 정치적으로 커다란 의미를 부여할 것으로 보인다.

열린우리당은 민주당에서 탈당한 의원들로 그동안 어려운 여건 속에서도 혼연일체를 이루어 창당을 했고 사실상 정신적인 여당으로서 정치개혁을 선도하고 당의 이미지를 비교적 신선하게 관리하면서 지난 전당대회에서 경선을 통하여 압도적인 표차로 전 MBC 앵커 출신의 정동영(51세) 의원이 당의장에 선출되어 그동안 3위에 머물렀던 당

의 지지도를 짧은 기간에 1위로 끌어올리며 기선을 잡고 있다. 또한 열린우리당은 노 대통령이 기왕에 밝힌 대로 좋은 시점에 입당하게 되면 그 여세를 몰아 정당의 인기와 지지도는 더욱 상승할 것으로 예상되고 당선 가능성이 있는 현직 각료 몇 사람과 청와대 진영에서도 유능한 몇 사람의 출마설이 거론되고 있다. 뿐만 아니라 많은 새로운 신진 정치 희망생들도 열린우리당의 문을 두드리고 몰려들 것으로 예견되는데 4.15 총선에서 과연 제1당이 돼서 힘 있는 여당으로 발돋움할지는 예측할 수 없다.

아무튼 이번 4.15 총선에서는 국민의 사랑과 존경을 받는 투철한 애국심과 정열을 가진 사람들이 많이 당선되어 새롭고 신선한 정치판이 짜여지기를 바라는 마음 간절하다. 거듭 말하지만 4.15 총선은 기필코 새로운 정치를 할 수 있는 실력 있고 정직한 사람들이 정치판을 바꾸어 놓는 원년이 되기를 희망한다.

이것은 오직 유권자인 우리 국민의 손에 달려 있는 것이다.

— 〈풍자문학 2004년 봄 제7호〉

4.15 총선의 의미

— 17대 국회에 바란다 —

참신하고 깨끗한 국회상 재정립
정치의 선진화로 국민에게 희망을
정책의 대안으로 민생경제 살려야

▌탄핵역풍彈劾逆風 거셌던 총선

우리나라 헌정사상 초유의 대통령 탄핵 정국에서 국민들의 초미의 관심 속에 치러진 지난 4.15 총선은 여러 가지 측면에서 정치적으로 큰 의미를 부여할 수 있는 많은 변화를 가져왔다. 노무현 대통령에 대한 탄핵역풍이 의외로 거세게 전국을 강타하고 찬반의 양론이 극명하게 대립현상으로 저변에 깔린 가운데 불법대선자금 수사로 많은 정치인들이 사법처리를 받았고, 여야를 막론하고 정치권에 대한 국민들의 불신이 고조되고 수십억, 수백억 원대의 대선자금을 차떼기로 받은 문제가 국민들의 저항 심리 속에 지탄의 대상이 되고 있는 상황에서 한나라당과 열린우리당은 기존의 당사를 버리고 천막당사를 만들어 이사를 하고 비등飛騰하고 있는 여론 앞에 반성하는 자세로 국민의 성원과 지지를 얻기 위해 전전긍긍하면서 총선 승리를 위해 전열을 갖추어 총선에 임하였다.

그러면 각 정당별로 4.15 총선의 내역과 그 의미를 살펴보기로 한다.

한나라당은 바닥권으로 추락한 당의 지지도를 높이고 차떼기 부패 정당이란 부정적인 이미지를 쇄신하기 위해 공천작업에서 과감한 물갈이를 했다. 이러한 가운데 공천에서 탈락한 사람들의 반발과 최병렬 대표를 중심으로 한 주류와 비주류, 또는 당 중진인 다선多選 노장파와 당의 과감한 개혁을 요구하며 목소리를 높이는 소장파 간의 열띤 공방과 의견대립으로 갈등 양상이 복합적으로 심화되어 당을 과감하게 해체하고 새로운 당명으로 거듭 태어나 새 출발해야 한다는 목소리와 일부 분당론까지 대두되는 가운데 과거 민정계(민주정의당)를 중심으로 한 당의 노장파는 시대정신에 걸맞지 않기 때문에 정계를 떠나야 한다는 소장파의 목소리에 힘이 실리면서 당의 노장파 의원들이 자의반 타의반으로 정계 은퇴 발언을 남기고 불출마를 선언했다.

따라서 이러한 현상은 정치권 전체로 파급되면서 많은 호응을 얻으며 다른 당에도 영향을 미치게 되고 불출마 선언이 줄을 잇게 된다. 16대 대통령 선거에서 패배한 거대 야당 한나라당은 대선자금의 수사과정에서 받은 타격과 당 내분으로 상당히 어려운 국면에서 최병렬 대표가 퇴진하고 불출마 선언을 하면서 가까스로 수습하고 전당대회를 열어 박근혜 의원을 새로운 당대표로 선출하게 된다.

박근혜 의원은 당의 이미지를 살릴 수 있을 뿐만 아니라 영남권의 표를 집결시킬 수 있는 유일한 대안이라고 보았으며 고 박정희 대통령의 딸로서 근대화의 화신으로 경제를 발전시킨 업적과 서거 당시 온 국민이 울었던 어머니 고 육영수 여사의 향수를 불러일으킬 수 있는 긍정적인 면과 5.16 쿠데타로 민주발전을 저해시키고 인권을 탄압했었다는 부정적인 양면을 가지고 있다. 뿐만 아니라 여성의원으로 이미지 효과는 클지 모르나 당찬 지도력이 요구되는 당대표로서는 약하다는 평가가 있었던 것도 사실이다.

그러나 당시 한나라당의 유일한 대안은 박근혜 의원이었음에 틀림 없다. 대표로 선출된 박근혜 의원은 기존의 한나라 당사에 발을 들여 놓지 않고 곧바로 천막 당사로 첫발을 내딛고 당무를 시작, 맥 빠진 당을 추스르며 4.15 총선의 전열을 가다듬고 현장에 파고들었다. 전국을 누비며 지지를 호소하는 박근혜 대표는 손이 퉁퉁 부을 정도의 악수 세례를 받으며 시장통이든 어디든 가는 곳마다 많은 청중이 모여들었고 박수를 치고 환영하며 그의 연설을 들었다. 당시 선거 초반의 한나라당 인기는 바닥권에 머물렀고 대체적인 전망치가 40~50석으로 예측하고 있었다. 그러나 박근혜 대표가 등장하면서부터 한나라당의 지지도는 점차 오르기 시작하고 반대로 상승세를 타던 열린우리당의 지지도는 주춤거림을 보였다.

한나라당의 잘못을 진솔하게 사과하고 거대 여당으로 등장하게 될 열린우리당의 독주를 막고 견제할 수 있는 야당으로 거듭 태어나 국민에게 약속한 것은 꼭 지키고 경제를 살리는 데 앞장서고 국민을 위한 생활정치로 확실히 보답하겠다며 지지를 호소한 박근혜 대표는 국민들의 많은 성원을 얻는 데 성공하였다. 비록 제1당은 열린우리당에 내어 주었지만 예상을 뒤엎고 121석을 얻어 개헌 저지선을 확보, 한나라당을 기사회생시켜 든든한 야당으로 반석 위에 올려놓았다.

이제 제17대 국회에서 한나라당은 건전한 야당으로서의 역할과 책무가 막중하다. 박근혜 대표는 많은 잘못과 허물이 있었음에도 불구하고 이렇게 많은 성원을 보내 준 국민에게 감사하고 또 감사하다고 말하고 있다. 박근혜 대표는 이번 4.15 총선을 통하여 그의 역량과 자질을 부드럽고 진솔한 이미지로 국민에게 잘 부각시켰고 차기 주자로서의 평가도 받았다. 이제 한나라당은 지난날의 좋지 않았던 이미지를 다 털어버리고 정말로 새로운 모습으로 국민의 기대에 어긋나지 않는 건전한 야당으로 그 몫을 다해야 할 것이다.

다음으로 열린우리당은 이번 4.15 총선에서 확실하게 승리했다. 국회의석 299명 중 과반이 넘는 152석이 당선되어 원내 제1당을 차지함으로써 여대 야소로 구성비율을 바꾸어 놓았다. 열린우리당은 47석으로 창당해서 원내 제3당으로 여당으로서의 힘을 제대로 발휘할 수 없었다. 따라서 민주당과 한나라당이 공조하여 노 대통령에 대한 탄핵안을 통과시킬 때 실력으로 이를 저지하였으나 역부족으로 막지 못하고 참담하게 현장을 지켜볼 수밖에 없었다. 그러나 4.15 총선에서 과반수 이상의 당선자를 낸 열린우리당은 이제 힘 있는 여당으로서 정책의 대안으로 국정을 주도적으로 뒷받침할 확실한 입지를 굳힌 셈이다.

야당이 사사건건 발목을 잡아 제대로 여당 역할을 할 수 없었다는 말은 할 수 없게 되었다. 따라서 열린우리당은 정동영 대표가 천명한 바와 같이 확실한 실용정책으로 집권 여당으로서의 대안을 내고 당면한 경제회복과 민생문제를 해결하는 데 앞장서 주길 바란다. 또한 열린우리당은 노 대통령의 임기가 끝남과 동시에 간판을 내리게 되는 단명 정당이 아닌 정당으로서 이미 정동영 의장이 비전을 제시한 바와 같이 20~30년을 지속하면서 전통을 쌓아가는 정당으로 국민의 지지기반의 토양 위에 깊이 뿌리를 내리는 정책정당으로 우리나라 정당사에 기록을 남기게 되길 바란다.

노 대통령이 탄핵에서 풀려나면 곧 입당할 것으로 밝혀지고 있고 당내 주요 인사들이 몇몇 입각할 것으로 보아 열린우리당은 정책적인 대안으로 대통령의 국정운영을 잘 뒷받침해서 노 대통령이 성공한 대통령이 되도록 최대한의 노력을 다해야 할 것이다.

뿐만 아니라 4.15 총선을 통하여 제시한 공약을 실천하는 데 소홀함이 없는 알찬 의정활동을 통하여 여야 간의 긴밀한 대화와 협상으로 싸우지 않고 일하는 생산적인 국회상을 정립하고 여야 상호 간에 공동선共同善이 될 수 있는 상생相生의 정치를 보여주기 바란다. 또한 대외적인 외교통상 문제에 있어서 그러한 토대 위에서 튼튼한 국가안보가 보장된다는 사실을 정치사적인 시대의 흐름에서 자칫 간과해서는 안 될 것이다. 미국보다는 중국을 더 편향적으로 많이 선호하는 경향을 놓고 볼 때 당면한 국가적인 안보문제와 실익추구에 있어서 어떤 방향이 더 유익한지에 대해 신중하게 검토하고 설계해 나가야 되리라고 본다.

아무튼 국정은 포괄적이고 방대한 정책을 필요로 한다. 유익한 대안을 내고 국정운영에 청사진을 펼쳐 국민 앞에 제시하는 대통령과 집권당을 국민은 원한다. 명실공히 집권당의 체질을 갖춘 열린우리당과 노 대통령의 참여정부가 국민소득 2만 불 시대를 열고 화합의 정치로써 국민의 힘을 하나로 결집시킬 수 있게 되기를 바란다.

이상으로 한나라당과 열린우리당의 4.15 총선 내역을 간단히 촌평으로 요약하고 다음으로 민주당과 자민련 그리고 민주노동당에 대해 언급하고자 한다.

민주당은 분당해서 나간 열린우리당과의 명분다툼과 노 대통령의 탈당을 배신행위라고 규정하고 정치적인 공방을 벌이는 연장선상에서 노 대통령의 탄핵안을 주도적으로 발휘하여 한나라당과의 공조로 탄핵을 가결시킨 여파로 호된 역풍을 맞아 소위 한·민 공조(한나라당과 민주당)에 대한 소장파의 반발과 조순형 대표와 추미애 의원 간의 당 운영에 대한 의견충돌로 당 내분이 갈등 양상을 빚으면서 4.15 총선 직전까지 선대위를 제대로 발족시키지 못하고 초조하게 우왕좌왕한 감이 없지 않다.

뒤늦게 선대위원장을 맡은 추미애 의원은 현장을 파고들어 삼보일배三步一拜의 정신을 쏟아 민주당 지지와 성원을 호소하며 혼신의 힘을 쏟았다. 과거 DJ의 정치적 고향인 호남 등지에서는 많은 호응이 있었으나 4.15 총선의 결과는 냉엄하고도 매몰차게 겨우 9석을 당선시키는 데 그치고, 정치적인 승부수를 걸고 5선을 안겨 준 지역구를 버리고 대구로 선거구를 옮긴 조순형 대표와 선대위를 이끌던 추미애 의원마저 낙선의 고배를 마셔야 했다.

민주당이 왜 이렇게 참담한 실패를 했는가에 대해서는 각각 평가가 다를 수 있겠지만 선거 전략적인 면에서 당의 정체성과 정책을 올바로 부각시키지 못하고 전열을 제대로 갖추지 못한 채 선거전에 임한 탓도 있지만 노 대통령의 탄핵을 주도한 역풍의 현상으로 볼 수 있다.

DJ가 임기를 다 마치고 대통령직에서 물러났지만 그의 오랜 정치적 고향이었던 호남에서조차 상대적으로 열린우리당이 당선자를 많이 냈다는 사실은 매우 의미있는 일이다. 민주당은 50여 년간 전통야당으로 맥을 이어오면서 고 유석 조병옥 박사와 신익희 선생과 윤보선 전임 대통령, 장면 총리의 뒤를 이어 DJ가 대통령에 당선되기까지 야당의 대명사인 정당이기도 했다. 민주당은 이번 4.15 총선의 실패로 상당히 큰 타격을 입은 것은 사실이나 한화갑 의원을 중심으로 구당적인 차원에서 비상대책을 세우고 당력을 결집하여 당의 이미지를 살리고 새로운 모습으로 진로를 모색할 것으로 보여지기 때문에 관심 있게 지켜봐야 할 것 같다.

자민련自民聯은 이번 총선에서 그야말로 참담하게 실패했다. 김종필 총재의 원내 교섭단체의 꿈은 여지없이 깨지고 가까스로 겨우 4석을 당선시키는 데 그친 자민련은 정당 지지도에서도 3%대에 미치지 못해 그나마 당의 구심점인 김종필 총재의 10선 고지 탈환도 실패하고 말았다. 총선 결과에 대해 진인사대천명盡人事待天命이란 말로 국민의 뜻에 승복하고 "노병은 죽지 않았지만 조용히 사라질 뿐이다"란 말로 자민련 총재직을 사퇴하고 정계를 은퇴했다. 그는 기업으로부터 받은 15억 원의 정치자금이 문제가 되어 검찰의 소환을 받고 있고, 이인제 부총재도 지난 대선 직전 한나라당에서 2억 원을 받은 혐의로 검찰의 소환을 받고 있다. 이러한 상황에서 자민련의 존립 문제는 상당히 비관적인 현실에 처하게 된 것이다.

자민련 총재 김종필, 그는 우리 정치사에 큰 비중을 차지했던 3김 시대의 주역의 한 사람이었으며, 근대화의 화신인 고 박정희 대통령과 함께 5.16 군사혁명을 주도하고 조국 근대화 작업을 도와 경제를 발전시키는 데 큰 역할을 했으며, 한일회담을 성공적으로 이끌어 국교정상화를 수립하는 주역이기도 했다. 80년 서울의 봄은 대권大權의 꿈을 성취할 수 있는 유일한 기회였으나 결단을 내리지 못하고 신군부에 자리를 내주고 말았다.

그는 항상 지금껏 2인자의 자리에 머물면서 긴 정치 여정을 걸어왔다. 그의 마지막 꿈인 내각제를 실현하기 위해 DJ와 공조하여 대

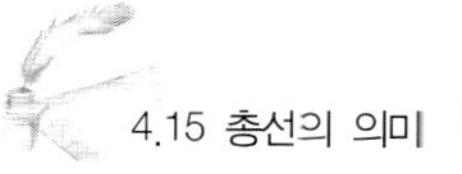

통령에 당선시키는 데 일등공신 역할을 하였으나 끝내 그 꿈은 무산되고 말았다. 시詩·서書·화畵에 능통하고 깊은 조예가 있었던 노정객老政客 김종필은 끝내 4.15 총선의 실패를 담담하게 새기면서 정치 일선에서 물러나 역사의 뒷전으로 그 모습을 감추게 된다.

민주노동당民主勞動黨은 이번 4.15 총선에서 가장 의미있는 것은 진보정당인 민주노동당의 원내 진출이다. 권영길 대표가 노동자의 텃밭인 창원 을구에서 당선되고 울산 북구에서 조승수 의원이 당선함과 동시에 높은 정당 지지율을 얻어 비례대표 8석을 차지하게 됨으로써 총 10석의 원내 제3당이 되었다. 50여 년간 소외시되었던 진보정치가 태어나 원내의 제도권으로 진입한 것은 커다란 의미가 있고 시대의 변천을 실감케 한다.

민주노동당은 다른 보수성향의 정당과는 여러 가지로 그 정체성과 정책이 다른 점이 많다. 민주노동당은 특색 있는 주요한 정책으로 부유세富有稅를 신설하여 무상 의료보험을 실시하며 무상 교육의 폭을 확대하고 서민 대중과 근로자를 대변하는 정당으로 분배를 통하여 복지향상에 역점을 둔다는 점을 들어 다른 정당의 정책과 차별성을 강조하고 있다. 민주노동당의 이러한 정책이 과연 실현될 수 있을지는 관심있게 지켜볼 일이며 의석수 미달로 교섭단체는 구성하지 못하지만 원내 3당으로서 의정활동의 형태가 어떻게 나타날지 앞으로 많은 관심의 초점이 될 듯하다.

보수정당과 진보정당의 정책이 서로 보완적으로 잘 조화된다면 정치발전에 큰 도움이 될 것으로 생각되나 상호 대립적인 현상으로 배타성을 띠게 되면 정쟁의 불씨가 될 것이다. 진정한 의미에서의 민주정치는 포용력 있게 소수의 의견과 정책을 수용하고 다수의 의견을 존중하면서 대화와 협상으로 문제점을 풀어나가면서 최선의 공약수를 찾아내는 데 있는 것이다.

민주노동당 권영길 대표는 "우리 국민이 지금까지 보아왔던 국회의원과는 전혀 다른 국회의원이 등장하는 위대한 순간이며 도둑소굴이라는 국회의 이미지를 바꿀 것"이라며 기염을 트하고 있다.

민주노동당의 진출은 분명히 우리 정치발전에 의미 있는 일이지만 정재계를 비롯한 일부 시각은 우려하는 목소리도 내고 있다. 앞으로 노동운동이 더 과격해지고 노동자의 요구가 도를 넘어서는 현상이 오지 않을까 하는 의구심을 갖고 있다. 민주노동당은 이러한 소리에 귀를 기울이고 노사문제를 제도권으로 끌어들여 중재자의 역할에서 방안을 제시하고 문제를 풀어나가는 데 최선의 노력을 다해야 할 것이며, 노동운동이 사회불안의 요인이 되지 않게 노사안정에 힘을 쏟아 국민이 의구심을 떨쳐버리고 든든하게 믿을 수 있는 정당으로 뿌리내린다면 민주노동당은 당세가 확장되고 발전을 거듭하면서 그야말로 앞으로 집권을 내다볼 수 있는 진보정당으로 성장할 수 있을 것이다.

▌4.15 총선에 나타난 특징

이번 선거는 개정된 선거법에 의해 1인 2표제로 실시되었기 때문에 여러 가지 측면에서 특징이 있다. 주지하다시피 1인 2표제란 한 사람이 후보와 정당에 각각 한 표씩 두 번 투표하는 방식으로 반드시 후보와 정당을 같이 찍지 않아도 된다. 즉 정당과 후보를 각각 다르게 찍어도 된다는 말이며 사표를 방지할 수 있고 정당 지지도를 쉽게 파악할 수 있으며 정당이 얻는 지지비율에 따라 비례대표 의석을 배분하기 때문에 민주노동당은 정당 지지율을 많이 얻어 비례대표 8석을 얻었고, 자민련은 3%대에 조금 미달하여 비례대표 1번인 김종필 총재의 10선 꿈이 깨지고 말았다. 사실 당선되리라고 생각지도 못했던 사람들이 의외로 당선되는 사례를 보았다.

또한 이번 4.15 총선은 철저하게 선거법에 의해 강력하게 금권선거를 차단할 수 있었다. 이번에 당선된 사람 중에서도 상당수 선거법 위반으로 당선 무효가 될 사람이 많이 나올 것이라고 보도되고 있다. 이번 4.15 총선에서도 약간의 변화는 있었지만 지역주의는 동서로 뚜렷하게 나타났다. 앞서도 언급한 바와 같이 한나라당의 지지율이 바닥권의 10%대였는데 박근혜 대표의 등장으로 소위 박풍朴風의 여세로 급진적인 상승세를 타면서 40석 내지 많게는 50석을 내다보던 전망치를 훌쩍 넘어 121석을 얻어 개헌 저지선을 확보하게 된 것은 한나라당이 비록 제1당 자리는 내주었지만 선거전의 상황을 놓고 볼 때 크게 성공을 거둔 것으로 평가할 수 있다.

한편 열린우리당은 노 대통령을 탄핵한 한나라당과 민주당을 싸잡아 다수에 의한 의회의 쿠데타적인 폭거라고 규정하고 이를 응징하고 힘 있는 여당으로 국정을 주도할 수 있게 해달라고 호소, 탄핵의 역풍으로 반사적인 상승세를 타면서 선거전에 임해 국회의석 과반을 넘는 152석을 당선시키는 쾌거를 올리고 크게 성공하였다. 47석에 불과한 원내 제3당으로 힘없는 여당이었던 열린우리당은 이제 원내 제1당이 되어 힘 있는 여당으로 거듭나게 된 것이다.

민주당과 자민련은 전술한 바와 같이 당의 정체성과 정책을 부각시키는 데 전략적으로 실패했다. 따라서 자민련 4석, 민주당 9석을 건지는 데 그치고 참담하게 패배했다.

이번 4.15 총선에서 두드러진 현상으로 나타나는 것은 초선의원이 국회의원 총 299명의 과반이 넘는 187명이 당선되어 원내에 진출하게 되었다는 사실이다. 이것은 시대의 흐름으로 보아 과감한 물갈이로 17대 국회에서는 보다 참신하고 생동감 있는 정치를 기대해 볼만도 하다.

다음으로 이번 4.15 총선에서 또 하나 간과할 수 없는 중요한 사실은 여성의원의 진출이 과거 그 어느 때보다 두드러지게 많았다는 사실이다. 지역구 당선자와 비례대표를 포함해서 총 39명이 당선되어서 국회의석의 10%대를 넘어섰다. 따라서 이번 17대 국회에서는 여성의원의 의정활동이 두드러지게 나타날 것으로 기대되며 남성 위주의 정책이 여성 쪽으로 분배되는 현상도 내다보인다. 사실 남성에 비해 그 이미지가 깨끗하고 순수하기 때문에 상대적으로 부패정치에 물들지 않고 소신 있는 의정활동을 통해 참신하고 정직한 국회상을 정립하는 데 여성 국회의원들이 큰 몫을 차지할 것으로 본다. 특히 싸우지 않고 일하는 생산적인 국회를 만들어 여성의원과 남성의원이 조화롭게 잘 엮어내는 정치, 그야말로 정치의 예술작품을 보여 주기 바란다.

끝으로 17대 국회는 국민에게 확실하게 희망을 줄 수 있는 그야말로 보국애민報國愛民하는 국회상을 정립하여 정치를 보다 한 차원 업그레이드시켜 선진화된 정치의 산실로 우리도 의정의 본산인 영국처럼 의사당에 불이 켜져 있는 것을 보고 편히 잠들 수 있기를 바라는 마음 간절하다.

— <풍자문학 2004년 여름 제8호>

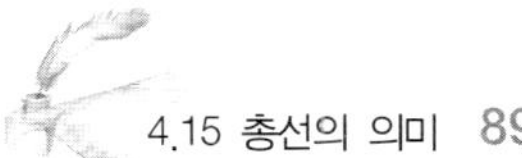

| 기 행 |

러시아 탐방

상트페테르부르크Sankt Peterburg

겨울궁전, 에르미타주 박물관
불후의 명작들, 세계의 재산

아름다운 네바nava 강을 낀 도시, 상트페테르부르크는 러시아의 상징적인 유럽풍 도시로서 세계 각국 수도들의 대열에 당당히 끼는 손색없는 면모를 갖추고 있다. 다른 유럽 각국의 수도 명칭은 대부분 한 단어로 되어 있는 데 반해 이 도시의 명칭은 두 단어로 되어 있다. 즉, '상트'라는 말은 라틴어에서 '거룩하다'는 뜻이며 나머지 단어는 다시 두 부분으로 나누어 해석되기도 하는데 '페테르'는 '표트르' 또는 사도使徒의 이름인 '베드로'를 러시아식으로 표기한 것이며, '부르크'는 '부르흐'라는 독일어이며 네덜란드어로 '도시'라는 뜻으로 해석된다. 그러므로 이 도시의 기초를 세운 표트르 황제의 이름과 그의 비호자庇護者로 인정되었던 베드로 사도의 이름이 독일과 로마, 네덜란드의 문화로서 하나의 맥으로 이루어지는 뜻에서 그 합성어로 이 도시의 명칭이 상트페테르부르크가 되었다고 한다.

건축과 문화예술이 집대성을 이룬 이 도시는 러시아에서 수도인 모스크바 다음으로 가장 큰 도시 중의 하나로 이 도시의 기초는 1703년 3월 생명의 근원 성삼위일체를 기리는 명절에 표트르 대제大帝의 계획에 따라 토끼섬에 이 도시의 토대가 세워졌고, 1768년 천재적인 E. 괄코네에 의해 표트르 황제의 기념비가 세워지기도 했다.

제정러시아 때 수도였던 상트페테르부르크는 지난 2003년 정도定都 3백주년을 맞는 기념 축제행사가 다채롭게 벌어졌고 세계 각국의 정상들이 이곳에 초청되었다. 이 도시는 러시아의 상업과 예술 문화의 중심 도시로 모스크바 못지않게 비중이 큰 도시로 세계의 관광객이 몰려들고 있다. 그러면 본격적으로 이 도시의 관광을 시작한다.

1995년 5월 자유 관광으로 서유럽 6개국을 여행한 이후 패키지여행은 난생처음으로, 지난 8월 12일 14시 30분 일행 13명과 함께 KAL

기편으로 인천국제공항을 출발하였다. 약 9시간 10분 만에 첫 목적지인 상트페테르부르크 공항에 도착, 마중 나온 현지 가이드의 멘트를 들으며 예약된 버스를 타고 도심으로 들어오면서부터 관광이 시작된다. 그러나 나는 이곳에 왔다는 사실에 대해 새로운 설레임 같은 건 없었다. 왜냐하면 지난 2002년 10월 여기에서 작품 활동을 하고 있는 한국의 동양화가 H군(필자의 동생)의 초청으로 일차 방문하여 관광을 하고 갔기 때문이다. 버스를 타고 시내로 들어오면서 가이드는 이곳저곳을 가리키며 주요한 건물과 지형을 소개했다. 도심에 들어와 예약된 식당에서 한식으로 저녁식사를 한 다음 지정된 호텔PRIBALTISKAYA에 들었다.

네바 강, 궁전다리

네바 강을 배경으로

규정상 1실 2인이기 때문에 나는 십년지기처럼 친한 최예태 화백과 함께 지정해 주는 방에 들었다. 최예태 화백과 나는 처음 화랑에서 작품 거래 관계로 알게 되었지만 항상 겸손한 그와 감성적으로도

궁전 광장 앞에서 본 겨울궁전

네바 강변에서

잘 맞아 서로 인격을 존중하며 신뢰를 쌓아온 사이였는데 알고 보니 갑장甲長이었다. 최예태 화백과 함께 외국 여행을 하고, 특히 룸메이트가 되어 한 방에서 잠을 자게 되었다는 사실은 참으로 뜻있는 일이었다.

호텔방에 들어 여장을 풀고 동생 H군에게 전화를 걸고 최예태 화백과 잠시 여러 가지 얘기를 나누다가 잠자리에 들었다. 우리가 호텔

예카테리나 2세 동상

에 들 때 나머지 일행은 가이드의 제의로 인솔자 황 대리와 함께 러시아 전통 발레를 보러 갔다. 최예태 화백과 나는 나이 많은 연장자라 피로해서 그냥 쉬겠다고 하면서 먼저 호텔에 들어왔다.

예카테리나 2세 동상 앞에서

다음날 아침 호텔에서 아침식사를 하고 관광버스를 타고 서유럽의 낭만과 대국적인 러시아의 분위기를 느끼면서 상트페테르부르크를 관광하면서 세계 3대 박물관인 에르미타주와 예카테리나 2세를 비롯

에르미타주 박물관 내부

한 러시아 황제들이 거처하던 겨울궁전으로 향했다. 네바 강변에 거대하게 서 있는 고상하고 품격 높은 멋진 에르미타주, 그 앞으로 전개되는 아름다운 네바 강, 이 도시의 관광은 우선 넓고 긴 네바 강을 보는 것으로 시작된다 해도 과언이 아니다.

푸른 강물 위에 평화롭게 오가는 유람선, 강을 가로지르고 있는 개폐開閉하는 8개의 다리, 네바 강을 중심으로 양편에 줄줄이 꽉 들어찬 아름다운 건축물, 그리고 멋진 조각 구조물들이 어우러진 도시의 정경은 그 자체가 한 폭의 그림이요 예술이었다. 강은 도시를 숨 쉬게 하고 생명의 원천이 되는 젖줄로 어느 도시이건 강이 있어 더욱 아름답다.

에르미타주 박물관 앞에는 많은 관광객이 줄을 서서 입장을 기다리고 있었다. 한참을 기다리다가 입장하여 복도에 꽉 찬 사람들을 헤치고 들어가 입장권을 사가지고 나오는 가이드를 따라 겨울궁전으로 들어섰다. 2002년 10월에 이어 두 번째 보는 이 궁전은 다시 한 번 감동을 안겨 주었다.

역대 러시아 황제들의 귀중하고 값진 수많은 소장품과 눈부신 황금 응접실과 게오르기 홀, 공작석 객실, 표트르 홀, 소옥좌 홀, 문장관, 1812년의 전쟁 갤러리, 그리고 표트르 대제가 1716~1717년에 걸쳐 외국 여행을 다니던 때 파리 가벨레느이의 제조소에서 구입했고 에카테리나 2세가 타고 대관식에 참석했다는 황제의 화려한 금장 사륜마차, 또한 외국의 사신들로부터 받은 수많은 귀중품이 소장되어

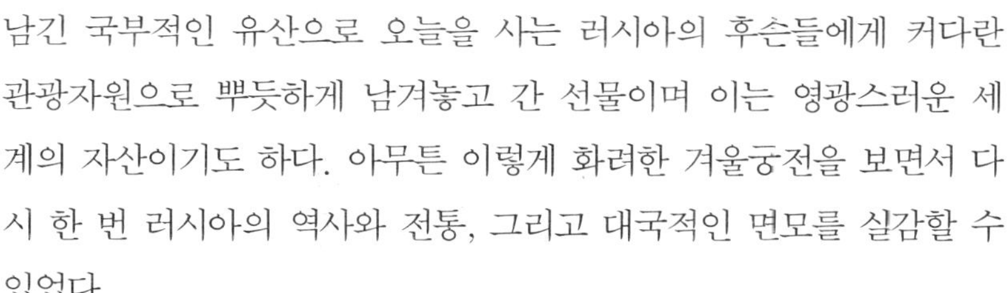
금장 사륜마차

있는 겨울궁전, 그리고 에르미타주 박물관에 빼곡히 걸려 있는 미술품, 이 모든 불후의 명작들은 러시아 제국의 조상들이 남긴 국부적인 유산으로 오늘을 사는 러시아의 후손들에게 커다란 관광자원으로 뿌듯하게 남겨놓고 간 선물이며 이는 영광스러운 세계의 자산이기도 하다. 아무튼 이렇게 화려한 겨울궁전을 보면서 다시 한 번 러시아의 역사와 전통, 그리고 대국적인 면모를 실감할 수 있었다.

계단을 바꾸어 미술품들이 소장되어 있는 에르미타주 박물관으로 들어갔다. 첫 번째 들어간 홀은 네덜란드의 세계적인 거장 렘브란트 홀이다. 기가 막힌 명암 처리와 사실표현주의 화가인 렘브란트의 작품 앞에 서면 나는 가슴이 뛰는 감동을 느낀다. '돌아온 탕자'라는 제목의 대작을 위시해서 큰 홀 하나에 그의 명작들이 가득 걸려 있다. 그리고 레오나르도 다빈치의 명작 '마돈나 리타', 루벤스의 작품 '흙과 물의 연합', 또한 오귀스트 로댕의 조각품 '영원한 봄'을 비롯하여 3층에 올라가면 폴 고갱의 '과일을 들고 있는 여자', 앙리 마티스의 '붉은 방', 파블로 피카소, 칸딘스키, 빈센트 반 고흐, 르누아르, 모네, 마네, 피사로 등 후기인상파 작가들의 주옥같은 작품이 수십 점 걸려 있다.

이러한 작품들은 이미 세계 미술시장에서 엄청난 거액으로 가격이 형성되고 간간이 판매되고 있으며, 세월이 흐를수록 불후의 명작으

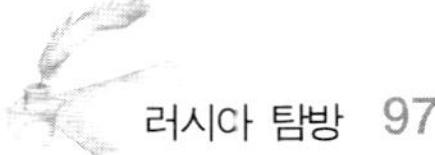

1. 레오나르도 다빈치 '마돈나 리타'
2. 오귀스트 로댕의 '영원한 봄'
3. 폴 고갱의 '과일을 들고 있는 여자'
4. 앙리 마티스의 '붉은 방'

러시아 황제가 탔던 황금마차 앞에서

로 평가되어 이 작품들을 제작한 작가들은 세계 미술사에 길이 남을 것이다.

상트페테르부르크에 있는 에르미타주 박물관, 겨울궁전만으로도 러시아는 대국이 아닐는지?

에르미타주를 나와 넓은 겨울궁전의 광장 전경, 참모본부의 아치형 지붕, 영광의 병거, 구 해군성 건물을 관광하고 2차대전을 치르고 오늘날까지 살아남아 러시아의 위엄을 과시하고 있는 순양함 '오로라'는 바다에 고정 · 정박시켜 놓은 채 관광을 시키고 있었는데 입장을 시키지 않아 선실 내부는 볼 수 없었다.

이어 스몰리 수도원, 카잔 성당을 관광했는데 1811년에 창건된 고색창연한 러시아의 정교 건물이다. 성당 내부에 들어가 보니 아름다운 예술이 조화롭고 엄숙하게 넓은 성당 내부를 장식하였고, 이 성당의 돔형 지붕 위에는 64m 높이의 십자가가 번쩍이고 있었다. 이 성당은 이반 대제의 군대가 카잔을 습격했을 때 획득한 성모상을 기념하기 위해 지어진 신전이라고 한다.

이 성당을 나와 이삭 성당 앞 광장에서 가이드의 멘트를 듣고 숲이 우거진 공원에서 그리스도 부활사원을 관광했는데 이 사원의 9개에 달하는 돔형 지붕의 총상화總狀花 모양은 정말 정교한 예술의 극치였다. 1881년 3월 알렉산드르 2세 황제가 이 사원에서 수많은 군중을 모아놓고 연설할 때 테러범이 폭탄을 던져 사망했다고 해서 '피의 성당'이라고 불린다. 이 성당은 외부에서 볼 때 건물 전체가 아주 깨

레핀아카데미 정문 앞에서

끗하고 화려했으며 훌륭한 장인정신으로 승화시켜 건설한 화려한 예술품 그 자체였다.

이상으로 상트페테르부르크에 대한 관광을 대충 마치고 일행들에게 꼭 보여 주고 싶었던 레핀아카데미는 끝내 시간이 없어 보지 못하고 한식으로 저녁식사를 한 후 지정된 호텔에 들었다.

다음날 아침 6시에 모닝콜이 울렸다. 최예태 화백과 나는 빨리 준비하고 가방을 챙겨 호텔식당으로 내려갔다. 식당 앞 입구에 일행들이 즐비하게 가방을 놓고 간 자리에 황 대리의 안내로 가방을 놓고 식당에 들어가 양식으로 식사를 하고 화장실에 들러 나오니 일행들은 이미 대기한 버스에 승차해 있었다.

인솔자 황 대리가 나를 기다리고 있다가 빨리 타라고 해서 나만 늦었구나 하는 생각으로 급히 버스에 올랐다. 모스크바에 가기 위해 공항으로 이동하는 버스였다. 한참을 달리는데 마이크를 잡고 멘트를 하던 현지 가이드가 어디선지 걸려온 전화를 받고 관광객을 향해 혹시 파란색 조그마한 가방을 차에 싣지 않고 두고 온 사람이 있느냐고 물었다. 나는 문득 아내가 챙겨준 조그마한 세면도구용 손가방인 듯해서 “가방을 챙겨 넣을 때 그것을 빠뜨린 것 같은데 차를 돌릴 수 없느냐”고 하니, 비행기 시간이 촉박하니 귀중품이 아니면 그냥 가야 한다고 했다.

찜찜한 기분이었지만 세면도구쯤이야 사면 되지 하고 공항에 도착하여 버스에서 짐을 내리는데 다들 가방이 있는데 내 가방만 없었다. 어찌된 일인지 확인해 보니 식사를 하고 나와서 다들 자기 가방을 챙겨 버스에 직접 실었는데 나만 챙겨 싣지 않았던 것이다. 내가 화장실에 다녀오는 동안 기사가 인솔자 책임 하에 가방을 버스 짐칸에 실은 줄 알고 빨리 타라고 해서 그냥 무심히 버스에 오른 것이 실수였다.

대통령궁이 보이는 붉은광장에서

인솔자 황 대리가 '가방을 차에 실었습니까?' 하고 내게 물었거나, 내가 황 대리에게 '내 가방 차에 실었소?' 하고 한마디씩 물었더라면 이런 일이 생기지 않았을 것이다. 다시 호텔로 돌아가서 가방을 챙겨올 수도 없는 촉박한 비행시간이라 안절부절못하는데, 인솔자와 현지 가이드가 우리와 같은 회사 관광 팀들이 마침 오후 3시 비행기로 모스크바에 들어왔는데 그 편에 보내달라고 전화했으니 걱정하지 마시라며 나를 안심시켰다.

나는 가이드에게 약간의 팁을 쥐어 주며 실수 없이 챙겨 보내달라고 당부하고 모스크바행 비행기에 올랐다. 비행기 안에서 눈을 감고 생각해 보았다. 초반부터 이런 일이 생겨서 영 마음이 무거웠다.

모스크바 Moskva

붉은 광장과 크렘린 궁
세계의 관광객이 줄을 잇는다

세계에서 가장 큰 나라 러시아의 수도 모스크바, 서울의 2배에 달하는 면적과 인구 2003년 현재 1억 4,400만 명으로 정치, 경제, 상업, 문화 등의 중심 도시로 지리적으로는 동유럽 평원의 중앙에 위치하고 있다.

지난 시절 공산 종주국으로서 세계 냉전을 주도하던 구소련의 수도였던 모스크바는 러시아의 수도로 탈바꿈하여 완전 개방과 함께 크렘린 궁에도 자유와 민주화의 따스한 햇볕이 스며들어 세계 각국의 관광객이 찾아들고 있다. 1986년 4월, 고르바초프는 경제와 사회 등 모든 부분에서 개방과 개혁을 단행하는 소위 페레스트로이카Perestroika와 글라스노스트Glasnost를 제창한다. 고르바초프의 이러한 과감한 선언은 서방세계를 놀라게 했으며 국제사회의 커다란 관심사가 되었다. 이것은 큰 파장을 일으키면서 정치적인 변혁을 가져

오게 되고 결과적으로 철옹성 같았던 소련 공산정권이 붕괴되고 그 여파는 동구권의 민주화와 독일의 통일을 촉진시켰고, 전후 냉전체제를 종식시키는 엄청난 변화를 가져오게 됨으로써 세계의 정치 지

붉은 광장

붉은 광장에서

평은 서방세계의 자유민주체제로 편입이 되었던 것이다.

이러한 시대적 변화에 따라 과거 공산주의 체제하의 소련에 비해 지금의 러시아는 여러 가지 측면에서 많은 발전의 양상으로 활기를 띠고 있다. 따라서 러시아의 수도 모스크바는 세계 각국에서 많은 관광객뿐 아니라 투자를 원하는 기업인들과 비즈니스맨들이 연일 찾아들고 있다.

모스크바는 대국의 수도로서 손색없는 조형미를 갖춘 커다란 건축물들이 짜임새 있게 꽉 들어서 아름다운 도시의 면모를 보이고 있고 확 트인 넓은 도로 양면 언덕에는 자작나무숲이 울창하다. 계속 변하고 발전해 가는 러시아의 수도 모스크바, 이제 그 관광길에 본격적으로 나서본다.

성 바실리 성당

상트페테르부르크에서 2박의 관광을 마치고 모스크바에 날아와 공항 밖으로 나오니 비가 조금씩 내리고 있었다. 오전 10시 45분에 도착하여 조금 늦게 도착한 버스에 올라 예약된 식당에 가서 한식으로 점심 식사를 하고 현지 가이드의 안내를 받아 붉은 광장에 들어섰다. 비가 점점 많이 왔지만 관광을 계속했다. 나는 지난 2002년 상트페테르부르크에 있는 화가 H군과 함께 일차 관광을 했기 때문에 새삼스럽게 느낌이 오는 것은 없었지만 우리 일행의 관광객들은 광장에 들어서면서 감탄사를 연발하며 가이드의 멘트에 귀를 기울였다.

처음 오는 사람은 붉은 광장이라고 하니까 붉은색을 띠고 있는 광장으로 알겠지만 붉은색이 아니다. 붉은 광장으로 명칭이 붙은 것은 곧 아름답다는 뜻이라고 한다. 혁명 기념일이나 메이데이Mayday 또는 여러 가지 행사가 이 광장에서 거행될 때 주변 건물에 붉은 기가 내걸리고 많은 사람들이 붉은 기를 들고 나오는 데서 아름답다는 유래로 붉은 광장이라고 했다고 가이드는 설명한다.

광장 앞에 바라보이는 성 바실리 성당은 러시아를 소개할 때 의례히 나오는데 이 성당은 양파 모양과 비슷하게 생긴 9개의 돔형 지붕을 각양각색의 색채와 무늬를 조각해서 만든 아름다운 예술품으로 그리스 정교 사원의 형태를 갖고 있다. 이 사원은 200여 년간 러시아

성 바실리 성당이 보이는 붉은 광장에서

를 점령하고 있던 몽골의 카잔 한汗을 항복시킨 기념으로 이반 대제의 명령으로 1555년에 착공해 1560년에 완성되었고, 사원의 이름은 이반 대제에게 많은 영향을 준 수도사 바실리에서 유래되었다고 한다. 이반 대제는 이 사원의 아름다움에 탄복, 더 이상 이와 같은 성당을 짓지 못하게 한다는 뜻으로 설계자인 보스토니크과 바르마의 눈을 멀게 했다는 얘기가 전해지고 있다. 이 성당은 현재 박물관으로 사용되고 있다고 하는데 일정상 입장을 하지 못했다.

비는 계속 내리고 있었으나 관광객은 여전히 많이 모여들고 있었고 가이드는 광장 주변의 건물에 대해 쉬지 않고 설명을 했다. 붉은 광장 맞은편에는 러시아 국립백화점인 굼 백화점이 있는데 이 백화점은 건물도 품위 있고 멋있지만 내부 진열대에는 세계적인 브랜드의 명품들이 진열되어 있고 가격은 러시아 어느 백화점보다 훨씬 비싼 편이다.

가이드의 설명을 들으면서 우산 하나를 같이 들고 비를 피하던 나와 최예태 화백은 몽땅 옷이 젖었다. 우리 일행들도 거의 옷을 적시고 굼 백화점으로 뛰어 들어갔다. 비도 세차게 오고 옷도 다 버렸기 때문에 추워서 셔츠 하나 사 입을까 했으나 마땅히 싸고 맞는 것이 없었다.

다시 밖으로 나왔으나 비가 너무 많이 와서 길바닥에 물이 넘치는 관계로 신발에 물이 들어와 도저히 관광을 계속할 수 없었으나 현지 가이드 라영지(한국에서 유학 온 여학생)는 자기 임무 수행을 위해 도보 관광을 계속하려고 했다. 우리 일행은 걸어 다니는 관광이 어렵다고 판단되어 가이드에게 버스 관광을 하자고 하면서 버스를 탔다. 가이드는 약간 미안한 표정을 짓는 순수함이 예쁘게 보였다. 모스크바의 주요 관광코스를 돌면서 버스투어를 했다. 가이드는 국립 모스크바 대학 정문 앞에 잠시 차를 세우고 사진도 찍으라고 하며 이 대학에 관해 여러 가지 설명을 하였다.

모스크바 국립대학은 세계의 유수한 명문 대학과 함께 그 면모나 내용에 있어서 손색없는 알찬 교육을 하고 있으며 입학보다는 졸업이 더 어렵다고 했다. 또한 모스크바 국립대학은 모든 러시아의 석학들이 교수진으로 편성되어 훌륭한 인재를 길러내고 있는데 실상 교

수들의 월급은 월 200불에 불과하다고 하면서 교수들도 생활을 위해 학생 개인지도와 아르바이트까지 한다고 했다. 이 학교의 졸업생들은 사회 진출에서 성공하는 비율이 높고 명사들 중에는 모스크바 출신이 많다고 하는데 그 중에 고르바초프도 모스크바 대학의 법과 출신이라고 소개했다.

비가 너무 많이 오고 오후 관광 마감시간이 되어 대충 첫날은 이렇게 관광을 마치고 도심으로 흐르는 아름다운 모스크바 강변을 따라 시내 중심부를 한 바퀴 돌아 예약된 식당에서 한식으로 저녁을 먹고 호텔에 들었다.

호텔에 미리 도착해 있을 거라는 내 가방은 와 있지 않았고 젖은 옷은 갈아입을 수가 없었다. 마음 졸이며 기다리고 있었는데 인솔자 황 대리에게 전화가 왔다. 가방이 도착했는데 지금 그 일행들이 우리

크렘린 궁전

가 식사했던 그 식당에서 저녁을 먹고 있으니 찾아오겠다고 말했다. 황 대리에게 택시비를 주어 찾아오라고 보낸 이후 두 시간 남짓 있으니 황 대리가 방문을 노크했다. 가방을 건네받은 순간 마치 소식도 모르고 헤어졌던 그리운 사람을 만난 것처럼 반가웠다. 즉시 젖은 옷을 갈아입고, 그날 저녁은 아무 시름없이 잠을 청했다.

예카테리나 아이리스 콩그리스 호텔은 분위기 있고 마음에 드는 그런 곳이었다. 다음날 아침 호텔에서 아침식사를 한 후 비가 좀 약해져서 우리 일행은 인솔자와 현지 가이드를 따라 크렘린 궁 관광에 나섰다. 비가 오는데도 불구하고 관광객이 길게 줄을 서서 입장을 기다리고 있었다. 우산을 하나 사서 받쳐 들고 차례를 기다려 입장했다. 크렘린 궁, 공산주의 시절에는 말만 들어도 추위를 타던 이름이 아니었는가. 크렘린 궁은 넓고 웅장했다. 오랜 역사를 자랑하는 국가 제1의 성당인 성모승천 대성당은 러시아 역사에 있어서 모든 전제 군주들이 대관식을 갖던 곳으로, 이 태리 건축 예술가의 작품인 이 성당의 건축구조는 정교正教 교리에 충실하게 부합되도록 예술적인 면모를 엄격하게 갖추고 있다.

1721년 표트르 1세는 총주교제總主教制를 폐지하고 종무원제宗務原制를 도입하는데 그전까지는 이 성당에서 정교회의 대표자들을 장사 지냈다고 한다. 이 성당은 황제 대관식은 물론, 국가 법령을 이 성당에서 공포하는 행사도 열었다고 한다. 또한 아름다운 성모 수태 성당은

표트르 1세 동상

성모 수태 성당

황제 가문 사람들을 대상으로 세례의식과 혼례의식을 거행했으며 황제가 매일 기도를 올리는 장소였다고도 한다. 여섯 개의 돔형 지붕 위에 십자가가 달린 금 도색과 백색 건물로 지어진 고상하고 아름다운 성당이었다.

이밖에도 12사도 사원, 우스펜스키 사원, 천사 대성당, 그리고 1733~1735년에 '이반 마트린', '미하일 마트린' 부자가 만든 황제의 종을 구경했고, 백색과 금색으로 고상하고 품위 있게 단장된 크렘린 궁전 앞에 서서 대통령 집무실이 있는 방도 볼 수 있었다. 넓은 크렘린 구역을 돌면서 가이드의 멘트를 들으며 관광을 마치고 나오니 과거 공산주의 냉전체제에서는 생각할 수도 없었던 크렘린 궁을 관광했다는 뿌듯한 생각에 기분이 홀가분하고 좋았다.

이상으로 모스크바 관광을 마치고 한식으로 점심식사를 한 다음 오스트리아의 수도, 음악의 도시 비엔나로 15시 50분 비행기를 타고 떠난다.

모스크바여 안녕!

황제의 종

— <풍자문학 2004년 가을 제9호>

|기 행|

동유럽 탐방

오스트리아 수도 비엔나Vienna

전 유럽을 지배하던 영광의 역사 문화
평화스런 영세 중립국으로 선진국 진입
음악의 도시 비엔나, 세계의 관광객이 줄을 잇다

공산주의 체제에서 벗어나 세계의 정치 지평인 민주주의와 자본주의 체제를 채택, 점차적으로 제도와 관행을 바꾸어 가면서 활발하게 발전을 거듭하고 있는 동유럽 6개국(러/오/헝/슬/폴/체)을 관광하기 위해 일행과 함께 기대에 찬 관심으로 그 먼 여정의 장도에 올랐다.

지난 8월 12일 14시 30분 KAL기 편으로 인천국제공항을 출발, 약 9시간 10여 분의 비행 끝에 첫 목적지인 상트페테르부르크에 도착하였다. 러시아의 가장 큰 유럽풍 도시의 하나로 예술 문화가 집대성을 이룬 아름다운 이 도시를 관광하고 이어 정치, 경제, 문화, 상업의 중심도시이며 러시아의 수도인 모스크바 관광까지 3일에 걸친 일정을 마쳤다. 오스트리아의 수도 비엔나로 떠나는 8월 15일은 그 전날에 이어 아침까지 비가 내렸으나 오후가 되면서 점차 비가 그쳐 기분이 한결 상쾌하고 좋았다. 15시 50분발 비엔나행 비행기는 구름이 아름답게 수놓고 있는 하늘을 날아 16시 45분 음악의 도시 비엔나에 도착하였다.

푸른 도나우 강을 끼고 녹음 짙은 숲 속에 묻혀 살며시 깨어나 그 모습을 드러내는 비엔나의 첫인상은 관광 예정 6개국 중 유일하게 공산 이데올로기에 젖어 있던 나라가 아니고 영세 중립국이라는 사실에 새로운 감회와 평화로운 분위기를 느꼈다. 언젠가 꼭 한 번 만나고 싶었던 그리운 도시, 비엔나에 왔다고 생각하니 부푼 기대에 설레임이 일었다.

대기한 관광버스를 타고 마중 나온 현지 가이드의 안내와 멘트를 들으며 공항에서 시내로 들어오면서부터 관광은 시작된다. 유유히 흐르는 아름다운 도나우 강변의 2차선 도로를 달리는 버스 차창 밖으로 한적하고 고즈넉한 비엔나의 풍경이 스쳐간다. 모스크바의 분위기에 비해 상대적으로 마치 조용한 시골에 들어오는 것 같은 기분이었다.

한참 달리던 버스는 가이드의 요청으로 잠시 정차하고 휴식시간을 가졌다. 차에서 내린 일행은 심호흡을 하면서 도나우 강으로 걸어 나갔다. 도나우 강은 푸르고 아름다웠다. 폭은 그렇게 넓지는 않았지만 강심은 상당히 깊어 보였다. 일행 중 몇 사람은 가이드의 권유대로 신발을 벗고 시원하게 강물에 발을 담그고 손을 씻기도 했다. 아이들과 함께 수영을 하는 여인도 있었다. 보일 듯 말 듯 팬티 하나도 살짝 가린 채 누드로 선탠을 하는 젊은 여인도 있었다.

신나게 멘트를 하는 가이드는 이 강은 오염되지 않아서 물고기가 많기 때문에 낚싯대만 드리우면 쾌감을 느끼는 월척도 낚을 수 있다고 하며, 유유히 흐르는 도나우 강을 보면서 감흥을 느낀 요한슈트라우스가 '아름답고 푸른 도나우'를 작곡했다고 말했다.

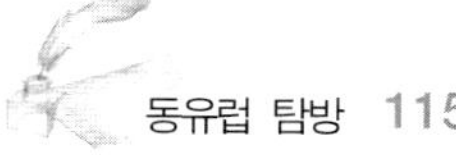

비엔나의 숲 칼렌베르크

도나우 강은 우리나라의 한강에 비해 양옆으로 숲이 무성하고 고색의 건물들이 병풍처럼 둘러쳐져 있어 자연 조경이 빚어내는 주변의 분위기가 정말 멋이 있었다.

우리 일행은 다시 버스에 올랐다. 한참을 달린 버스는 목적지인 비엔나의 숲Wienerwald 칼렌베르크Kahlenberg의 가파른 포장도로를 오르고 있었다. 숲은 무성하고 울창했으며 해발 484m의 산으로 굽이굽이 산 중턱을 돌아 올라가는 숲 속의 길은 2차선 관광도로로 잘 설계하여 깨끗하게 만들어 놓았는데 그 분위기는 마치 조용한 숲 속의 오솔길을 걷는 기분이었다. 칼렌베르크는 베토벤이 즐겨 찾으며 작곡을 했던 곳이고, 많은 선남선녀들이 이 숲길을 걸으면서 데이트를 즐겼다고 한다. 또한 비엔나를 찾는 수많은 관광객이 빼놓지 않고 한번씩 들러 가는 유일한 관광코스라고 했다. 이미 칼렌베르크 정상에는 많은 관광객과 관광버스가 올라와 있었다.

한 줄기 불어오는 시원한 산바람에 정신이 맑아짐을 느낀다. 비엔나의 평화롭고 아름다운 전경이 눈앞에 펼쳐진다. 산 정상의 주변에는 카메라 필름과 관광기념 소품들을 파는 몇 군데의 상점들과 카페가 있었다. 관광객이 자주 드나드는 것을 보니 장사가 제법 잘 되는 것 같았다.

나는 최예태 화백과 번갈아 멀리 내려다보이는 아름다운 회색빛 비엔나 시가를 배경으로 기념사진을 찍고 일행과 함께 버스에 올라 산 밑으로 내려왔다. 비탈진 산 밑까지 고색창연한 집들이 꽉 들어서 있었는데 길옆으로는 대부분 카페나 레스토랑이었다.

이곳의 집들은 거의가 수백 년이 넘는 집들이고 개중에는 1,000년 또는 1,500년 되는 집으로 장구한 역사를 이어오는 카페라고 하였다. 그러나 상당히 오래된 집으로 보여지기는 했지만 천년 세월을 머금고 서 있는 집으로는 도저히 믿어지지 않았다. 아마도 장사를 하기 위한 과장된 광고의 한 방편이 아니겠는가 하고 생각되었다.

인솔자 황 대리와 가이드가 안내하는 어느 오래된 듯한 식당으로 들어갔다. 의자가 놓여 있는 공간에는 손님들로 가득 찼고 악사들의 연주소리가 흘러넘치고 있었다.

우리는 그 식당에서 그곳의 유명한 특산품인 호이리게Heurige('그 해에 새로 만든 와인'이란 뜻이며, 이 와인을 파는 술집을 일컫기도 한다)를 먼저 한 잔씩 건배하고 마치 산돼지고기 같은 맛이 나는 고기류를 곁들여 저녁식사를 마쳤다. 악사들이 연주하는 귀에 익은 우리나라의 아리랑과 신청곡 몇 곡을 듣고 박수를 보내며 약간씩 팁을 주고 그 식당을 나온 우리 일행은 다시 버스에 올랐다. 산비탈을 내려와 시내로 들어선 버

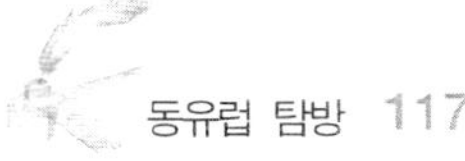

스는 도심 속으로 계속 달리고 가이드는 쉬지 않고 멘트를 했다.

차창 밖 양편으로 내다보이는 비엔나는 처음 들어설 때의 인상을 완전히 바꾸어 놓았다. 귀족스럽고 웅장한 건물들이 꽉 들어차 있고 깨끗이 정돈된 시가지가 멋진 모습으로 느껴지기 시작하면서 뿌듯하게 가슴에 와 닿았다. 장구한 세월과 오랜 역사의 영광스러운 문화유산이 현대적 감각으로 조화를 이룬 음악의 도시 비엔나는 내 감성을 아름답게 자극했다. 한편 상대적으로 복잡한 기능도시로서 예술미가 결여된 우리나라의 서울을 생각하니 오늘을 사는 이 나라 국민들은 축복받은 사람들이라고 생각되어 한없이 부럽게 느껴졌다. 그날이 마침 일요일이라 그런지 시내를 오가는 차량이나 사람도 많지 않아서 확 트인 도심은 한결 여유 있고 시원하게 느껴졌다.

가이드의 멘트는 계속되었는데 비엔나는 사회보장이 잘 되어 있고 인구는(2003년 기준) 약 165만 명의 도시로 23개의 구로 이루어져 있으며 1인당 국민소득은 2만8천 불이나 되는 선진국이라고 했다. 이제 만 불 시대의 단계에 있는 우리나라에 비하면 엄청난 부국이며 선진국이 아니겠는가? 우리나라도 빨리 2만 불을 넘어서고 3만 불 시대를 열어 선진 부국이 되었으면 하는 생각이 간절했다.

어둠이 조금씩 깔리기 시작하는 비엔나의 시가지 중심을 지나 한참을 달려온 버스는 약간 외곽인 듯한 곳에 자리한 피라미드 이벤트 Pyramide Event 호텔에 도착, 여장을 풀고 룸메이트인 최예태 화백과 함께 배정된 방에 들었다. 이 호텔은 일급으로 시설도 좋고 분위기도 좋았다.

다음날 아침 나와 최예태 화백은 7시에 기상하여 준비하고 호텔식당으로 내려왔다. 모두들 우리보다 먼저 와서 이 테이블 저 테이블에 나눠 앉아 식사 중이었다. 다들 반가운 얼굴로 쳐다보며 "Good morning!" 인사하고 즐거운 식사시간을 가졌다.

최예태 화백은 항상 나보다 일찍 식사를 마치고 큰 컵에 커피를 가득히 담아 내 식탁에 갖다 놓아 주곤 했다. 자상한 최예태 화백에게 고맙다는 인사말을 드린다. 그리고 채소, 과일, 우유 등 이것저것 식사 때마다 잘 챙겨 주시던 대구 D대학 김 교수님과 식사 때마다 준비해 온 고추장을 고루고루 배급해 주던 재미있는 최예태 화백 제자인 김 여사님께도 이 지면을 통해 고마웠다는 인사를 드린다.

식사를 마치고 대기한 관광버스에 오른다. 오늘 하루도 즐겁고 유익한 관광을 하기 위해서 본격 관광에 들어가기에 앞서 오스트리아의 역사에 대해 단편적으로 고찰해 보기로 한다.

유럽의 한 중심부에 위치한 오스트리아는 유럽대륙의 여러 나라와 역사적으로 깊은 관계를 맺고 많은 변천을 거듭해 왔다. 주변 열강들의 틈바구니에서 작은 독립국으로 명맥을 유지해 오던 오스트리아는 13세기 합스부르크 왕가의 속령이 되면서 금세기 초에 이르기까지 약 700년 동안 유럽사에 막강한 영향력을 행사하게 된다. 따라서 신성로마제국의 황제까지 겸하게 된 합스부르크 왕가는 프랑스와 영국을 제외한 전 유럽을 지배하게 되면서 태양이 지지 않는 거대한 제국을 이룩했다.

합스부르크 왕가는 전쟁을 통해서가 아니라 정략결혼을 통해 영토를 넓혀 나갔는데 1516년 합스부르크가의 한 사람인 스페인의 찰스 1세가 1521년 동생 페르디난트에게 오스트리아 통치를 넘겨주었다. 그는 비엔나에 머문 첫 번째 사람으로 황제에 등극, 헝가리와 보헤미아까지 통치하면서 명실공히 오스트리아의 왕이 된다. 따라서 스페

합스부르크 왕가의 호프부르크 궁전

인과 오스트리아는 이것이 계기가 되어 두 나라로 독립하면서 갈라지게 된다.

1740년 16명의 자식을 낳은 '마리아 테레지아'가 유럽 최초로 여자의 몸으로 왕위를 계승받아 40년간 오스트리아를 통치하면서 많은 업적을 남겼다. 그녀의 막내딸인 '마리 앙투아네트'는 프랑스 루이 16세의 왕비로 프랑스 혁명 때 단두대의 이슬로 사라졌고, 합스부르크 왕가의 최고 미녀였던 '프란츠 요제프'의 황후 엘리자베스는 합스부르크 왕가의 최고 미인이었다.

요약하면 오스트리아는 제1차 세계대전과 제2차 세계대전에서도 패해 650여 년간 권력을 누리며 유지해 오던 합스부르크 왕가는 멸망한다. 따라서 체코, 헝가리, 폴란드, 유고 등이 독립하면서 신생공화국으로 탄생하고 오스트리아는 미국, 영국, 프랑스, 소련 등 4개국에 분할 점령되면서 국토는 전쟁 전의 4분의 1로 줄어든 채 1955년 조약에 따라 주권을 회복, 영세중립국으로 독립되었다.

현재 정치체제는 내각책임제를 채택하고 민주주의적 연방공화국으로 의회는 양원제를 두고 있다. 주요 산업은 금융보험업과 건설업, 기타 서비스 업종이며 알프스산 등 천혜의 자연환경으로 관광산업도 활발하다. 2000년에 가까운 역사 속에서 뿌리내린 합스부르크 왕가의 650년에 걸친 영광의 나라 오스트리아는 수도 비엔나를 중심으로 머지않아 1인당 GNP가 3만 불에 진입할 것으로 예상되며 이미 부국 대열에 들어섰다. 제2의 국제연합도시인 비엔나에는 국제원자력기구 IAEA와 비엔나 유엔 사무소가 들어와 있다.

이 두 국제기구는 오늘날 국제사회에 막대한 영향력을 행사하고 있다. 가공할 핵의 위협과 공포로부터 인류를 해방시키고 세계평화를 토대로 항구적인 국제질서를 구축하기 위해 각각 사명을 다하고 있다. 또한 영세중립국인 비엔나의 평화를 담보하고 국제적인 비중을 높여 주는 의미도 내포되어 있다고 볼 수 있다. 따라서 이 나라 사람들의 자긍심은 대단하며 수도 비엔나에는 세계 각국의 관광객이 줄을 이어 찾아들고 있다. 이상과 같이 요약하고 이제 비엔나의 관광길에 나서 보기로 한다.

첫 코스는 쇤브룬 궁전, 르네상스시대와 로코코시대의 아름다운 건물들이 귀족적인 고풍을 풍기면서 즐비하게 꽉 들어서 있는 시내 전경은 이 나라의 영광의 역사와 문화가 살아 숨 쉬는 것 같았다. 가이드의 멘트를 들으면서 쇤브룬 궁에 들어섰다. 쇤브룬이란 이름은 1619년 마티아스 황제가 사냥 도중 아름다운 샘을 발견했다는 데서 유래한다.

넓은 광장에 크림색 건물로 듬직하게 자리한 고상하고 품위 있는 쇤브룬 궁의 몸체는 외형상으로는 그다지 화려하지 않았다. 우아하

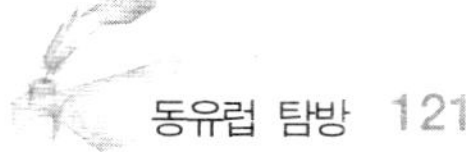

쇤브룬 궁전

고 기품있는 고전풍의 분위기가 한결 멋스럽게 보이는 그런 건물이었다. 합스부르크가의 여름 궁전이었던 이 쇤브룬 궁전은 비엔나에서 가장 인기 있는 관광명소로 많은 관광객이 찾아들고 있다. 화려하고 아름다운 궁전 내부는 그야말로 장인 정신으로 승화시킨 절세의 예술이었다. 용도에 따라 특색있게 꾸민 수많은 방들은 그 화려했던 시대의 고전을 뽐내면서 이 나라의 국부國富적인 예술의 보고寶庫 그 자체였다.

18세기 후반 마리아 테레지아가 수집한 동양의 자기나 칠기, 페르시아의 사실적인 그림 등 헤아릴 수 없이 많은 예술품들이 소장되어 있다. 이 궁전의 많은 방들 중에는 모차르트가 6살 때 연주를 했다는 방도 있고 마리아 테레지아의 막내딸 마리 앙투아네트가 프랑스 루이 16세와 결혼하기 이전까지 살던 방도 있었다. 아무튼 이 넓은 궁전을 세세히 다 볼 수는 없었지만 이모저모를 살펴보면서 그 시대를 풍미하며 살다 간 사람들의 권세와 영광을 느낄 수 있었다.

이 궁전을 나와 비엔나 미술관, 자연사 박물관을 외형으로 보면서 마리아 테레지아 광장 앞에 섰다. 위풍당당하게 서 있는 마리아 테레지아 동상은 예술적으로도 훌륭한 작품이었다. 동상을 배경으로 기념사진을 한 장 찍고 광장을 나와 보행자의 천국이라고 하는 화려한 케른트너 거리를 걸으면서 비엔나의 상징적인 성당 성 슈테판 사원을 관광한다.

구시가지 중심에 서 있다는 슈테판 사원은 14세기 후반부터 무려 300여 년에 걸쳐서 건설된 오스트리아 최대의 고딕양식 건물로 하늘 높이 올라간 첨탑의 높이는 137m로 사원의 탑으로는 세계에서 세 번째라고 한다. 장인정신을 불살라 조형예술의 극치로 탄생시킨 이 사원은 오스트리아 국민의 사랑을 한 몸에 듬뿍 받으며 상징적인

비엔나 미술관 앞에 있는 마리아 테레지아 여제 동상

성 슈테판 성당 내부(위쪽)와 외부(왼쪽)

사원으로 근엄하게 서 있다.

성당 안으로 입장하여 관광을 하였는데 예술이 꽃피는 성스럽고도 아름다운 분위기는 필설로 다 표현하기 어렵다. 수많은 관광객이 성당 안으로 밀치고 들어왔다. 나는 성당 중앙에 서서 성호를 긋고 이 아름다운 나라에 와서 관광을 하게 해주신 하나님께 진실로 감사하는 마음으로 기도했다.

밖으로 나와 거리를 걸었다. 관광은 도시를 걸으면서 이것저것 보는 것이 알차고 유익하다. 우리 일행은 다들 신나게 거리를 구경하면서 그림엽서도 사고 기념품도 사면서 한참

비엔나 국립오페라극장

걷다가 인솔자 황 대리와 가이드가 안내하는 면세점에 들렀다. 일행들도 다들 들어와 이것저것 구경하고 나름대로 물건을 샀고 나는 아내에게 선물할 명품 핸드백 하나를 샀다. 일행들은 내가 제일 비싼 물건을 샀다고 하면서 축하하고 놀려대기도 했다. 그 핸드백 값에 대한 세금은 프라하 공항에서 입국할 때 황 대리에 의해 세관에서 거슬러 받았다.

아름다운 예술의 거리를 걸으면서 화려한 국립오페라극장의 외형을 관광하고 호프부르크 왕궁의 광장에 들어섰다. 넓은 헨렌 광장 앞마당에 서 있는 신왕궁은 1552년부터 1918년까지 신성로마제국 합스부르크가의 왕궁이었던 곳으로 약 700년에 걸쳐 지어진 거대한 왕궁인데 이 왕궁과 연결되어 있는 육중한 건물들은 현재 박물관, 빈 소년합창단의 기숙사 또는 도서관으로 다양하게 사용되고 있다고 한다.

슈베르트의 묘(왼쪽), 모차르트 동상(가운데), 브람스의 묘(오른쪽)

신왕궁 앞마당에 서 있는 기마동상은 그 시대상의 위협을 떨치는 듯한 아주 멋지고 힘이 넘치는 작품이었다.

다음은 음악의 도시 비엔나에서 주옥같은 명곡을 남긴 유명한 악성樂聖들의 혼이 살아 숨 쉬고 그들의 육신이 묻힌 공원묘지를 방문했다. 베토벤, 슈베르트, 모차르트, 요한 슈트라우스, 브람스 등 후세에 남기고 간 그들의 음악소리가 조용히 울려 퍼지는 것 같은 생각이 들었다. 특히 바이올린을 켜고 연주하는 요한 슈트라우스의 황금빛 동상은 그가 마치 살아서 연주하는 듯한 착각 속에 신나는 왈츠곡이 흘러 넘치는 것 같았다.

우리 일행은 넓은 시립공원에 들어가 푸른 나뭇잎이 무성한 그늘 밑에 앉아 휴식을 취했다. 상쾌하고 시원한 바람을 맞으며 약간 아픈 다리를 풀면서 바라보니 슈베르트 동상 앞에는 기념사진을 찍는 많은 관광객이 모여 있었다. 평화롭고 즐거운 표정들을 보며 나는 생각했다. 행복은 결코 멀리 있는 것이 아니고, 여행처럼 즐거운 인생은 없다고….

이날 일정에 따라 관광을 마치고 일식으로 저녁식사를 한 후에 나와 최예태 화백은 빠지고 나머지 일행들은 황 대리와 현지 가이드의 안내를 받아 비엔나의 유명한 음악회를 보기 위해 오페라극장으로 떠났다. 나이 많은 우리 연장자는 일찍 호텔에 들어가서 쉬는 게 제일이라고 하면서 나와 최예태 화백은 함께 웃었다.

호텔에 돌아온 우리는 방에 들어가 샤워를 하고 침대에 벌렁 드러누웠다. 아! 편하다. 피로하고 지친 몸이여! 만사가 OK이다. 우리는 침대에 누운 채 이야기를 나누었는데 최예태 화백이 먼저 깊은 잠에 빠져들었다. 한참을 뒤척이다가 나도 잠이 들었다.

다음날 아침 7시에 모닝콜이 울렸다. 오늘은 비엔나를 떠나는 날, 서둘러 가방을 챙겨서 식당으로 내려갔다. 음악회에 갔다 와서 늦잠을 잔 사람은 없었는지 다들 먼저 내려와 여기저기 식탁에 나눠 앉아 식사를 하고 있었다. 마지막 날이라 그런지 그날 아침 식탁의 메뉴는 한껏 더 푸짐한 듯하였다. D대의 김 교수가 또 이것저것 갖다 주고 최예태 화백은 또 커피를 잔에 가득 채워 갖다 준다. 고마운 우정이다. 며칠째 빵을 먹었더니 이젠 빵도 맛있고 소화가 잘 된다. 비엔나에서의 마지막 호텔식, 맛있게 아침식사를 마친 우리 일행은 대기한 관광버스에 각자 가방을 챙겨 싣고 차에 올랐다.

평화롭고 아름다운 음악의 도시 비엔나! 더 이상 머물 수 없는 일정으로 이제 비엔나를 떠나 스케줄에 따라 세 번째 나라인 헝가리 부다페스트로 향하고 있다. 언제 또 볼 수 있을 것인가.

영원한 연인戀人, 비엔나여 안녕!

헝가리 부다페스트Hungary Budapest

개혁의 물결이 요동치는 헝가리
영원한 추억 도나우 강의 크루즈
부다페스트에서 한국의 밤을

우리 일행이 탄 관광버스는 비엔나를 출발하여 부다페스트를 향해 시원하게 뚫린 국경도로를 기분 좋게 달리고 있다. 차창 밖으로 이국異國의 풍광들이 아름답게 펼쳐진다. 한없이 넓은 평야, 끝이 보이지 않는 넓은 밭, 누렇게 익어 가는 맥주보리, 들판을 노랗게 물들인 키 작은 해바라기, 그리고 푸른 옥수수밭에는 옥수수가 탐스럽게 익어 가고 있다.

그림 같은 풍경, 자연이 빚어내는 아름다움은 동양이나 서양이나 다를 바 없지만 이국의 정취는 그 느낌의 정서가 다르다. 멀리 바라다 보이는 산에는 푸른 나무숲이 울창하게 짙어 있고 그 산자락 밑에 총총히 모여 앉은 붉은 집들은 이웃의 정감이 서려 있는 동네를 이루고 동양의 분위기를 느끼게 하는 아름다운 정경이다. 모든 근심 걱정 다 날려 버리고 오직 여행만을 생각하며 감상에 젖어 보는 자유로운 시간은 원초적으로 여심旅心을 한없이 평화롭고 행복하게 했다. 달리는 버스의 승차감은 전혀 피로를 느낄 수 없었고 도중에 주유소가 있는 휴게소에 잠시 정차하여 몸도 풀고 매점에 들러 필요한 것도 사는 시간은 아주 소중하였다.

국경을 넘는 초소 앞에는 모든 차량이 일단 정차하여 입국심사를 하는 검색을 받는다. 우리가 탄 버스에도 경찰이 올라와 차내를 돌며 검색을 하고 황 대리가 한데 모아놓은 일행들의 여권을 들고 내려가 심사를 하고 돌려주었다. 부다페스트 입국 OK.

속도를 내어 달린 버스는 약 3시간 40여 분 만에 부다페스트에 도착하였다. 시내 중심으로 들어가면서 차창 밖으로 내다보는 부다페스트의 시가市街는 오랜 역사 속에서 수난을 겪어온 전쟁의 상흔들이 시커멓게 때가 탄 석회석 건물 여기저기에 남아있었다. 따라서 부다페스트의 첫 인상은 약간 우울해 보이면서도 강인한 인고의 도시로 그 저력을 과시하고 있는 것 같았다.

버스에서 내려 곧바로 지정된 식당에 들러 한식으로 점심식사를 했다. 그 식당은 큰 대로변 일층에 있었는데 시설도 좋지 않고 음산한 분위기에 음식 맛도 별로였다. 식당을 나와 헝가리 건국 천년을 기념하기 위해 착공된 영웅 광장과 부다페스트 시민의 휴식공원으로 사랑을 받고 있는 시민공원을 관광하면서 필자의 제의로 우리 일행은 처음으로 단체 기념사진을 찍었다. 영웅광장에는 작품성이 뛰어난 많은 조각 구조물들이 조화롭게 설치되어 분위기가 한층 멋있게 보였고, 광장 전면에 서 있는 미술관에서는 후앙 미로의 작품전이 열리고 있었다. 또한 부다페스트 시민의 자긍심을 자랑하는 오페라극장은 1875~1885년 사이에 '미클로스 요블Miklos Ybl'의 설계로 지은 신르네상스 양식의 건물로 그 자체가 아름다운 조형 예술이었다.

헝가리 부다페스트 전경

첫날 일정의 관광은 대충 이렇게 마치고 저녁식사를 하기 위해 찾아간 식당은 고색창연한 오래된 건물, 반지하에 분위기를 한껏 살린 멋있는 식당이었다. 현지식(굴라시)으로 나오는 식탁의 메뉴는 점심시간에 한식을 먹었던 그 식당에 비해 훨씬 푸짐하고 깔끔하게 나왔고 음식 맛도 좋았다. 팥죽색의 달콤한 그 스프의 이름은 무엇이었는지 알 수 없으나 그 맛은 지금도 잊을 수가 없다. 너무 맛있어서 한 그릇 더 달라고 하고 싶었으나 한국인의 체면을 구길 것 같아서 참았다.

식사에 곁들여 술 한 잔씩을 하면서 나는 우리 일행들에게 이 아름다운 부다페스트에 관광을 온 우리 모두의 우정과 건승을 위해 부다페스트에서 '한국의 밤'을 축하하자면서 건배를 제의했다. 우리 일행 모두는 잔을 치켜들고 건배를 외쳤고 그 목소리는 우렁찼다. 이 시간에 느꼈던 감동은 아마도 부다페스트의 추억 속에 큰 비중으로 오래 기억될 것이다. 우리 일행들이 자리한 식탁의 안쪽에서 다른 손님들을 위해 연주하던 악사들이 우리 곁으로 다가와 신나게 연주를 했다.

악사들은 우리나라의 아리랑을 멋지게 연주하면서 흥을 돋우고 우리 일행들의 신청곡도 몇 곡 잘 연주해 주었다. 아마도 이 식당에 한국 사람들이 많이 오는 것 같은 생각이 들었다. 그 사람들의 연주 솜씨에 정겨움을 느끼면서 박수를 보내며 조금씩 팁을 주고 그 식당을 나왔다. 대기한 버스에 다시 올라 지정된 헬리아HeLa 호텔에 들어 여장을 풀었다.

공산주의 이데올로기가 붕괴되고 민주주의에 편입하여 동구권 국가 중에서 가장 빠르게 개혁의 물결을 일으키며 발전을 거듭하고 있는 헝가리의 역사에 대해서 잠시 언급하고자 한다.

지리적으로는 유럽의 동쪽으로 오스트리아, 북쪽으로는 슬로바키아와 국경을 접하고 카르파티아 산맥 근처에 위치한 헝가리는 도나우 강이 크게 두 지역으로 구분하고 있다. 총 인구의 61%가 도시에 집중되어 있는데 그 중 수도인 부다페스트의 주요 민족은 독일인, 슬로바키아인, 남슬라브인, 루마니아인 등으로 구성되어 있다. 주요 산업은 수출에 역점을 두고 있으며 종교는 가톨릭이 약 68%를 점하고 있다.

헝가리는 천년 역사에 크고 작은 전쟁을 수없이 많이 치른 수난사를 갖고 있는데 1241년 몽골군의 침입으로 처절한 전쟁을 치렀고, 1541년부터 1686년까지 150년 동안 터키의 침략으로 강점당하고 지배를 받았다. 터키의 점령으로 헝가리는 두 가지 면에서 큰 변화를 가져왔는데 시민주택과 왕궁, 수도원들이 무너지고 회교성원과 첨탑,

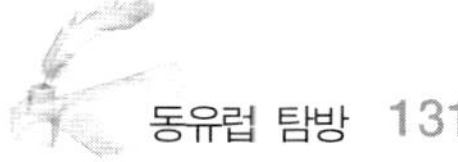

고전양식의 사슬교와 1884~1904년 사이에 건설된 신 고딕양식의 국회의사당(왼쪽), 그리고 아래로 도나우 강이 흐른다.

그리고 더욱 특색을 띠는 것은 터키식 목욕탕들이 많이 생기면서 둥근 돔의 지붕을 갖춘 건물들이 도시 면모를 다양하게 바꾸어 놓았다.

18세기 기독교 연합군대가 터키 침략을 물리친 후 뒤이어 바로크 도시들이 일어났다. 그 시대의 자취는 오늘까지 여러 면에서 잘 보존되고 있는데 각양각색의 건물과 시내 곳곳에 설치되어 있는 광장의 조각 구조물들이 역사의 이끼를 머금은 채 도시의 면모를 장식하고 있다.

페스트의 발전은 본격적으로 19세기 초반부터 시작되었는데 고전양식의 건물들이 많이 들어서면서 도시의 면모가 새롭게 바뀌고 중세의 성벽을 벗어났으며 제일 위대한 헝가리인이라는 칭송을 받았던 백작 세체니Széchenyi는 부다와 페스트를 연결하는 사슬교Lanchid('세체니 다리'라고도 하며 체인으로 만들어졌다고 해서 '체인교'라고도 불리고 있다)를 건설하였고 19세기 중엽 페스트는 헝가리의 중심 도시가 되었다. 따라서 삼분三分되어 있던 부다, 고古 부다, 페스트가 1872년에 통합됨으로써 오늘의 부다페스트가 헝가리의 수도로 태어났다.

전술한 바와 같이 수많은 전쟁사의 피해 속에서 헝가리는 또한 제1차, 2차 세계대전을 치르면서 많은 파괴적 손실을 입었다. 이러한 역사적 배경 속에서도 헝가리인들은 강인한 정신으로 나라를 지키고 발전시켜 왔다. 30명의 노벨상 수상자를 낸 업적은 세계적인 자랑이며 따라서 헝가리인들의 자부심은 대단할 것으로 짐작된다.

호텔에 들어서는 우리 일행들은 다들 웃음 띤 얼굴로 즐거운 표정들이었으나 나는 유독 조그마한 일로 신경을 쓰고 있었다. 가방에 채워 놓은 자물쇠를 열어야 하는데 워낙 열쇠가 작아 어디서 흘려버렸는지 분실되고 없었다. 황 대리를 시켜 카운터에 얘기해서 가방을 좀 열어 달라고 했는데 지배인인 듯한 사람이 직원을 시켜 가져온 연장은 자루가 긴 펜치 같은 것이었는데 그것으로 가방 지퍼에 매달려 있는 자물쇠 고리를 똑각 잘라냈다. 그 장면을 쳐다보고 있던 우리 일행들과 나는 '와' 하고 웃었다. 쳐다보고 있던 지배인도 웃었다. 동양 사람이나 서양 사람이나 그런 솜씨는 다를 바 없었다.

나는 그 사람들을 쳐다보고 땡큐 땡큐 하고 인사했다. 그도 웃음 띤 얼굴로 고개를 끄덕이면서 인사를 받았다. 신경 쓰는 일이 해결되고 나니 기분이 한결 좋았다. 나와 최예태 화백은 키를 받아들고 지정된 방으로 들어갔다. 호텔은 부다페스트에서 일급은 되는 것 같았다. 분위기 좋은 방에 편안하게 잘 수 있는 침대 드 개가 나란히 놓여 있었다. 부다페스트의 밤은 이렇게 나와 최예터 화백의 여심旅心 속에 영원한 추억을 만들어 줄 것이다.

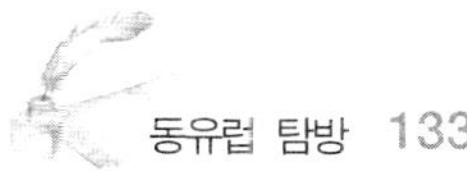

부다 지구 : 세체니 성당과 어부의 요새가 있다.

다음날 아침 잠에서 깨어 침대에 누워 최예태 화백과 얘기를 나누다 준비를 하고 식당으로 내려갔다. 일행들은 먼저 식당에 내려와 식사를 하고 있었다. 분위기 있는 식당의 메뉴는 역시 뷔페식 양식으로 깔끔하고 맛도 있었다. 나는 원래 밀가루 음식이 잘 소화되지 않아 빵을 싫어했는데 여행을 와서 빵을 자주 먹으니 소화도 잘되고 평소에 먹어 보지 않던 메뉴로 이것저것 먹어 보니 그런대로 맛이 있어 식사시간이 즐거웠다. 최예태 화백은 또 나보다 먼저 식사를 마치고 커피 두 잔을 뽑아서 내게 한 잔을 갖다 놓는다. 그리고 대구의 K교수는 과일과 채소 그리고 우유 한 잔에 시리얼을 잔득 넣어 갖다 주신다.

외국에 나가면 애국자가 된다는 말과 같이 우리 일행은 격의 없이 대화를 나누고 길을 잃을까봐 서로서로 보살펴 주면서 우의를 나누고 친숙하게 지내면서 같은 여행 가족으로 일체감을 이루고 즐겁게 관광을 했다. 이러한 마음들이 곧 동포를 사랑하고 조국을 사랑하는 애국의 바탕이 아니겠는가. 이 해가 다 저무는 세모에 여행 일정을

같이한 모든 분들에게 안부를 전한다.

우리는 이렇게 즐거운 아침식사를 하고 본격적으로 부다페스트의 관광길에 나섰다. 유유히 흐르는 도나우 강은 넓은 강폭에 수심이 깊어 보이는 큰 강으로 부다페스트 도시 중심으로 흐르고 있는 아름다운 강이었다. 커다란 유람선들이 여러 채 선착장에 정박해 있고 오고가는 유람선들이 도나우 강의 멋스러운 분위기를 연출하고 있었다. 도나우 강을 가로지르는 다리 중에서 가장 큰 대교大橋인 '싸바드샤크'는 1896년에 개통된 다리로 유네스코 세계문화유산에 등록, 헝가리 국민들의 많은 사랑을 받고 있다. 우리는 이 대교를 건너 부다페스트의 유일한 관광명소인 부다 언덕으로 올라갔다.

가파른 계단을 힘겹게 오르고 보니 부다 언덕 위에는 이미 많은 관광객이 올라와서 관광을 하고 있었다. 부다 언덕에서 내려다보는 부다페스트는 정말 아름다웠다. 멀리 바라보이는 산자락에는 수없이 많은 붉은 집들이 총총하게 운집해 있고 도나우 강 양편으로 꽉 들어선 고색풍의 많은 건물들은 조화롭게 시가를 장식하며 도시의 면모를 아름답게 갖추

헝가리 부다페스트 부다 언덕에서

어부의 요새

고 있었다.

강이 있어 아름답지 않은 도시는 없겠지만 부다페스트는 도나우 강이 있어 더욱 아름다운 도시였다. 눈앞에 전개되는 부다페스트는 관광객이면 누구나 카메라 셔터를 누르게 했다. 도나우 강과 부다페스트를 배경으로 최예태 화백이 찍어준 필자의 사진 한 장은 마음에 들게 참 잘 나왔다. 추억이 담긴 그 사진 한 장은 아주 소중한 사진이 될 것 같다.

부다 언덕의 넓은 광장은 많은 관광객이 연달아 모여들고 길 양편으로는 기념품을 파는 상점들이 늘어서 있다. 관광객을 태우는 마차는 아름답지 못한 냄새를 풍기지만 보기에는 재미있다. 부다 언덕의 가파른 성벽 위에 설치된 부다페스트의 유명한 '어부의 요새漁夫要塞'는 1895~1902년까지 네오로마네스크 양식으로 건설했는데 이 요새는 뾰족한 고깔 모양의 일곱 개 타워로 설계되어 있다. 이 일곱 개의 타워는 수천 년 전에 나라를 세운 일곱 개의 마자르족을 상징하는 의미가 있다고 한다. 또한 이 요새의 이름은 옛날에 어시장이 있었던 곳이라는 설이 있고 18세기경에 어부들이 성벽 위에서 적군을 맞아 치열하게 싸우고 방어했다는 설에서 유래됐다고 한다.

마차시 성당

한편 신 고딕양식의 뾰족한 탑이 있는 아름다운 '마차시' 성당은 18세기에 세운 삼위일체三位一體의 성당으로 정교한 예술의 조형미를 갖추고 오랜 역사 속에서도 완전한 상태로 단아하게 자리하고 있다. 마차시라는 이름은 1470년 마차시 왕의 명령으로 교회첨탑이 증축되면서 마차시라고 붙여졌다고 한다. 이곳은 역대 헝가리 왕들이 대관식을 올렸던 곳으로 역사적인 의미가 큰 성당으로 헝가리 사람들의 경건한 사랑을 받고 있다.

광장 옆으로 붙어 있는 산에는 시원한 그늘 속에 듬성듬성 놓인 의자에 앉아 한시름의 휴식을 즐기는 관광객이 많았고 나와 최예태 화백도 그들 속에 일원으로 의자에 앉아 대화를 나누며 잠시 피로를 풀었다. 부다 언덕을 올라온 반대쪽 뒤편으로 내려가면서 나와 최예태 화백은 기념품 상점 몇 군데를 둘러보았으나 특별히 쇼핑할 만한 물건은 없고 잡다한 소품들과 모스크바에서 많이 본 호박 기념품들이 많았는데 가격을 좀 싼 듯하였으나 가짜인지 진짜인지 알 수가 없었다.

걸어 내려오면서 들른 곳은 부다페스트의 상징이라고 하는 부다 왕궁으로 일반 공개가 되지 않아 현지 가이드의 멘트로 외부 관광을 했는데 네오바로크 양식의 웅장한 건물로 13세기에 건축되었으나 2차 세계대전 당시 많이 파괴된 것을 1950년대에 현재의 모습으로 복구하여 완성한 것이라고 한다. 복구과정에서 많은 유물들이 발견되었는데 이 유물들은 역사박물관에 전시되어 있다고 한다. 한편 부다 왕궁에 있는 국립미술관 건물 앞마당에는 1686년 부다 성곽을 탈환한 기독교 연합군의 총사령관 '싸보아이 애우건' 공작의 위풍당당한 기마상이 서 있는데 정말 멋있는 예술 작품이었다. 국립미술관도 내부 관광을 하지 못해 아쉬운 마음으로 필자는 정문 앞에 잠시 서서 복도에 걸린 대형 그림 한 폭을 감상하고 돌아서야 했다. 겔레르트 언덕을 관광하고 내려오는 길에 유적지의 형태가 잘 보존되어 있는 곳을 볼 수 있었는데 오랜 역사의 이끼 속에는 그 시대를 살다 간 사람들의 슬기로운 지혜도 서려 있었다.

한참을 걸어 내려와 대기하고 있는 버스를 타고 와서 온천욕을 하기 위해 겔레르트 호텔 앞에 내렸다. 오래된 호텔이라 시설은 별로 좋아 보이지 않았으나 온천을 하기 위해 많은 사람들이 복도에 운집하여 약간 어수선한 분위기로 황 대리가 입장권을 산 다음 안내원이 지정해 주는 탈의실로 최예태 화백과 함께 들어갔다. 탈의실 옷장이 너무 허술해 보여 신경이 쓰였으나 수많은 관광객을 받아들이는 업소에서 도난사고 같은 일이야 철저히 방비하겠지 하는 생각으로 안심하고 탕 안으로 들어갔다.

김이 자욱한 욕실 안에는 양편으로 넓은 두 개의 욕조가 있었다. 많은 외국인들이 욕탕에서 온천욕을 즐기면서 끼리끼리 대화를 나누고 있었다. 온천물은 유황 냄새가 많이 나고 별로 뜨겁지 않았다. 자연온도인지 아닌지 모르겠으나 외국 사람들은 너무 뜨거운 온도를 싫어하는 것이 아닌가 하고 생각되었다.

나와 최예태 화백은 같은 탕에 몸을 담그고 여러 가지 많은 대화를 나누었다. 주로 미술에 관한 이야기가 많았는데 이번 여행에서 가장 아쉬운 것은 여행사 프로그램에 따라 관광을 하기 때문에 미술관 한 곳도 관광을 할 수 없다는 얘기로부터 최예태 화백이 계획하고 있는 다용도의 화실 건축에 관한 얘기를 듣고 화답식으로 대화를 나누었다. 나는 기왕에 화실을 지을 바에야 큰맘 먹고 차라리 미술관을 하나 번듯하게 만들었으면 좋겠다는 요지로 여러 가지 사례를 들어 나의 견해를 밝혔다. 이에 대해 최예태 화백은 상당히 긍정적으로 받아들이며 흐뭇해했다. 온천욕을 하는 사람들이 탕 안에 상당히 많았으나 동양인은 나와 최예태 화백 둘뿐이었다. 우리는 지정된 시간이 거의 다 된 것 같아 온천욕을 마치고 밖으로 나왔다. 물론 허술한 탈의장은 아무 이상이 없었다.

온천을 마치고 나온 우리 일행은 다시 다리를 건너 부다페스트의 관광에서 피날레가 되는 도나우 강에서 크루즈Cruise를 했다. 인원이 많지 않은 관계로 조그마한 독선을 오붓하게 타고 시원하게 불어오는 바람을 맞으며 도나우 강을 누비는 선상의 기분은 그야말로 최상이었다. 강을 중심으로 양편으로는 아름다운 고전양식의 즐비한 건물들이 한눈에 들어온다. 특히 제일 멋있는 건물은 1884~1904년 사이에 건설된 신 고딕양식의 국회의사당 건물은 그 자체가 훌륭한 예

부다페스트 국회의사당

술이었다. 이 건물은 헝가리의 대통령, 수상 및 국회의원들의 직장이기도 하며 헝가리 정치의 산실이자 중심축인 건물이다.

약 한 시간 이상 도나우 강을 누비는 유람선 위에서 우리 일행들은 모두들 즐거워했으며 최예태 화백은 도시의 중심으로 이렇게 크고 아름다운 강이 흐르고 있는 곳은 그리 많지 않다고 하며 방향을 바꾸어 가면서 연신 카메라의 셔터를 눌러댔다. 아마도 선상 위에서 찍은 사진만 해도 필름 한 통은 되지 않을까 생각된다.

필자에게 있어서 도나우 강의 크루즈가 큰 의미를 갖는 것은 유럽 여러 나라를 여행하는 도중에 영국에서는 템스 강, 파리의 세느 강, 독일의 라인 강, 상트페테르부르크의 네바 강, 네덜란드의 운하, 그리고 홍콩의 빅토리아항 등 유람선을 탈 수 있는 조건과 기회가 많았는데도 불구하고 강과 바다만 구경하고 한 번도 크루즈를 해보지 못했기 때문에 비록 나 혼자만의 여행이지만 도나우 강의 크루즈는 영원히 잊을 수 없는 추억으로 남을 것이다. 한정된 시간의 크루즈를 즐겁게 마친 우리는 부다페스트의 관광을 이렇게 마감하고 대기한 버스에 올라 동구의 알프스로 알려진 슬로바키아의 타트라로 떠난다.

도나우 강이여, 안녕! 부다페스트여, 안녕!

— 〈풍자문학 2004년 겨울 제10호〉

불 꺼진 집창촌

— 성매매 특별법의 파장 —

기본권과 인권침해 소지

경제에 미치는 영향 심대

배타적 성격 짙어 사회적 갈등

"달 밝은 보름밤처럼 환하게 불을 밝히고 유난히 밤에만 화려하게 꽃피는 동네에 간간이 나비들이 모여 드는 곳이 있었으니 그 이름 하여 달동네 集娼村라고 부르는 곳이다. 이 집창촌이 호되게 된서리를 맞아 꽃들은 다 자취를 감춰버리고 썰렁하게 불 꺼진 창 밖으로 찬바람만 불고 있다. 자생적으로 자란 이 꽃들은 원래 생명력이 강하다. 어디로 갔는지 어디로 숨어버렸는지 꽃밭이 있어 아름다웠던 그 동네는 적막만이 감돈다. 장미꽃을 꺾어 쓰레기통에 버렸을지라도 장미꽃은 장미꽃이듯이 집창촌에 피던 이름 없는 꽃이라고 꽃이 아니겠는가? 이 꽃밭도 우리 사회에 필요했던 꽃밭이었다. 누가 이 꽃밭에 돌을 던질 것인가?"

2004년 9월 23일 시행된 '성매매특별법'은 우리 사회에 일파만파의 파장을 미치면서 많은 문제점이 야기되었다. 원래 성性은 인간의 본능적인 문제이기 때문에 이 법 시행은 말초신경을 자극하면서 예민한 반응을 나타냈다. 인간의 성은 본래 고귀한 가치를 지닌 신성한 것이기 때문에 성은 존중되고 보호를 받아야 마땅하다.

성의 보호는 꼭 법적이고 물리적인 방법으로서의 보호뿐만 아니라 스스로 존중하고 보호해야 하는 도덕적인 가치를 지니고 있는 것이다.

성의 결합은 인간의 본능적인 쾌락과 사랑의 원천으로 인류의 생존법칙인 종족보존의 모티브로 조물주이신 하나님이 주신 고귀한 선물이다. 때문에 인간에게 있어서 무엇보다도 소중한 것은 성이고 본능적으로 의식주보다도 앞서 큰 비중을 차지해 왔다. 오랜 인류 역사와 함께 해온 인간의 성 문제는 힘 센 자는 빼앗고 힘없으면 빼앗기는 마치 정글의 법칙이 지배해 오기도 했다. 성의 결합은 곧 쾌락과 사랑이기 때문에 아마도 인간은 이 성 문제를 떠나서는 존재 이유를 알 수 없었는지 모른다.

때문에 성은 신성하게 인간의 존엄성과 함께 보호받고 지켜져야 한다고 본다. 오늘날 문명된 사회에서는 도덕이라는 정신적 울타리와 법이라는 보호의 울타리로 방어하면서 질서를 유지하고 있다. 그런데 이 두 개의 울타리를 뛰어넘어 성이 상품처럼 거래되고 매매되는 현실은 인간의 고귀한 존엄성과 윤리적인 타락으로 보고 법으로 이러한 행위를 규제해야 하는 입법 취지는 원칙적인 면에서 타당하다고 본다.

그러나 서두에 언급한 성매매특별법은 많은 문제점이 있고, 존중되어야 할 인권침해의 소지가 크다. 뿐만 아니라 이 법 시행은 사회적 배타성을 띠고 많은 거부반응을 일으키고 있다. 법은 언제나 그 시대상에 맞게 시행되어야 올바른 성과를 거둘 수 있다고 보기 때문에 이에 대한 여러 가지 문제점과 그 처방책을 상식적인 면에서 제시하고자 한다.

첫째, 성의 매매는 현대사회에서 비단 우리나라뿐만 아니라 세계적인 현상으로 자유롭게 상품처럼 거래되고 매매되는 직업적인 성이

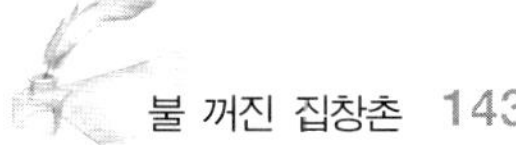

있다. 이 성이 도덕성과 윤리성이 있는가 하는 면에서 이것을 국가가 보호하고 규제할 영역인가 하는 문제이다.

둘째, 어떤 억압적인 상태에서 강요에 의해 성매매를 하는 행위는 법의 단속 대상이지만 생활을 걸고 자발적으로 하는 성매매를 단속하는 것은 헌법이 보장하는 신체의 자유를 억압하고 생존권을 빼앗는 인권침해이다.

셋째, 성매매 그 자체가 남에게 위해를 끼치거나 피해를 주지 않고 자유롭게 합의적으로 이루어진 것이라면 쌍방에 다 이로운 것으로 공급자는 생계 수단으로 대가를 받고 한쪽은 인간 본능의 쾌감을 느꼈으므로 이것은 제3자인 법이 끼어들 여기가 없다고 볼 수 있다.

넷째, 상품처럼 매매되는 성은 이미 보호 밖의 영역으로 성을 파는 행위가 생계수단이 달려 있다면 그 또한 하나의 직업이고 노동이기 때문에 직업 선택의 자유와 노동의 대가로 보아야 할 것이므로 법의 간섭은 물론 처벌은 인간의 기본권을 침해하는 월권이다.

다섯째, 앞서 언급한 바와 같이 인간은 성을 통해서 쾌감을 얻고 사랑을 느낄 수 있기 때문에 이것은 보장되어야 할 기본권으로, 이 성 문제를 자체적으로 해결할 수 없는 미혼 총각이나 이혼 등 독신자들은 성매매를 통하지 않고는 이 문제를 해결할 길이 없기 때문에 마구잡이식으로 처벌, 인신 구속까지 한다는 것은 도무지 언어도단이고 초법적인 월권이다. 따라서 이것이야말로 이 법의 맹점이고 함정이다.

이상과 같이 대체로 요약해 보았으니 이 법 시행이 미치는 문제점은 이루 말할 수 없이 많다.

원래 태초로 하나님이 인간에게 준 선물로서의 성은 고귀하고 숭고하며 신성한 것이었지만 인류 역사의 변천과 함께 이 거룩한 성이 여러 가지 형태로 변질되고 개방되면서 권력의 도구로 사용되기도 했고, 목숨의 대가로 바뀌기도 했다. 오늘의 현실은 성이 공공연히 거래되고 매매 행위가 관행으로 굳어지고 사회적인 풍습이 되었다. 이러한 현상은 앞서 말한 대로 세계적인 추세일 뿐만 아니라 선진국 몇 개국에서는 섹스산업으로 이미 육성하여 자국민들뿐만 아니라 외국의 관광객을 상대로 많은 외화를 획득하고 있는 실정이기도 하다.

이러한 세계적인 추세 속에서 유독 자본주의 국가인 우리나라만이 섹스숍 한 군데도 없이 만든다는 것은 이미 그 자체로 세계 속에서 뒤떨어지는 결과가 될 것이며 그것은 결코 이상일 뿐 낙원이 될 수 없고 삭막한 나라가 될 것이다. 뿐만 아니라 지금 우리나라는 IMF 때보다 훨씬 어렵다는 경제불황 속에서 대기업 몇 군데를 제외하고 영세한 자영업과 중소기업은 말할 수 없이 어려움을 겪고 있고, 내수경기의 침체 속에 물가만 상승하여 생활경제가 어려운 서민들은 비명을 울리고 있다. 지금 우리 정부는 물론 정치권과 경제계에서도 경제 살리기에 혼신의 힘을 쏟아야 하는 실정이다. 이러한 시점에서 시행된 성매매특별법은 경제에도 찬물을 끼얹었다.

집창촌 인근의 은행 지점들은 유일한 고객이었던 업주와 이에 종사하는 여성들이 적금을 해약하고 예금을 인출해 가는 사태가 늘어나 은행 지점을 통합하거나 폐점 직전에 놓인 곳도 있고 이미 문을 닫은 곳도 있다고 한다. 이러한 사례들은 그동안 여러 주요 신문에 많이 보도되었다. 신문기사의 내용을 읽어 보면 이러한 현상들은 전국적으로 나타났고 "성매매 피해자는 은행" 또는 "성매매특별법이 은행 잡네" 하는 기사의 타이틀이 유난히 눈길을 끌고 그 심각성을 말하고 있었다.

이 성매매특별법이란 것이 이에 종사하는 사람들에게만 위협적인 피해를 주는 것이 아니라 사회 전반에 파생적으로 영향을 미쳐 은행뿐만 아니라 서비스 업종인 여관, 술집, 이발소, 미용실, 노래방, 목욕탕업 등에 치명타를 가해 매출이 크게 줄어 폐업 직전에 놓이거나 이미 문을 닫은 곳이 수없이 많다고 한다.

69개 지방 상공회의소 회장단은 지난해 서울 소공동 롯데호텔에서 기자회견을 갖고 정치권이 정쟁을 중지하고 경제 살리기에 적극 나서 줄 것을 촉구하는 5개항의 건의서를 발표한 바 있다. 이날 상공회의소 회장단은 서비스업의 경우 지난 9월 성매매특별법 시행 이후 영세 숙박업소의 16%인 2,800여 개 업소가 휴업 내지 폐업한 상태라고 밝혔다. 뿐만 아니라 음식점의 경우 85%가 적자이거나 겨우 연명할 정도로 최악의 상태라고 하며 지방 경제의 주춧돌이 붕괴 위기에 놓여 있다고 했다. 특히 제주의 경우 일본인 관광객이 30% 이상 줄어 경제가 파국에 이르고 있다고 했다.

자, 그렇다면 이 성매매특별법이란 것은 누구를 위한 법이란 말인가? 나라 경제도 어렵고 민생도 어려운데 현실과 너무나 거리가 먼 이상론에 집착한 이 성매매특별법은 이대로 좋은가 하는 것이다.

이 업종에 종사하는 수많은 여성들도 대한민국의 국민이기에 각자 인간의 기본권과 생존권을 침해 받아서는 안 된다. 이보다 더 앞서는 인권은 의미가 없다. 생존권을 빼앗지 말라는 아우성과 비명이 전국 방방곡곡에서 메아리쳤다.

이 법이 있어 사회가 맑아진다면 얼마나 좋겠는가? 이 법이 실효를 거두고 이 나라에 성매매를 종식시킬 수 있다면 또한 얼마나 좋겠는가?

그러나 이 법은 한시적으로 반짝 성과를 거둘 수 있을지 모르나 결국 큰 성과를 거두지 못하고 종래는 유명무실하게 될 것으로 필자는 전망할 수밖에 없다.

앞에서도 누누이 언급한 바와 같이 성이란 것이 인간의 본질이고 이 성행위가 끝없이 인간을 유혹하는 매개체이기 때문에 법의 수단으로 물리적으로는 도저히 근절시킬 수 없는 문제라고 본다. 마치 고무풍선처럼 한곳을 누르면 한쪽이 부풀어 오르는 것 같이 단속을 하면 지하로 숨어 음성적으로 다시 계속될 수밖에 없는 한계 상황의 숙명 같은 것이다.

사람 사는 세상에 남의 생명을 위협하거나 피해를 끼치는 범죄를 제외하고는 있을 것은 다 있어야 한다고 본다. 너므 맑은 물에는 물고기가 살지 못하는 이치와 같이 이 성매매업소 같은 곳은 사회 병리학적으로 하나의 필요악必要惡이지만 또한 필요한 선善을 낳기도 한다. 이런 곳이 없고 성매매가 전연 이루어질 수 없는 삭막한 사회라면 성범죄가 더 늘어날 것이며 각종 범죄는 그 완충 역할이 없어 더욱 기승을 부리게 될 것이다.

법이 있고 없어서 성범죄가 생기는 것이 아니라 사회 구조적인 문제에서 더 많은 성범죄가 발생한다고 본다. 법이 능사가 아니라 법보다 앞서야 하는 것이 도덕적 규범인데, 이 도덕적 규범은 인간의 양심 속에 있는 것이기 때문에 황폐하고 딱딱한 사회보다는 자유롭고 포근한 사회가 오히려 도덕규범이 꽃피는 평화롭고 행복한 사회가 되지 않을까 한다.

한편 정부도 이 법을 만들고 시행하기까지 많은 검토를 하고 고심

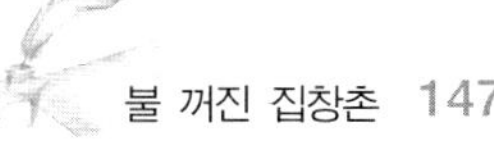

을 했을 것으로 믿는다. 사실 우리나라에 이런 집창촌이 너무나 많이 창궐했었다. 서울을 중심으로 인천, 대구, 부산 등 대도시는 물론 지방의 중소 도시에 이르기까지 자생적으로 이러한 곳들이 많았던 것은 사실이다. 또한 우리 사회의 성문화는 한참 삐뚤어진 상태로 성에 대한 가치관이 왜곡되어 왔다. 그래서 이런 현상들을 바로 잡아 치유하기 위해 강력한 법을 만들어 시행할 수밖에 없었는지도 모른다. 허나 이 성문화는 법이 있어 바로 서는 것도 아니고 그 나라 국민의 생활수준과 사회적인 바탕, 그리고 문화적 의식 속에서 얼마나 도덕적 규범이 크게 자리하고 있는가에 달려 있고 법감정法感情에 앞서 스스로 제어하는 윤리성이 강한가에 달려 있다고 본다.

우리나라의 성문화 역시 오랜 역사의 흐름과 함께 점차적으로 변화되어 왔는데, 전술한 바와 같이 이것 역시 세계적인 흐름이기도 하다.

재미있는 하나의 예로써 1950년대 춤바람이 한창 유행하여 사회 풍속도가 되었던 시절, 교수 부인의 춤바람을 다룬 정비석 선생의 소설 '자유부인'이 히트를 치고 있을 때 1954년 댄스홀을 들락거리며 유려한 춤 솜씨로 여대생 등 70여 명의 여성을 농락한 박인수의 엽색 행각이 사회적인 물의를 일으킨 일이 있었다. 결혼을 빙자한 간음죄로 고소를 당하여 법정에 선 박인수는 자기가 상대한 여성 중 숫처녀는 미용사 한 명을 포함하여 단 세 명밖에 없었다고 진술, 법정을 술렁이게 했다. 담당 판사는 "스스로 보호하지 않는 정조貞操는 법도 보호할 가치가 없다"라고 문란한 성도덕을 풍자, 무죄를 선고하자 미남이었던 박인수를 사위 삼겠다고 서로 팔을 끌어당겨 세상의 웃음거리가 되었다.

당시 이 판결은 명판결로 회자되어 일약 그 판사는 유명세가 붙었고 우리나라의 성도덕이 그만큼 문란하다는 것이 입증된 사례가 되어 사회적인 파장이 일기도 했다. 지금부터 50여 년 전의 성문화가 이렇게 개방적인 상태였다고 본다면 오늘의 현실은 어떻겠는가? 한번 음미해 볼 필요가 있다고 본다.

이 판결문처럼 성은 정조의 개념으로 스스로 목숨처럼 소중히 지키고 보호하는 성만이 법의 보호를 받을 수 있다고 본다. 다라서 오늘날 법으로 보호하고 단속하려고 하는 상업적인 성매매는 그 자체가 도덕성과 윤리성을 저버린 것으로 법의 보호 밖의 영역으로 우리 사회의 자율적 규범에 맡기고 두고 볼 수밖에 없는 일이 아닐까 하고 생각된다.

그런데 정부는 성매매특별법의 시행과 함께 탈 성매매 지원시설을 확충하여 전국 38개소의 지원 시설을 운영하고 있다고 한다. 따라서 이 시설에 입소하면 매달 훈련수당 10만 원을 지불하고 창업 시에는 3,000만 원까지 무이자로 대출해 주며 건강검진과 함께 심리치료를 비롯하여 변호사 선임 비용 등 직업 교육과 학력 취득을 위한 교육비도 지급한다고 하며 시설 입소가 싫으면 개인집에서 출퇴근도 가능하다고 한다. 직업 선택은 희망에 따라 간호사, 미용사, 요리사, 피부관리사 등 자유롭게 적성에 맞게 선택할 수 있다는 것이다. 이 시설에 입소하여 잘 적응해 나가며 새로운 생활을 찾아 보람을 느낀다는 여성들도 많다고 한다.

그러나 이 시설은 계속 많은 인원을 수용하기에는 역부족이고 이렇게 방대한 시설을 운영하는 데 필요한 예산상의 문제도 있을 것이다. 이렇게 폭넓은 지원을 하고 있는데도 불구하고 입소를 꺼리는 경향은 여전한 것 같은데 그 이유는 정부 당국에 대한 불신과 적응에 대한 회의감, 몸에 밴 생활에 대한 저항 또는 자괴감, 쉽게 큰 돈을 벌 수 있다는 미련과 수입에 대한 욕구 충족 미달에서 느끼는 심리적 갈등 등으로 분석된다.

이러한 점을 종합해 볼 때 성매매특별법이 얼마나 큰 성과를 거둘 수 있을지는 미지수다. 때문에 결론적으로 이러한 사회적인 갈등을 해결하기 위한 방책으로 차라리 서울과 부산 등 대도시 몇 군데를 지정, 성매매업소를 모범적으로 허가하여 제대로 시설을 갖추게 하고, 이에 종사하는 여성에 대한 철저한 의료검진과 업주의 탈법적인 운영을 못하도록 법으로 내규를 정해 감독하고 업주에게는 영업수익에 대해 정당하게 세금을 물리는 형태로 양성화하는 것이 어떤 의미에서는 사회적인 필요 방책이 아닐까 하고 생각된다.

법이 있어도 지켜지지 않고 실효를 거둘 수 없게 된다면 이 법은 있으나 마나 하고 결국 사문화될 것이기 때문이다. 혹자는 이것을 '공창제도公娼制度'라고 반대할지 모르나 어차피 우리 사회에 성매매업소 같은 곳이 음성적으로나마 완전히 없어지지 않을 뿐만 아니라 시퍼런 법의 집행으로도 성매매를 근절시킬 수 없는 문제라면 차라리 사회병리학적인 측면에서 이런 제도를 도입해서 한번 실행해 보는 것도 좋으리라 생각한다. 동시에 여타 사사롭게 자생하는 집창촌은 아예 발붙이지 못하게 강력하게 단속하면 될 것이다.

또한 외국인 관광객을 위한 전용 섹스숍 같은 곳도 떳떳하게 만들어 관광수입으로 외화 획득을 한다면 국가 재정의 확충 자원에서도 유익한 일이 아닐까 생각된다. 이미 세계적으로 이런 제도로 섹스산업을 육성하고 있는 선진국도 있기 때문에 이런 방책으로 양성화한다고 해서 국가의 위신이나 이미지가 나빠질 것이라고는 생각하지 않는다. 필자는 간간이 여러 사람들로부터 이런 얘기를 많이 들었다.

봉건시대에도 공창이 있었는데 현대화된 오늘의 현실에서 이러한 제도는 아마도 필연적인 시대의 흐름으로 사회적인 요구가 아닐까 하고 생각된다. 이렇게 함으로써 사회적인 갈등을 해소하고 범죄의 완충지대로서 수없이 발생하는 성범죄를 예방하고 에이즈 등 각종 성병을 예방하여 보건 위생상 건강하고 깨끗한 사회를 만들어야 한다. 또한 개인 영역에 속하는 순수한 성문제에는 법이 관여할 문제가 아닐 뿐만 아니라 사생활 보호 차원에서 법은 멀리 있어야 하고 여기서 문제가 되는 직업적인 성매매는 별개의 성문제로 구분하여 양립시켜 나가는 것이 시대 흐름에 부합된다고 본다. 따라서 이렇게 성에 대한 가치관을 확립하는 것이 올바른 성문화를 정착시킬 수 있는 방책이 될 것이라고 확신한다.

— 〈풍자문학 2005년 봄 제11호〉

인사동 이대로 좋은가?

▌액세서리의 천국, 소란한 인사동 거리

우리나라 유일무이唯一無二한 전통문화의 거리로 역사성을 지니고 있는 인사동은 옛날의 고색창연하고 운치 있었던 그 모습은 찾아볼 수 없으리만치 분위기가 훼손되고 완전히 거리 모습이 바뀌었다. 말이 좋아 문화의 거리이지 그 많던 문화업소들은 상당수가 떠나거나 문을 닫고 없어져 버리고 시도 때도 없이 젊은 아이들이 북새통을 이루는 가운데 사람들만 많이 모여드는 소란한 관광 거리로 변해 버려 문화업소는 점차 뒷전으로 밀리고 골목마다 음식점과 찻집이 들어차 있다.

여기에 가세하여 길거리 양편에 있는 가게는 한 집 걸러 두 집, 그야말로 네 집 내 집 할 것 없이 조잡한 액세서리류의 상품들을 문턱까지 내놓고 장사하면서 인사동 분위기를 훼손시키고 있다. 심지어 깊숙한 뒷골목까지 액세서리 가게가 들어서고 길거리에 아예 좌판을 벌이기도 한다. 인사동의 절반은 조잡한 소품의 상품들과 국적 불명의 액세서리가 이미 점령해 버렸다고 해도 과언이 아닐 정도이다. 이러한 인사동의 모습은 정말 꼴불견이고 짜증스럽기도 하다.

여기에 밀려 진정 빛을 발해야 할 문화업소는 기가 죽고 비명을 울려대며 살아남기에 급급하여 발버둥치고, 반면 문전마다 좌판을 벌인 사람들은 신바람이 나서 쾌재를 부른다. 잘되는 식당들은 손님이 미어지게 들어차고 줄을 서서 기다린다. 비싼 임대료도 제대로 내기 힘들어 고전하는 문화업소만 불쌍하다. 이것이 문화거리 인사동의 현실이다.

인사동 화랑가에는 이제 제대로 된 손님이 아예 잘 나오지 않는다. 어쩌다 그림 한 점 파는 날은 운 좋은 날이다. 겉으로 보이는 인사동은 활발한 것 같으나 사실은 그렇지 못하다. 굴러 온 돌이 박힌 돌 치는 것과 같고 똥 싼 놈이 오히려 큰소리치는 것이 인사동의 현실이다.

품격이 떨어져도 한참 떨어진 문화의 거리 인사동은 정말 이대로 좋은가?

▍진정한 문화 업종 뒷전으로 밀려 비명 — 국적 불명의 액세서리 인사동 분위기 훼손

액세서리 가게에 한 번 들어가 보자. 입이 떡 벌어질 정도이다. 별의별 물건이 다 있고 종류는 아마도 수백 종이 넘을 것 같다. 연대가 그리 오래된 물건도 아닌데 마치 골동품처럼 보이게 만들어진 것들이 대부분이다. 혹시나 그 속에 우리나라 고유의 물건들이 있는가 찾아보거나 물어 보면 국산품은 별로 없다. 거의 대부분이 중국산이거나 국적 불명이다.

작금의 인사동에서 많은 차茶 종류가 팔리고 있는데 그 차 중에서 가장 알아주는 유명차가 중국산 보이차 또는 우롱차라고 한다. 국산차에 비해 월등히 비싼 값으로 팔린다고 하는데 중국은 과연 대국인

전통문화를 통한 관광산업이야말로 다가올 미래의 국가 경쟁력이다.

모양이다. 세계에 중국 식당이 없는 곳이 없고, 모든 중국 상품이 이미 세계를 다 점령하고 있다. 일반적으로 우리나라에서 듣는 말로는 중국산은 품질이 나쁘고 기술적으로 뒤떨어진다고 하는데 수백 아니 어쩌면 수천 종이 되는지도 모를 액세서리류를 각양각색의 모양으로 만들어 내는 기술은 뛰어난 것 같다. 액세서리라고 해서 다 싼 것이 아니고 비싼 것은 상당한 것들도 많다.

가격이야 고하간에 문제는 적어도 인사동에서 팔리고 있는 수많은 종류의 액세서리가 국산품은 불과 몇 퍼센트 되지 않고 대부분 국적 불명의 외국산이라는 데 있다. 인사동이 한국 전통문화의 거리라면 어떤 물건이든지 국산품들이 많이 진열되어 있고 팔려야 하는데 그와는 정반대의 현상으로 조잡한 외국 물건들이 인사동 분위기를 훼손하고 있으니 이것이 문제라는 것이다. 이러한 물건들이 우리 국민생활이나 청소년들에게 꼭 필요한 것도 아닌데 어쩌다가 그 많던 인사동의 문화업소가 현저히 줄어들거나 없어져 버리고 조잡한 액세서리류의 상품들이 인사동을 채워 버린 상태가 되었는가 말이다.

이러한 인사동의 모습이 한국 전통문화의 현주소라면 인사동 길을 물어 찾아오는 외국 관광객들이 얼마나 큰 실망을 하겠는가 하고 생각해 보면 정말 낯 뜨거운 일이 아닐 수 없다.

우리는 5천 년 역사에 찬란한 문화를 가진 민족으로 자부해 왔다. 이제 세계 12위권에 드는 경제 대국으로 선진국에 진입했다. 따라서 우리의 문화예술도 선진국이 되어야 하는 것이다. 이러한 면에서 작금의 인사동을 비추어 볼 때 너무나 꼴불견의 현상들이 벌어지고 있는 것이다. 인사동 분위기를 훼손하는 여러 가지 문제점과 인사동에 걸맞지 않은 상품들을 일일이 다 열거할 수는 없으나 조잡한 잡동사니와 액세서리류를 파는 가게는 대부분이 자기 점포의 문턱 앞에 진열대를 설치하고 장사를 한다. 심한 경우 인도를 점포로 착각하는지 점포는 물건만 들여놓고 길바닥에서 장사를 한다. 아예 길바닥 한 모퉁이에 버젓이 물건을 내놓기도 한다. 장사도 좋고 돈 버는 것도 좋지만 이러한 행위는 스스로 생각해 볼 도덕적인 문제가 아니겠는가. 따라서 자제해야 하지 않겠는가. 이런 물건들을 파는 점포 앞에는 항상 손님들이 많이 몰리는데, 손님의 절반쯤은 아이들이고 가끔씩 성인들도 있으며 외국사람들도 물건을 사가는 것을 볼 수 있다. 무슨 물건을 사는지, 국산인지 외국 물건인지는 모르나 이왕이면 순수한 우리나라의 좋은 물건이 팔렸으면 하는 생각이다.

인사동에 이런 장사하는 분들께 간곡히 하고 싶은 말은 점포 있는 분들은 점포 안에서만 제대로 장사를 해주었으면 한다. 가뜩이나 인사동 거리는 사람들이 너무 많아 만원을 이루고 통행이 불편하여 제대로 다닐 수도 없는 판국인데 점포를 가진 사람들이 점포 안에 가지런히 물건을 진열해 놓고 장사를 하면 보기도 좋으련만 도로를 점령하고 장사하는 관계로 많은 사람들의 통행도 불편하고 보기에도 좋지 않다. 이것은 분명히 단속의 대상인데 아무런 당국의 제재를 받지 않고 장사를 할 수 있는지 알 수가 없다. 인사동 분위기야 훼손이 되건 말건, 외국사람들의 눈에 어떻게 보이건 말건, 길거리를 다니는 사람들이야 불편하건 말건 돈만 많이 벌면 된다는 사고는 큰 잘못이다.

인사동은 개인의 영역보다 훨씬 높은 가치의 상위개념이다. 또한 인사동보다 상위개념은 우리나라의 얼굴이고 대한민국 국민의 자존심이다. 때문에 인사동은 문화의 거리에 걸맞게 좀 가지런히 정돈되고 문화의 주 업종들이 더욱 많이 늘어나 반듯하게 제대로 된 모양새를 갖추어 한국의 전통문화가 살아 숨 쉬는 인사동으로 거듭나기를 바라는 마음 간절하다.

인사동에는 옛날에 비해 많이 줄기는 했으나 아직도 많은 문화업소가 상존해 있다. 즉, 화랑(동양화, 서양화), 골동품, 도자기, 고서화, 고목기, 민예품, 고전의상의 한복 가게, 지필묵 가게 등 다른 지역에서 쉽게 볼 수 없는 것들을 차근차근히 찾아보면 재미있게 구경할 수 있다. 따라서 이러한 문화를 접하면서 우리의 역사를 공부할 기회를 얻을 수도 있다.

이것은 얼마나 소망스러운 일이겠는가. 그런데 이러한 소중한 문화예술이 무분별하게 밀어닥친 조잡한 잡동사니 물건과 먹자골목을 방불하리만치 골목마다 가득 채운 음식점과 산만하기 짝이 없이 늘어가는 노점상 등으로 인해 그 빛을 제대로 내지 못하고 오히려 뒷전으로 밀리고 있는 현실에 직면해 있다.

▌올바른 문화정책으로 인사동 모습 바꾸어야
— 인사동 문화거리로 제모습 찾아야

누가 인사동을 이렇게 만들었는가? 인사동이 이러한 모습으로 변한 것을 시류時流 탓으로 돌린다면 큰 오산이다. 이것은 우리나라의 문화정책의 빈곤이 낳은 폐단이며 그 결과이다. 물론 시대의 흐름으로도 볼 수 있겠으나 인사동을 일찌감치 우리나의 전통문화 특구로 지정하여 제대로 가꾸고 육성하는 차원에서 정책을 펴 왔더라면 작금의 인사동보다 백 배 천 배 나은 문화의 거리가 되었을 것이다. 따라서 상존해 있는 인사동 소재 문화업소는 심각한 불경기에 비명을 울려대고 있으며 수준 높고 격식 있는 손님은 이미 발을 끊었거나 발길을 돌리고 있는 실정이다.

인사동을 아이들만 몰려드는 놀이마당으로 내버려 둘 것인가. 사람만 많이 모여드는 소란한 관광거리로 만족할 것인가. 서울시에서 관광정보센터를 설치하여 인사동을 찾는 관광객에게 길을 안내하고 정보를 제공하는 것까지는 좋다. 그러나 그들이 진정 우리의 인사동에서 무엇을 보고 갈 것인가가 문제이다. 우리의 인사동은 이대로 내버려둬서는 안 된다. 더 만신창이의 모습으로 변해 버리기 전에 점차적으로 개선해 나가면서 격조 높은 대한민국의 전통문화의 거리로 인사동을 만들어 놓아야 할 것이다.

우리나라의 전통문화를 찬란하게 살려낼 수 있는 것은 고차적으로 국가적인 문화정책이고 이러한 우리의 문화를 제대로 보여줄 수 있는 문화거리는 인사동 외엔 따로 생각할 수 없다. 그 이유는 이미 인사동은 우리의 역사이며 이름 있는 곳으로 대내외에 알려진 대한민국의 전통문화의 거리로서 우리의 문화 수준을 보여줄 수 있는 유일한 장소이기 때문이다.

다행히 궁중행사의 일환으로 포도대장과 순라군巡邏軍의 행차 같은 것은 왕조시대의 우리나라 역사의 한 단면을 보여줄 수 있는 것으로 좋은 프로그램이라고 본다. 또한 인사동에는 문화업소가 더 많이 늘어나야 하고 품격 높은 고서화나 세계가 격찬하는 고려자기, 조선백자 같은 골동품들을 소중하고 귀한만큼 사랑하는 마음으로 감상할 수 있었으면 한다. 또한 우리 민족의 정서가 농축된 민화 같은 그림도 미술 애호가는 물론 외국 관광객들이 쉽게 감상할 수 있었으면 하는 마음 간절하다. 아무튼 인사동은 다른 곳에서 볼 수 없는 알차고 값진 우리의 문화를 볼 수 있는 곳이 되었으면 하는 것이다. 따라서 인사동은 우리의 정신이며 자존심이다. 인사동은 우선 아주 바람직한 인사동 고유의 거리 문화로 바뀌어야 한다. 그래야 인사동이 살아난다.

오늘도 인사동의 어느 화랑에서는 전시회가 열리고 또 명품 진품의 경매가 열릴 것이며 수준 높은 손님들이 화랑가를 많이 찾을 것이다. 외국 관광객들이 원더풀을 연발하는 그것이 인사동의 자화상自畵像이고 미래여야 하는 것이다.

— <풍자문학 2005년 여름 제12호>

| 쓴소리 단소리 |

건국대통령 이승만의 업적과 명암

— 되돌아보는 8.15, 광복 60주년을 말한다 —

일본 군국주의 식민통치의 질곡 속에서 신음하던 조국에 벅찬 감격과 환희를 안겨준 1945년 8.15광복, 수많은 시련과 어려움을 극복해 온 격동의 세월 속에서 어언 광복 60주년을 맞았다.

우리에게 있어서 8.15광복은 그 어느 경축일보다도 뜻깊은 날이다. 지난 역사의 아픔을 뒤돌아보며 국력을 키우고, 목전에 두고 있는 조국 통일에 대비하면서 다시는 강대국에 나라를 빼앗기는 일이 없도록 위정자는 물론 온 국민이 새로운 각오를 다짐하는 날이 되어야 하는 것이다.

튼튼하고 힘 있는 나라, 부강하고 자유로운 나라, 국민이 노력하는 만큼 잘사는 나라, 이것은 모든 국민이 바라는 소망이고 이상理想이다. 이런 나라를 만들기 위해서는 해야 할 일도 많고 고칠 것도 많다. 그러나 그 중에서도 제일 먼저 달라져야 하고 고쳐져야 할 것은 바람직하지 못한 우리나라의 정치 형태이다. 진정한 의미에서의 정치는 국리민복國利民福이다. 국민이 행복하게 잘사는 나라가 행복한 정치의 표본이다. 이러한 나라를 만들기 위해서는 훌륭한 정치 지도자의 리더십이 필요하다.

시대가 영웅을 낳고 영웅이 시대를 주도한다는 말이 있다. 이 시대

의 우리 정치를 반듯하게 이끌어 국론 분열을 막고 국민을 통합시켜 국력을 키우고 경제 대국의 선진국을 만들어 국민이 행복한 복된 나라를 만들 위대한 정치 지도자는 없는가?

이러한 의미에서 필자는 광복 60주년과 대한민국 헌정憲政 57주년의 우리 정치사를 되돌아보며 역대 대통령 9명 중 가장 의미 있는 건국대통령 이승만 박사의 업적과 그 명암을 조명해 보기로 한다.

회고해 보면 참 어려운 세월을 살아왔다고 생각된다. 오늘을 사는 젊은 세대는 우리 세대와 우리 세대보다 앞선 세대의 삶이 얼마나 힘들고 고생스러웠는지 모를 것이다. 모든 것이 그 시절에 비하면 풍요롭고 자유로운 시대가 열려 있기에 지금의 젊은 세대는 너무나 행복한 것이다.

우리 세대는 배가 고팠다. 춘궁기 보릿고개는 굶는 것이 다반사였고 그야말로 초근목피草根木皮로 연명하며 목숨을 이어 가야 했다. 우리나라는 세계 최빈국의 하나로 그나마 일본 제국주의 식민통치의 총칼 앞에 자유마저 누리고 살 수가 없었다. 36년간 일제의 핍박 속에서 조국 독립을 위해 목숨 걸고 싸운 우리 선열들의 고생됨을 어찌 필설筆舌로 다 표현할 수 있겠는가. 돌이켜 보면 해방정국의 사회상은 마치 막아 두었던 둑이 터져 흙탕물이 쏟아져 나오는 현상처럼 혼란스럽고 어지러웠다. 좌익과 우익이 편을 갈라 애국의 목소리를 높이는 분열 현상은 더욱 혼란을 가중시키고 있었다.

이러한 와중에서 1947년 7월 19일 여운형 선생이 괴한의 총탄으로 쓰러지고, 장덕수 선생도 암살된다. 이 두 분의 뒤를 이어 정부수립 이듬해인 1949년 6월 26일 조국 독립과 광복을 위해 평생을 바친 백범 김구 선생이 경교장京橋莊에서 안두희가 쏜 권총에 맞아 운명한다.

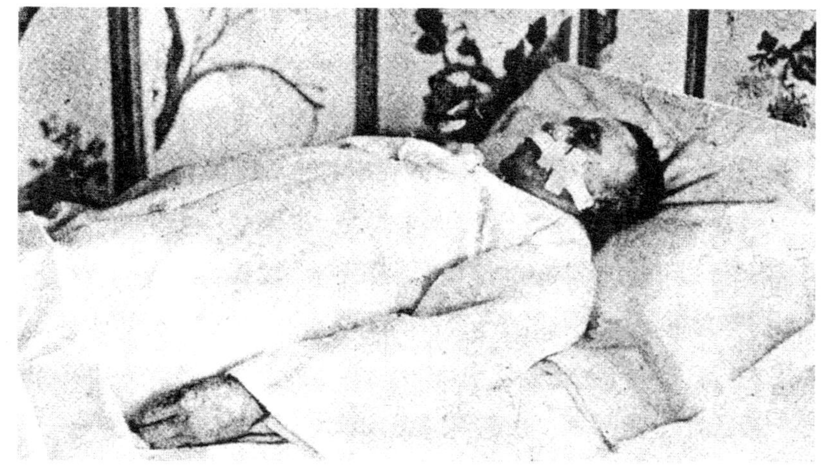
김구 선생의 시신

광복을 되찾은 조국땅에서 비통하게 망나니 같은 한 인간에 의해 죽음을 당하게 된 것은 민족적인 비극이었다. 위대한 애국자의 죽음은 온 국민을 울리고, 하늘도 울고 땅도 울었다.

해방정국에서 가장 첨예한 이슈는 신탁통치 문제였다. 1945년 12월 2차대전 승전국인 미・소・영의 모스크바 삼상회의三相會議에서 내놓은, 한반도를 5년간 신탁통치를 해야 한다는 결정안에 대해서 우익진영과 좌익진영은 반탁과 찬탁으로 주장을 달리하며 심각하게 대립된다. 우익진영은 민족의 자존심을 무시하는 신탁통치는 결사 반탁이었고 좌익진영은 적극 찬탁이었다.

1946년 1월 3일 서울운동장에서는 우익진영을 중심으로 독립촉성 시민대회를 열고 반탁을 외치고 있었는데 좌익진영에서 느닷없이 찬탁 플래카드를 내걸자 반탁진영의 시민들이 항의하며 들고 일어났고, 좌익진영과 우익진영 간에 큰 싸움이 벌어지는 충돌을 빚었다. 좌익진영은 플래카드를 높이 들고 동대문운동장에서 종로 방향으로

왼쪽은 찬탁을 외치는 좌익행렬, 오른쪽은 반탁을 외치는 우익행렬

거리 행진을 하며 찬탁 구호를 외쳤다. 이날 이후 좌익진영과 우익진영은 더욱 극명하게 갈라지고 반탁과 찬탁으로 국론이 분열된다. 따라서 이러한 양 진영의 대립은 해방정국의 혼란을 더욱 가열시키는 쟁점이 되었고 정치적 사회적으로 미치는 파장은 매우 컸다.

이러한 와중에서 하지Hodge 중장이 주도하는 미군정 3년을 거치는 동안 절대 빈곤에 놓여 있던 민생은 말이 아니었다. 뿐만 아니라 민족 진영을 중심으로 좌우익 진영은 정부수립의 형태를 놓고 또한 상반된 이견을 드러내고 있었다. 즉, 새로운 정부는 민주주의 체제의 정부냐, 공산주의 체제의 정부여야 하느냐 하는 이념적인 문제가 갈등 양상으로 심각하게 대두된다.

38선을 넘어 단신으로 이북에 가서 김일성 주석과 회담하며 남북통

김구 선생

이승만 박사

일 정부를 세우기 위해 애쓰던 김구 선생과 정치적 견해와 야심이 다른 이승만 박사의 남한 단독 정부의 주장이 팽팽히 맞서고 대립된다.

결국 철저한 반공주의자인 이승만 박사는 남북 합작의 통일정부는 남한과 북한이 사실상 미 · 소 양국의 영향권 아래서 서로 이념이 다른 사람끼리 통일된 민주정부를 세우기 어렵다고 판단, 해방조국에 공산정권을 수립해서는 안 된다는 결론을 내리고 남한만의 단독 정부를 세우게 된다.

남한만의 단독 정부는 영원한 민족 분단을 가져오는 결과가 될 것이라고 주장하며 이에 반대한 백범 김구 선생과 이승만 박사는 형님 먼저 아우 먼저 하며 서로 존중하던 우애는 금이 가고 멀어지게 된다. 따라서 김구 선생의 남북합작 통일정부 수립의 꿈은 무위로 돌아가고 이승만 박사는 1948년 5.10선거를 실시하여 대한민국 초대 대통령에 당선되고 그 해 7월 17일 헌법憲法을 제정하고, 7월 24일 대통령 취임 선서를 하게 된다. 이로써 36년 동안 일제 식민치하에서 국권을 잃고 중국 등지로 유랑하던 임시정부의 설움을 털고 광복을 되찾아 반듯한 나라를 세운 것이다.

이승만 박사는 독립협회 창설 때부터 민권운동과 자주독립운동을 주도했고 임시정부의 초대 대통령에 취임했으나 독선적인 성품 때문에 탄핵으로 임정臨政을 물러나기도 했지만 그것은 어디까지나 독립운동에 대한 방법상의 견해 차이로 임시정부 요인들과의 불화에 기인한 것에 지나지 않았다. 따라서 이승만은 임정을 물러난 이후 조국광복을 되찾기 위해 그의 대외적인 외교무대였던 미국에서 해방 때까지 눈부신 외교활동을 전개해 왔던 것이다. 따라서 건국 초대 대통령이 된 것은 평생을 통한 노력이기도 했지만 이승만 개인의 영광스러운 승리이기도 했다.

이승만 대통령의 정부가 정식으로 발족하자 국민들은 그분의 귀국일성인 "뭉치면 살고 흩어지면 죽는다"는 평범한 명언을 가슴에 새기면서 이승만을 위대한 애국자요, 국부國父로 생각하며 대한민국 국민으로서 자존심과 희망을 갖고 새로운 삶을 시작하게 된다.

이승만의 독립운동은 역동적인 외교적 수단이었고 그는 탁월한 외교가이기도 했다. 대외적으로 주 무대가 되었던 미국과의 관계는 그리 평탄하지만은 않았고 외교활동 과정에서 여러 가지 형태로 불신과 냉대를 받아 오기도 했지만 그런 가운데서도 상당히 두터운 우정을 쌓고 있었다.

우리나라 근대사에 최대 비극이었던 북한의 남침, 6.25전쟁을 치르는 데 있어서 미국의 참전은 물론 UN을 통한 외교역량으로 여러 나라를 우방으로 끌어들여 한국전쟁에 참전시키는 성과를 거두기도

했다. 또한 이승만은 극동군 사령관으로 2차대전 당시 연합군 총사령관이었던 맥아더 장군과는 특별한 우정과 친분을 갖고 있었다. 때문에 1950년 9월 15일 맥아더 장군의 인천상륙작전의 승리와 수도 서울의 수복은 이승만 대통령의 정치력과 전략적인 외교력이 측면적으로 큰 영향을 미쳤을 것으로 생각된다.

무방비 속에서 불시에 당한 북한의 남침으로 3년에 걸친 동족상잔의 전쟁은 비극 중의 참상이었다. 전쟁의 총알과 파편으로 수없이 희생된 국민들의 죽음은 억울하기 짝이 없고, 개략적으로 미군의 사망은 38만 773명, 우리 국군의 사망은 58만 644명으로 나와 있다. 그러나 이 숫자는 정확히 파악된 것으로는 볼 수 없을 것이다. 원래 전쟁이란 공식적인 인명 피해 외에 더 많은 피해가 있기 마련이다.

죽음이란 값진 죽음이건 헛된 죽음이건 살아있는 사람에게는 아픈 기억 속에 상처를 남기는 것이다. 아무런 전투 경험 없이 조국을 구하기 위해 전선에 배치되었다가 희생된 우리의 아들, 나이 어린 학도병들을 생각하면 왜 총을 들고 싸워야 하는가에 대한 대답조차도 공허한 민족상잔, 다시는 이 땅에 이와 같은 전쟁이 있어서는 안 될 것이다. 전쟁은 이와 같이 인명피해만 있는 것이 아니고 국민의 재산과 국가 재산의 물적 피해는 그 통계 수치를 헤아릴 수 없을 만큼 막대한 것이다.

이러한 전쟁의 참화 속에서 민생문제는 또한 얼마나 비참했겠는가? 남南으로 보따리를 이고 지고 피난 떠나던 그 시절의 우리 조국은 너무나 위급하고 초라한 모습이었을 것이다. 피난민이 집합했던 그 유명한 부산의 국제시장 얘기는 지금은 추억 속에 아름답다. 피난민의 국제시장은 우리 국민의 생활 터전이기도 했다.

이 글을 쓰는 필자의 감성에 떠오르는 노래가 있다. 국민가수 고 남인수 선생의 히트곡 '이별의 부산 정거장'이다.

> "보슬비가 소리도 없이 이별 슬픈 부산 정거장
> 잘 가세요 잘 있어요 눈물의 기적이 운다.
> 한 많은 피난살이 설움도 많아 그래도 잊지 못할 판잣집이여
> 경상도 사투리에 아가씨가 슬피 우네 이별의 부산 정거장."

이 노래는 6.25전쟁이 낳은 애수 어린 국민의 노래로 피난 시절의 추억을 새기면서 지금도 애창곡으로 불려지고 있다.

6.25전쟁의 비사를 어찌 다 담을 수 있겠는가마는 이승만 대통령의 치적 중에 6.25전쟁을 미국의 힘을 빌려 마침내 승리로 이끌고 잿더미가 된 나라를 복구하며 참상이 말이 아닌 민생을 미국의 원조로 구제했다는 사실을 높이 평가해야 할 것이다. 뿐만 아니라 그 6.25전쟁을 승리로 이끌어 조국의 공산화를 막았다는 사실은 대통령 이승만의 커다란 업적인 것이다. 따라서 자유민주주의를 다음껏 누리고 살고 있는 오늘의 우리는 이승만 박사의 이러한 업적을 가슴속에 새겨야 할 것이다.

이승만의 정치이념은 건국도 자유민주주의였고, 전쟁에서 이기고 공산통일을 막은 것도 자유민주주의였다. 이러한 이승만의 정치이념은 곧 그분의 정치철학이었다. 왜냐하면 이 지구상에서 공산주의는 이미 종언을 고했기 때문이다. 공산 종주국인 거대한 소련이 해체되고, 철벽같았던 베를린장벽이 무너지고, 분단되었던 동·서독이 통일되었으며, 공산국가였던 동유럽 여러 나라가 서방 민주진영에 편입된 것도 오늘 이 시대의 정치지형이 자유민주주의이기 때문이다. 이러한

이기붕의 권력 야욕

의미에서 볼 때 이승만 박사는 선견지명이 있는 위대한 애국자였으며 정치가였다.

고난의 세월을 견디며 살아온 광복 60주년과 헌정 57주년, 오늘의 우리 현실은 GDP(국내총생산) 세계 11위, 수출 12위, 1인당 국민소득 15,000불에 육박, 2만 불 시대의 선진국 문턱에 진입하고 있는 풍요로운 시대가 열려 있다.

전술한 바와 같이 이승만 박사는 탁월한 애국자로 카리스마가 있는 리더십으로 대통령직을 잘 수행하며 정부를 이끌었다. 그러나 이미 고령인 그분은 전부가 'Yes man'으로 구성된 참모들과 각료들의 과잉 충성의 인적 장벽에 갇히게 된다. 뿐만 아니라 그분의 성격은 자기를 반대하는 사람은 적대시하거나 외면하고 바른말을 잘 받아들이지 않고 독선적으로 밀고 나가는 독재형의 성품을 가지고 있었고, 또한 이러한 스타일로 국정을 끌고 가기를 좋아했던 것 같다.

따라서 집권당인 자유당은 이승만 대통령의 이러한 정치스타일에 맞춰 독재의 아성을 쌓고, 언론을 통제하고 야당을 탄압했다. 자유당은 이승만을 종신 대통령으로 만들기 위해 국회에서 그 유명한 정치 작대인 사사오입을 강행하고 3.15부정선거를 저지른다. 자유당은 날이 갈수록 더욱 시퍼렇게 독재의 아성을 쌓으면서 야당과 언론을 탄압하고, 국민의 자유를 속박하다가 급기야는 1960년 4.19혁명으로 이승만 대통령은 하야하고 경무대(지금의 청와대)를 떠난다. 따라서 위

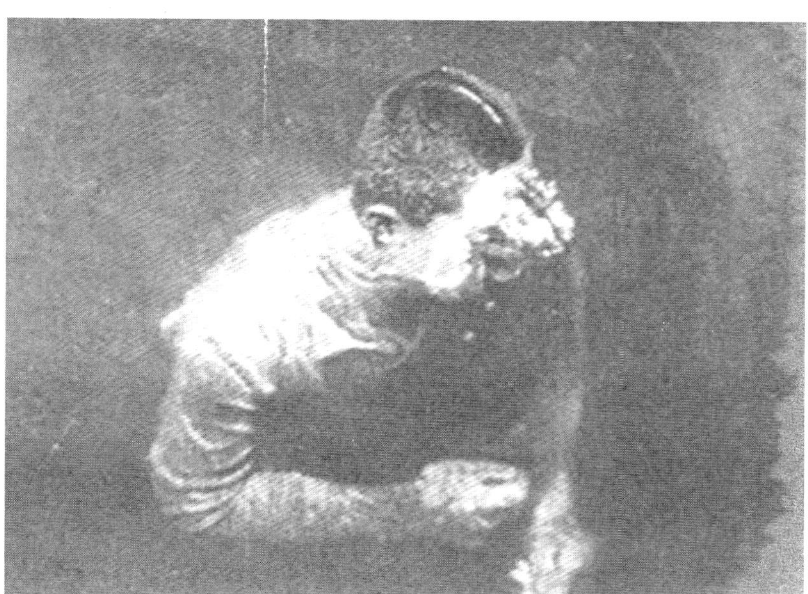

3.15부정선거에 대한 항의로 일어난 1차 마산사건 당시 행방불명이 되었던 김주열 군의 시체(최루탄이 눈에 박힌 채)가 마산 해안에 떠오르자, 이로 인해 성난 군중은 이승만 정권의 하야를 외치며 데모를 하기 시작했다. 이것이 2차 마산사건이며 4.19혁명의 불씨가 되었다.

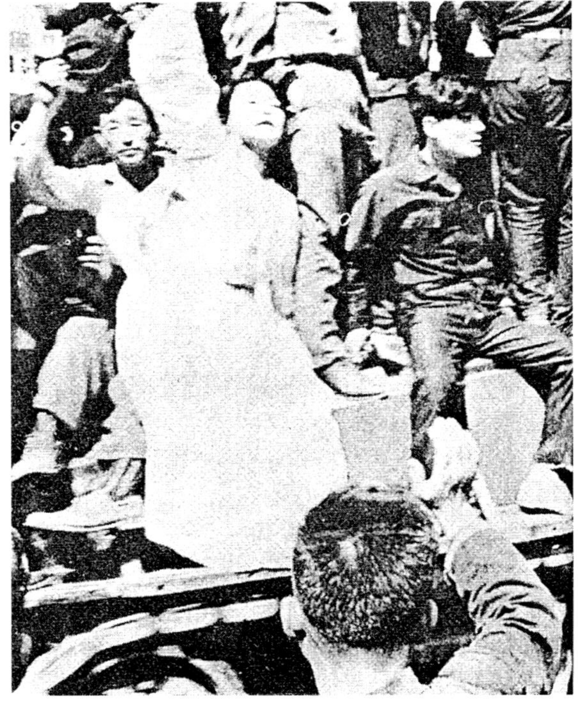

민중의 승리! 4·19혁명

세 등등했던 자유당은 간판을 내리고 종말을 고하게 되고, 3.15부정선거의 주범 최인규(당시 내무장관) 등 몇 사람은 사형된다. 뿐만 아니라 이승만은 무척이나 사랑했던 조국 대한민국을 등지고 노구를 이끌고 하와이로 망명을 떠난다. 조국을 걱정하며 마음 편할 날이 없었던 망명 생활에서 1965년 7월 19일 뇌일혈로 파란만장했던 생애를 접고 세상을 떠난다.

5.16으로 집권한 박정희 대통령은 이 비보를 접하고 애국자를 이국땅에 묻히게 할 수가 없다고 결론, 이 박사의 시신을 운구해 와서 동년 65년 7월 27일 국립묘지에 안장하고 평생에 걸친 이 박사의 독립 정신과 애국을 기리며 손수건으로 눈물을 훔치며 삼가 애국자의 명복을 빌었다.

따라서 이승만의 소위 제2인자로 절대 권력을 행사하며 부통령 자리에 있던 이기붕은 그 위세가 유명했던 부인 박마리아와 함께 이승만의 양자이기도 했던 장남 이강재의 권총으로 그들 가족은 비극적인 자살로 영화로웠던 생을 마치게 된다.

권불십년權不十年이요, 화무십일홍花無十日紅이라고 했던가.

이렇게 해서 자유당의 역사는 그 그림자마저도 4.19혁명의 주역인 학생들의 함성 소리에 밟히고 쫓기면서 완전히 막을 내리게 된다. 자유당이 망한 것은 어쩌면 사필귀정의 결과인지 모른다. 이미 고령으로 판단력이 흐릴 수밖에 없는 이승만 대통령의 눈을 가리고 귀를 어둡게 하고, 인위적인 아성을 쌓고 과잉 충성 행태를 되풀이하며 국민의 자유를 속박하고 민생을 외면해 온 자유당에 원인이 있었다. 따라서 국민의 원성이 참을 수 있는 한계선을 넘어서면서 4.19혁명은 필연적으로 일어날 수밖에 없었다.

이승만 박사는 비통하게 대통령직에서 하야하고 경무대를 떠나면서 이렇게 말했다.

"어찌 나라가 이 지경에 이르렀는고, 내 사랑하는 국민의 돌팔매를 맞는 한이 있더라도 걸어 나가겠다."

사저인 이화장梨花莊으로 거처를 옮기면서 경호차로 모시려는 사람들에게 이렇게 말하며 차 타기를 거부했다. 인간 이승만의 순수성과 애국심이 담긴 이 말에 국민은 눈시울을 적셨다.

이승만은 어쩌면 독재하기를 원치 않았는지도 모른다. 그를 둘러싸고 있던 인맥들이 박사님이 아니면 이 나라를 끌고 갈 수 있는 인물이 없다고 하며 그에게 장기 집권을 계속 권유했는지도 모른다. 만일에 이승만 박사가 공산주의를 선호하여 해방정국에 그렇게 날뛰던 좌파들의 손을 들어주고 공산정권을 세웠다고 가정해 보자. 그랬다면 과연 오늘의 자유민주주의 국가인 대한민국이 있겠는가. 그래서 건국대통령 이승만을 국부國父로 칭송하는 것이다. 비단 오늘을 사는 우리뿐만 아니라 먼 후세의 사가史家들도 이승만은 위대한 인물이었으며 애국자였다고 평가하리라 믿는다.

— 〈풍자문학 2005년 가을 제13호〉

청계천 새물맞이

청계천이 살아나 더욱 아름다운 서울

새로운 관광명소로 세계도 격찬

즐겁게 걷는 청계천 사람들

청계천清溪川이 복원공사를 마치고 새로운 모습으로 태어나는 날, 2005년 10월 1일은 청계천이 온통 축제의 한마당이었다. 58만여 명의 인파가 끊임없이 몰려드는 청계천의 분위기는 그 열기가 한층 뜨겁게 고조되었다. 시원하게 흐르는 맑은 물소리는 도심의 먼지마저 씻어 내리는 듯했고, 생동감 넘치는 정신을 불어넣었다. 말도 많고 탈도 많았던 청계천 복원은 생명이 살아 숨 쉬는 자연의 모습으로 이제 우리 앞에 현실로 다가왔다. 기쁨과 감동의 의미가 혼합되어 충만하게 흘러넘치는 청계천 개통식은 곧 서울 시민의 축제의 날이었다.

그러면 청계천의 유래와 그 역사적 배경을 간단히 고찰해 보기로 한다.

청계천의 유래는 조선 왕조 이전으로 올라가지만 1394년 서울이 조선 왕조의 도읍지로 정해진 이후 청계천 문제는 수차례에 걸쳐 심각하게 다루어지고 공사를 거듭해 왔는데, 당시에는 청계천에 물이 많이 흘러 비가 오면 청계천이 범람하여 주민 생활에 커다란 위해를

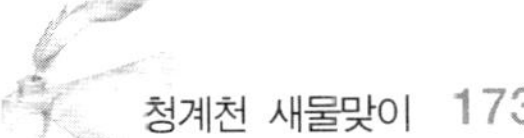

청계천 징검다리를 건너는 사람들

끼치는 일이 빈번하였다. 1407년 서울의 하천이 범람, 큰 홍수가 났는데 이에 대비하여 1411년 11월 '개거도감'을 설치하고 52,800명의 인원을 투입하여 대대적으로 개천공사를 벌이기도 했다. 청계천은 본래 자연 하천 그대로여서 비가 많이 오면 홍수가 나고 물난리를 겪기도 했지만 아낙네들이 모여 앉아 빨래를 하며 담소를 나누는 장소이기도 했다. 또한 청계천은 당시 물고기가 많아 낚시도 했다고 전해지며 청계천 주변에서는 아이들이 연날리기도 했었다고 전해진다. 이러한 얘기들은 지금 생각하면 아주 먼 옛날의 이야기로 마치 전설처럼 느껴진다.

대충 청계천의 유래를 이상과 같이 요약하고 그 생태적 발원을 짚어 본다. 청계천은 서울의 북악산, 인왕산, 남산 등으로 둘러싸여 흘러내리는 모든 물들이 도성 안 중앙에서 서로 만나 동쪽으로 흐르다가 왕십리 밖 하천에서 중랑천中浪川과 합류하여 서쪽으로 흘러 한강으로 들어가는 총 연장이 1,084km가 되는 도시의 하천으로 본래의 이름은 개천開川이었다. 이러한 청계천은 수백 년의 역사가 흘러 오늘의 청계천으로 완전히 다른 모습으로 새롭게 거듭난 것이다. 따라서 오늘의 시대, 우리의 생활 곁으로 바짝 다가온 옛날의 청계천은 반갑기 그지없고 한없이 소중하다. 따라서 청계천 복원의 의미는 미래를 설계하는 희망이기도 하며, 하면 된다는 가능성과 성취감을 느끼게 된다. 뿐만 아니라 가난을 털어내고 만난萬難을 극복하면서 선진국에 진입하고 있는 오늘의 우리는 하고자 하는 일은 꼭 실현해 왔고 이러한 강인한 정신적 지주는 통일을 성취하려는 저력이며 비전vision이기도 한 것이다.

경제는 계속 어렵고 뭐 하나 제대로 이루어지는 것이 없는 답답한 현실, 새로 태어난 청계천을 보기 위해 어제도 오늘도 수많은 시민들이 이곳으로 몰려들고 있다. 개통 첫날만 해도 약 58만 명이 청계천을 찾았고, 요즘도 평일은 15만여 명, 주말은 20만 내지 30만 명에 달하는 사람들이 청계천을 구경하며 걷고 있다. 청계천을 찾은 사람들은 이미 수백만 명을 넘어섰고 앞으로도 수많은 사람들이 끊임없이 청계천을 찾을 것이다. 흐르는 맑은 물에 근심 걱정 흘려보내고 즐겁게 걷는 사람들, 청계천은 우리에게 행복한 휴양지이기도 하다.

사람도 차도 이미 초만원을 이룬 회색 도시로서 미적 감각과 예술성이 뒤떨어진 서울, 청계천 복원으로 서울의 이미지는 새롭게 바뀌고 대한민국 수도 서울의 브랜드 가치는 엄청나게 높아졌다. 따라서 청계천은 대한민국 국민의 자긍심을 높일 수 있는 관광명소가 되었고 많은 관광객이 청계천을 찾을 것이다. 서울의 지도는 새로 태어난 청계천을 부각시키는 새 지도로 바뀌어야 하고 앞으로 서울의 특색 있는 휴양지로 격상시켜 대한민국 수도 서울의 관광지로 유익하게 얼마나 잘 활용하는가에 따라 국부적國富的 가치로 높이느냐 그렇지 못하느냐의 승패가 달려 있다고 해도 과언이 아닐 것이다.

물은 생명의 근원이다. 도심으로 물이 흘러 생태적 자연을 빚어내는 생기 나는 청계천, 강남에 비해 모든 것이 뒤져 있는 강북 시민의 자존심이기도 한 이 청계천은 서울시가 야심차게 설계하고 추진하는 강북의 뉴타운 건설과 함께 수도 서울의 면모를 균형적으로 개발하는 모델이 될 것으로 본다.

한국의 성취, 위대한 서울이라고 세계가 주목하고 격찬하는 이 청계천 복원은 1958년 5월 25일 완전 복개공사를 시작한 이래 47년 만에 새로운 면모로 다시 태어난 것이다. 따라서 청계천 복개공사는 1961년 12월에 완공되었고, 지평이 넓어진 청계천 복개 주변에는 상가가 많이 들어서게 되었다. 이어 1968년 야심 찬 개발시대에 날로 교통량이 늘어 가는 서울의 교통 혼잡을 해결하기 위찬 방편으로 1966년 3원 서울시장으로 취임한 김현옥 시장은 '불도저'라는 닉네임이 붙어 있는 패기로 1968년 준공된 최초의 아현 고가도로 공사의 경험을 살려 청계 고가도로를 건설하게 된다. 아현 고가도로와 거의 동시에 시작한 청계 고가도로는 1967년 8월 15일 착공하여 1971년 8월 15일에 완공되었다. 총길이 5,650m에 도로 폭은 16m에 이르는 거대한 고가도로는 당시 서울의 저력을 과시하는 구조물로 서울의 명물이기도 했다. 이 청계 고가도로를 중심으로 서울에 크고 작은 많은 육교가 설치되었으며 67년 청계고가 건설에 앞서 청계천 일대에 대한 정비와 함께 거대한 세운상가 등 많은 건물들과 점포들이 들어섰던 것이다.

당시 그 어려웠던 시대에 만들어진 청계고가는 백분 그 효과를 발휘하여 폭주하는 서울의 교통 흐름을 원활하게 해결해 주는 수단으로 그 가치를 인정받았다. 그러나 이 청계고가는 세월의 흐름 속에서 안전상의 문제로 수차례 보수공사를 하며 많은 예산을 낭비하기도 했다. 뿐만 아니라 청계고가의 육중한 구조물은 우중충하고 무거운 분위기로 도시 미관을 해치는 측면이 있었고, 청계천 일대의 고가도로 밑에는 무질서하게 불법 주차하는 차량들과 길 양편으로 밀집해 있는 상가들이 어우러져 북새통을 이루며 혼잡하기 이루 말할 수가 없었다. 뿐만 아니라 밤에는 으레 청계고가 밑은 쓰레기 야적장이 되어 버리기도 했던 것이다. 이러한 청계고가는 교통 흐름을 감안할 때 철거라는 것은 감히 생각할 수도 없는 문제였던 것이다.

그러나 청계천 복원공사는 크게 염려했던 대로 교통대란은 일어나지 않았고 공사 초기 갑작스럽게 청계천 방향의 교통을 통제함으로 인한 일시의 혼잡과 시민들의 불편은 따랐으나 참아가며 공사에 협조하는 정신을 보였다. 청계천 공사는 어려운 가운데서도 비교적 순탄하게 진행되어 예정했던 공사기간에 완공을 하게 된 것이다. 따라서 새로 태어난 청계천은 맑은 물이 흐르고 자연이 살아 숨 쉬는 아름다운 경관으로 단아한 미인처럼 그 모습을 드러낸 것이다.

2002년 7월 1일 이명박 서울시장이 취임하면서 공약으로 내세운 청계천 복원공사는 실행에 옮겨진다. 지난 2003년 7월 1일 착공, 2년 3개월의 공사기간을 거쳐 예정대로 2005년 10월 1일 개통식을 갖게 된 것이다. 청계천 복원공사는 어려움도 참 많았었다. 청계천 주변 수많은 상인들의 생사를 건 반대와 교통대란을 내세우는 반대 여론과 시민들의 의구심을 끈질긴 노력으로 설득하고 부딪혀 가면서 청계천 고가를 때려 부수고 야심차게 실행에 옮겼다. 그리고 현대건설에서 일솜씨를 익히고 공사현장을 누비면서 얻은 경험으로 청계천 복원공사는 계획대로 밀고 나갔다. 이명박 시장, 그는 한때 현대건설에서 개발을 주도하던 일꾼으로 그의 이미지가 고 박정희 대통령 같다는 평을 들어오기도 했다. 전술한 바와 같이 '불도저'라는 말이 따라다닌 고 김현옥 서울시장은 청계고가를 만들었고, 역시 저돌적으로 일솜씨를 구사하는 이명박 시장은 청계고가를 철거하고 청계천을 복원했다.

"시대時代가 영웅英雄을 낳고 영웅이 시대를 주도한다"는 말과 같이 한 번 되새겨 볼 만한 의미라고 생각된다. 따라서 우리 앞에 현실로 다가온 서울의 명소, 아름다운 청계천은 서울 시민이 일솜씨 훌륭한 시장 한 사람을 잘 뽑은 결과이며 선물이라고 한들 무리가 있겠는가? 시장이 됐든 대통령이 됐든, 지도자는 훌륭한 리더십과 카리스마가 있어야 하고 현실을 타개하고 미래를 설계하는 철학과 혜안을 가져야 한다. 뿐만 아니라 말에 대한 책임을 지고 공약을 실천하여 뭔가 뚜렷하게 업적을 남겨야 하는 것이다. 설사 그 업적은 당 시대 사람들에게 크게 공감을 사지 못한다 할지라도 후세의 역사에 길이 빛나리라 믿는 것이기에 말이다.

새 모습을 드러낸 청계천은 복원구간 5.8km로 이명박 서울시장이 출마하면서 제시했던 3,600억 원보다 300억 원이 초과한 3,900억 원이 들었다고 하는데 비교적 예상 금액에 근접한 계산이었다고 할 수 있다. 당초 청계천에 소요되는 물 값을 받겠다고 서울시와 팽팽히 의견 대립을 하던 수자원공사는 대세의 명분에 굴복, 물 값을 받지 않기로 했는데 물 값을 제외하고도 청계천을 유지하는 데 소요되는

가난이라는 수식어와 함께 묻혀졌던 청계천이 이젠 희망이라는 메시지를 안고 다시 태어났다.

관리비는 1년에 18억 원이 든다고 한다. 이러한 예산은 결국 시민이 내는 세금으로 충당하겠지만 청계천을 이름 있는 서울의 관광명소로서 부가가치를 높이고 부족한 면을 보완해 가면서 특징을 살려 나간다면 아마도 청계천은 서울에 있어서 황금알을 낳는 자원이 될 것이라고 믿는다.

대한민국의 수도 서울은 청계천이 있어 더욱 아름답고 유명한 도시로 새롭게 부각되었다. 맑은 물이 흐르는 청계천을 걷는 평화로운 사람들, 걷는 것은 건강에 좋고 건강해지면 이보다 더한 행복이 어디 있겠는가?

서울 시민들이여! 우리 모두 한 번씩 청계천을 걷자! 청계천을 걸

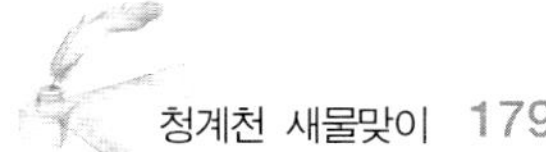

으며 서울을 노래하자. 서울의 노래는 조국의 노래이다. 자유민주주의 대한민국 우리 조국, 오늘의 현실에서 누가 감히 나라의 근본인 정체성을 훼손하려 드는가? 도도히 흐르는 맑은 물 청계천은 영원히 흐를 것이고 그 의미는 이미 역사에 새겨진 것이다. 물은 높은 데서 낮은 데로 흐르는 것이 이치이다. 세상만사는 결국 이치대로 흘러갈 것이다. 물과 같이 흐르는 평화로운 세상이 되었으면 좋겠다. 정치도 문화도 이치에 맞게 원리대로 되었으면 하는 바람이다. 이러한 소망이 어찌 필자만의 소망이겠는가?

답답한 작금의 나라 현실이 날마다 신문지면에 가득가득히 톱으로 실리고 기사를 읽을 때마다 맥이 빠지고 울분이 치솟는다. 그러나 산모가 진통 끝에 옥동자를 낳듯이 어려움 속에서도 나라는 발전하는 것이고 밝고 희망찬 미래는 우리 마음속에 꽃피울 수 있는 것이다. 그럴진대 스트레스와 울분은 이제 청계천을 따라 걸으면서 날려 보낼 수도 있다고 본다. 적어도 서울 시민에게 있어서의 청계천은 말없이 포근한 벗이 되리라고 생각되기 때문이다. 청계천은 물과 함께 사람이 흘러넘치고 주변 상가는 장사가 잘 되어 즐거운 비명을 울리며 활기를 되찾은 점포들은 권리금도 많이 올랐다고 한다. 따라서 청계천은 사람과 함께 돈이 흘러넘친다고나 할까. 어려운 경제 현실과는 반대로 재미있는 현상들을 엿볼 수 있기도 하다.

청계천이 빚어내는 다양한 모습들, 즐거움이 넘쳐 나며 물과 같이 흐른다. 무거운 콘크리트 덮개 속에 숨 못 쉬던 개천, 이끼 낀 옛 모습, 그 돌다리를 재생하고, 오염된 흙더미를 파낸 자리를 다듬고 가꾸면서 맑은 물 흘려보내니 눈부시게 살아나는 새로운 청계천, 자연의 모습은 아름답고 위대하다. 생명이 살아 숨 쉬는 생태 공간, 돌돌

만남, 사랑, 그리고 여유로운 미소들이 청계천 물줄기를 따라 흐르고 있다.

소리내며 시원하게 흐르는 맑은 물에 벌써 고기 떼가 모여들고 백로와 물총새는 물길 따라 도심으로 날아든다. 아름답게 조성된 자연 경관의 풀숲은 한껏 멋있는 예술작품들과 어우러져 청계천 분위기를 더욱 멋스럽게 살린다.

역사는 흘러가는 것이지만 창조하는 사람의 몫으로 기록되고 빛나는 것이다. 따라서 청계천 복원은 이 시대를 살다 간 오늘의 우리들에게 성취감을 듬뿍 안겨 주고 이 거대한 작업을 주도한 이명박 서울시장의 훌륭한 업적으로 기록될 것이다.

유력한 대선주자의 한 사람이기도한 이명박 서울시장은 청계천 복원의 국민적인 호응과 패기로 경부운하京釜運河를 대선 공약으로 내놓고 있다. 만일에 그가 차기 대통령으로 당선된다면 경부운하 건설에 시동을 걸게 될 것으로 예측할 수 있다. 그러나 경부운하 건설은 청

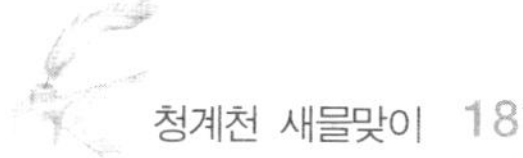

계천 복원에 비해 엄청나게 규모도 크고 예산도 훨씬 많이 드는 그야말로 거대한 사업이다. 따라서 국민적인 공감대가 이루어진 다음 국가적인 손익계산을 전제로 전문적인 검토를 해본 후에야 비로소 타당성 여부를 결정할 문제로 이 시점에서 속단하기는 어렵다고 본다. 그렇지만 한편으로는 기왕에 말이 나오고 있는 경부운하 건설 문제는 국토의 균형적인 개발이란 거시적인 측면에서 언제 누가 하든 대한민국의 지도를 바꾸는 역점사업으로 국토의 효율적인 이용과 경제적 파급 효과를 검토해서 조국의 미래상으로 한 번 설계의 꿈을 가져보는 것도 의미 있는 일이라고 생각된다.

이 얘기는 이렇게 생략하고 이미 서울의 명소로 자리매김한 청계천을 더 좋고 아름다운 관광명소와 휴양지로 만들기 위해서는 개통첫날에 사람이 떨어져 죽는 불행한 안전사고가 두 번 다시 일어나지 않도록 모든 시설을 점검하고 보완해야 할 것이다. 또한 청계천 복원 구간에 화장실이 한 군데도 없다는 지적 사항을 참고삼아 미관을 해치고 좋지 않은 냄새를 풍기지 않는 위생적인 화장실을 좀 멋있게 만들어서 적당한 거리 구간에 설치해야 할 것이다. 또 식수대도 늘리고 담배꽁초와 가벼운 쓰레기를 버릴 수 있는 시설도 보기 좋게 만들어 놓을 수 없을까 하는 생각을 하게 된다. 그리고 더욱 중요한 것은 앞으로 청계천 양편과 주변에 들어서는 건물은 예술적인 감각을 살려 조형미 있게 설계해서 지을 수 있도록 지도 감독해야 될 것으로 본다.

어느 나라의 도시이건 간에 도시경관에 있어 제일 중요한 것은 도시를 구성하고 있는 건물이기 때문에 청계천과 같은 경관에 잘 어울리는 건축물이야말로 결코 소홀히 생각할 수 없는 중요한 문제인 것이다. 또한 휴양지로서의 청계천을 가꾸기 위해서는 청계천 경관을 조망해 볼 수 있는 그리 비싸지 않고 편안하게 쉴 수 있는 숙박업소와 멋있고 예쁜 카페나 레스토랑 같은 것이 보기 좋게 들어서는 것도 청계천을 살리는 배경이 될 것이다.

이상 열거한 바와 같이 이러한 문제들은 청계천의 부가가치를 더욱 높일 수 있는 첩경으로 활기 넘치는 청계천의 미래상이 될 것이다. 이러한 청계천의 파급 효과는 수도 서울의 브랜드 가치를 더욱 높이고 아름답고 멋있는 서울을 자랑하게 될 것이다. 따라서 행복을 추구하는 시민들은 여유로운 마음으로 청계천을 찾고 건강하게 걸으면서 서울의 찬가를 부르게 될 것이다.

— 〈풍자문학 2005년 겨울 제14호〉

폴란드 크라쿠프와 체코 수도 프라하

1. 폴란드 크라쿠프 - 역사적인 두 곳의 관광명소
   ① 왕립 소금광산 비엘리치카
   ② 아우슈비츠
2. 체코 수도 프라하 - 세계의 관광객이 줄을 잇는다
   ① 프라하의 봄
   ② 벨벳 혁명(革命)

1. 폴란드 크라쿠프

— 역사적인 두 곳의 관광명소

폴란드의 제일 큰 중심 도시 크라쿠프는 선종하신 위대한 성인 교황 요한 바오로 2세의 고국이기도 하고 자유 노조를 이끈 지도자로 국민적 지지를 받았던 전 폴란드 대통령 바웬사의 업적이 세계 정치사에 큰 비중으로 평가되기도 했었다.

여기에 쓰고자 하는 관광 얘기는 지난 2004년 8월 중순 일행 14명과 함께 동유럽 6개국 관광에서 마지막 피날레를 장식했던 체코 프라하 입국에 앞서 폴란드의 크라쿠프 관광에서 가장 비중이 컸던 두 곳에 대해 그 소감을 피력하는 것이다. 제2차 세계대전의 참화 속에서도 가장 피해를 적게 입은 도시로 수많은 건축물과 예술적인 구조물들이 완전하게 보존되고 있어 중세풍의 분위기가 그대로 풍기고 있는 크라쿠프는 평화롭고 아름답게만 보였다.

그러면 두 곳의 관광에 대한 얘기를 요약해 보기로 한다.

① 왕립 소금광산 비엘리치카

오늘날 폴란드 크라쿠프에서 가장 많은 관광객이 찾고 있는 생산적인 소금광산의 얘기는 신의 영광이라는 말로부터 시작된다.

약 2천만 년 전에 바닷물이 증발한 후 지각변동 결과로 생겨난 자연의 현상으로 19세기에 발견된 동굴로서 1978년 비엘리치카 소금광산은 유네스코에 의해 최초로 세계 문화 및 자연 유산에 등재되었다. 소금 채취의 역사는 약 5,000년 전으로 추정하는 신석기 시대로 올라간다고 하며 고고학적인 연구는 그 이전과 그 이후에도 끊임없이 계속되어 왔다. 7세기 전에 세워진 이 비엘리치카 소금광산은 폴란드의 역대 왕들, 일반 광부들, 그리고 학자들의 연구로써 기술과 작업 방식의 발전을 거듭해 왔다. 따라서 이 광산은 유럽 최초의 광산업 단지를 형성한 작품이라고 하며 이 광산의 소유는 권력자나 역대 왕들의 지배 하에 그들의 친지나 위탁인들에 의해 사실상 경영권이 주어졌다고 한다.

평지로 되어 있는 광산 입구의 매표소 건물 앞으로 몰려드는 관광

오랫동안 비엘리치카 소금광산에서 소금은 손으로 '깎여져' 통에 담겨진 후 지상으로 운반되었다.

객들은 줄을 서서 입장하여 지하 갱도로 내려간다. 동굴 형태에 따라 편리하게 만들어 놓은 계단을 밟고 약 80m 지점까지 내려가면서 광산의 내부를 보게 되는데 느낌은 1~2km 이상쯤 내려온 것으로 생각되었다. 동굴 안은 전기시설을 잘 해놓아 관광하는 데는 불편이 없었다. 군데군데 소금을 채취하는 작업 장면과 운반하는 모형을 만들어 놓았는데 수레 같은 운반 기구를 끌거나 실어 나르는 데 사용되었던 말들이 작업장마다 서 있었고, 광부들의 옷차림과 채취 도구들도 생동감을 느낄 정도로 잘 만들어져 있었다.

이 비엘리치카 소금광산은 9단계로 되어 있는데 지하 64m에 이르는 첫 단계부터 지상에서 327m의 깊이에 위치한 마지막 단계까지 광산의 총 연장은 300km에 이른다고 했다. 그러나 실제로 관람하는 코스는 약 3km에 불과하다. 하지만 이 관람 코스는 동굴이 차지하는

시엘레츠 통로-소금광산에서는 이미 17세기부터 말들이 이용되었다. 소금을 통로를 따라 운반하거나, 혹은 수직상승기(수직으로 운반하던 기계)를 돌렸다.

모형이나 구조상으로 아주 중요한 곳으로 설계되어 있다고 한다. 소금을 캐고 난 공간은 무너지지 않게 나무 기둥이나 기타 버팀목으로 받쳐 놓았고 군데군데 소금이 흘러내린 아름다운 곳은 조명 시설을 잘 해놓아 아주 환상적인 분위기를 연출하고 있었다. 이 광산의 소금 판매 수익은 왕국 재정의 1/3을 차지했다고 한다. 7세기 동안 채굴되어 남겨진 방의 숫자만도 2,040개나 된다고 하는데 소금광산의 관람 코스를 통과하면서 볼 수 있는 곳은 이 거대한 소금광산의 전체 갱도의 3%에 불과하다.

이 소금광산은 화재도 자주 발생하고 누수로 인해 무너지거나 하는 위험도가 높아 16세기에는 사고로 죽은 광부가 연간 총 광부의 10%에 달했다고 한다. 그러나 오늘의 이 광산은 유일한 폴란드의 관광자원으로 지상에서 새로운 공기 유입 등 모든 면에서 신경을 쓰고 안전사고에 대비하면서 편리하게 시설을 해놓고 보완해 나가고 있다. 이 광산의 갱도를 따라 걷다 보면 십자가를 세워 놓은 곳이 많이 보이는데 이곳은 주로 사고로 광부들이 죽은 장소로 성령의 기도를 하는 의미라고 한다. 따라서 위험한 작업 환경은 다른 환경보다는 더 경건한 종교적인 경각심을 갖게 한다.

지하갱도

지하에는 몇 군데 미사를 드리는 소제단이 있었고 110m 지하에 위치한 성 킹가 성당은 광장도 크고 시설도 엄숙하게 잘 되었을 뿐 아니라 대단히 아름다웠다. 킹가 성당의 유래는 헝가리 왕 벨라 4세의 딸인 성인 킹가 공주가 폴란드 왕자 볼레스와프에게 시집가면서 지참금으로 받은 소금광산 일부 통로에 자신의 반지를 던졌다는 얘기로부터 비엘리치카 소금광산 발견의 전설이 유래한다. 이로부터 킹가 공주는 성인으로 칭송되고 소금광산 광부들의 수호신이 되었다고 한다.

이 소금광산의 특징이나 생김새는 실로 필설로 다 표현하기는 불가능한 일인데 바닷물이 일부 들어오고 빠져나가기도 한다는 큰 호수 같은 곳의 물은 시퍼렇게 맑았고 수심은 상당히 깊어 보였다. 동굴 안의 모든 기암괴석 같은 것은 전부 소금덩어리이고 손에 침을 발라 찍어 먹어 보면 진짜 소금과 다름없이 상당히 짜고 찝찔하였다.

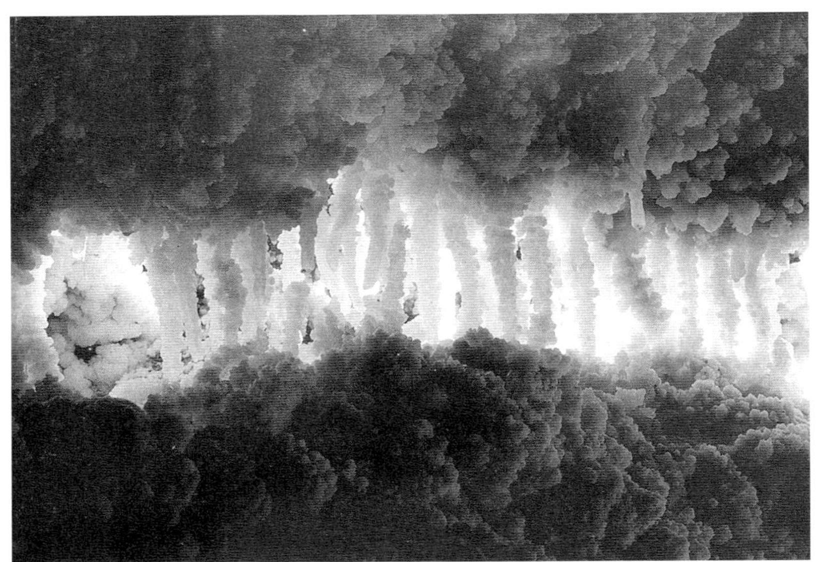

비엘리치카 광산의 소금 종유석과 석순은 서로 맞붙어 아름다움을 뽐내면서 석주를 만들어 낸다.

그을린 것처럼 시커멓게 되어 있는 암벽은 전부 소금덩어리이고 눈부시게 화려하게 빛나는 크리스털은 천하에 값진 보석, 바로 그것이었다. 크리스털 동굴은 비엘리치카 암염층에서 발견되었다는데(지상에서 약 80m 지하) 영롱한 소금 결정체들이 아름답고 매혹적이었다. 흘러내리는 지하수는 소금광산에서 가장 위험한 요소지만 다양한 종류의 소금 결정체들이 만들어지면서 소금광산을 아름답게 수놓고 있는 신비스러운 현장이었다. 이 동굴 안의 종유석과 석순의 신기한 모양은 실로 매혹적이었다.

우리 일행은 감탄사를 연발하면서 현지 가이드의 멘트를 들으며 지정된 관람 코스를 다 돌아 관광하고, 어떻게 걸어 올라갈까 걱정했던 동굴 속에서 엘리베이터를 타고 지상으로 올라왔다. 컴컴한 동굴 속에서 광명천지로 나온 기분은 상쾌하고 좋았다. 심호흡을 한 다음

차에 오르면서 필자는 외쳤다.

"야! 이 소금광산의 관광수입은 1년 통계만으로도 과연 얼마나 되겠는가. 폴란드는 소금광산이 있어 부자나라다. 이 소금광산은 폴란드의 국부이고, 세계의 유산이다"라고.

② 아우슈비츠 수용소

제2차 세계대전 중 나치 독일에 의해 폴란드 정치범을 수용하고 학살하기 위해 1940년에 만들어진 이 수용소는 1945년 나치 독일이 패망하기까지 5년 동안 나치에 점령당한 전 유럽 국민들을 공포에 떨게 한 수용소다. 당초의 목적과는 달리 시간이 흐를수록 전 유럽인들과 유럽 각국에서 국적을 얻은 유대인, 집시, 소련군 포로들을 이곳에 수용하기 시작했다. 나치는 체코인, 슬로바키아인, 프랑스인, 오스트리아인, 그리고 나치 점령권의 모든 나라의 정치범들을 이곳에 수용하고 노역을 강제하고 무참하게 학살하였다.

1939년 9월 전쟁 발발 후 오슈비엥침Oswiencim(아우수비츠의 폴란드 이름) 시市를 포함해 그 일대는 독일 제3제국의 일부에 편성되었고 동시에 이름을 아우슈비츠로 변경하였다. 악명 높은 아우슈비츠 수용소에서는 전쟁 중 상대적으로 정치범뿐만 아니라 수백만의 유대인과 병든 노약자, 부녀자 할 것 없이 이곳에 잡혀 오면 강제 노역에 죽어갔고, 집단적으로 수천, 수만 명이 가스실에서 참혹하게 학살당했다. 산더미처럼 쌓이는 시체를 불태워 죽인 살육 현장은 아직도 사람 태우는 냄새와 아비규환의 비명소리가 사방에서 들리는 듯했고 굴뚝에서는 사람 태우는 연기가 치솟고 있는 듯한 현상들이 떠올라 소름이 끼치기도 했다.

아우슈비츠 수용소 철문에는 "일하면 자유로워진다"라는 나치의 글귀가 붙어 있다.

유대인 인종의 씨를 말리고자 했던 나치의 만행이 대명천지 폴란드의 하늘 아래 이곳 오슈비엥침 수용소 아우슈비츠에서 살기등등하게 저질러졌던 것이다. 아우슈비츠 수용소 정문에는 독일어로 "일하면 자유로워진다"라는 말이 붙어 있고 수백만의 수용 인원을 실어 나르기 위한 철로가 수용소 앞에 깔려 있었다. 짐짝보다도 더 참담하게 구겨져 실려 와서 비명도 제대로 질러 보지 못하고 강제 노역을 당하고 처참한 죽음을 당한 수많은 유대인들의 원혼이 울부짖고 있는 것 같았다. 이 수용소는 관광객들이 계속 몰려들고 있었지만 여타 다른 관광지와는 다르게 비교적 조용하고 침통한 분위기에 모든 사람들의 안면근육은 굳은 표정이고 말들이 별로 없었다. 이심전심으로 느끼는 몸서리치는 죄악상 앞에 그저 말문이 열리지 않은 그런 현장이었다.

필자는 일행들 중 가장 가까운 최예태 화백과 함께 현지 가이드의 설명을 들으며 이 건물 저 건물 각 호실을 옮겨가며 관광을 했다. 처참하게 죽은 사람들의 소지품을 전시해 놓은 커다란 전시관 앞에서는 많은 관광객들이 넋 나간 듯 바라보고 있었다. 유대인들의 소지품으로 산더미처럼 쌓여 있는 안경과 신발, 가방류와 벗어놓은 옷들, 그리고 가스에 노출되어 전부가 하얗게 되었다는 사람의 머리카락, 독극물로 생체 실험을 하고 찍어 놓은 생식기 없는 어린 아이들을 비롯한 많은 사람들의 뼈만 앙상히 남은 형체들의 사진, 사형당한 사람의 머리카락으로 실을 만들어 짜 놓았다는 모직 원단들, 정말 기절할 정도로 소름끼치는 것들이 수없이 많이 진열되어 있었다. 가스실과 화장터, 총살의 벽 등 죄 없는 사람들의 귀중한 생명들을 앗아간 시설들은 고스란히 간직되어 있었다. 이 잔혹한 수용소는 유대인뿐만 아니라 폴란드와 소련 등 유럽 전역의 정치범들이 수용되었고 죽어갔다. 역사는 흘러가는 것이지만 또한 새로이 맞이하는 것이기에 다시는 이와 같은 인류 역사의 비극은 되풀이되어서는 안 될 것이다.

아우슈비츠행 열차

시작이 있으면 끝이 있듯이 나치 독일은 1945년 제2차 세계대전의 패전과 함께 이 수용소에서의 반인륜적 살육 행각은 종지부를 찍게 된다. 승전국인 소련에 의해 이곳에 수용되어 있던 많은 유대인들과 정치범들은 모두 석방되었다. 따라서 이 수용소의 소장 루돌프 헤스는 총살형에 처해졌다. 그러나 이 악명 높은 아우슈비츠의 홀로코스트 시설은 역사의 교훈으로 보존되고 있다.

아우슈비츠의 관광은 한없이 침울한 기분이 되었으나 프라하로 달리는 버스 안에서 인솔자 황 대리가 틀어주는 쉰들러 리스트를 보면서 인간의 목숨을 소중히 여기고 그 살벌한 상황 속에서 사형당할 수밖에 없었던 수많은 유대인들을 살려낸 오스카 쉰들러에게 경의를 표하며 차창 밖으로 스쳐가는 유럽의 아름다운 풍광을 보면서 신나게 프라하로 달렸다.

2. 체코의 수도 프라하Prague

— 세계의 관광객이 줄을 잇는다

프라하 성 앞에서

유럽의 중심부에 위치한 프라하는 오늘날 관광천국으로 세계의 관광객이 몰려들고 있다. 중세 황금시절부터 16세기 신성로마제국의 수도 시절까지 찬란한 번영을 누려왔던 프라하는 동유럽의 파리, 또는 보석으로 불릴 만큼 아름다운 도시다. 바로크 양식과 로마네스크 양식, 르네상스 양식, 아르누보풍의 건물 등 시대를 망라한 아름다운 건축물들이 즐비하게 공존하고 있

체코의 수도 프라하(Prague)

는 도시로 환상적인 분위기를 연출하고 있다. 프라하의 명소라 자부하는 거대한 프라하성과 1357년 프라하를 휩쓸고 간 홍수 때 유디트 다리가 완전히 유실된 직후 블타바 강을 가로지른 새 다리를 건설하여 1402년에 완공했다는 프라하의 예술적인 구조물 카를대교는 프라하를 찾는 관광객들로 항상 붐비는 멋있는 관광코스로 대통령의 공식관저인 프라하성과 쌍벽을 이루는 프라하의 명소이다. 그리그 고딕양식의 첨탑, 장인정신의 조형미를 자랑하는 거대한 성 비트 성당, 구시청사와 천문시계 등 관광객의 혼을 빼고 감탄사를 연발하는 곳이 즐비한 프라하는 정말 아름다운 도시임에 틀림이 없다.

구 시청사 정상에 설치된 천문시계의 윗부분에는 천체의 운행을

천문시계

상징하는 기호들이 아름답게 장식되어 있다. 죽음을 상징하는 해골 인형이 종을 치는데 매시 정각마다 열두 사도의 행렬이 맨 위 창문에서 나와 행진하는 쇼를 선보인다. 이 천문시계 앞 광장에는 수많은 관광객이 이 장면을 보기 위해 운집하고 있다. 이것은 또 프라하의 관광 대미를 장식하는 명물 중의 하나이다.

프라하의 관광은 대낮보다는 밤 관광이 정말 요정처럼 환상적인 분위기를 느끼게 된다. 우리 일행은 저녁식사를 마치고 프라하의 아름다운 야경에 취하면서 밤 관광을 하였다. 구시가 광장으로 통하는 자갈 깔린 골목에는 수많은 관광객들로 붐비고, 형형색색의 관광 상품들이 진열된 상점들은 가는 길을 멈추게 하고 여심旅心을 유혹하였다. 또한 프라하에서 가장 큰 광장 중의 하나로 14세기 중반 에 조성했다는 카를 광장은 푸른 풀밭이 광장 안을 아름답게 장식하고 있었는데 여행자의 피로를 풀어 주며 청량감을 느끼게 했다.

또 한편 프라하에서 가장 크고 혼잡한 광장인 바츨라프 광장은 관광객들의 눈길을 끄는 이곳의 명소로 크리스털 등 각종 눈부신 상품들이 가득 가득히 진열된 상점들과 카페와 레스토랑 등이 즐비하고 수많은

바츨라프 광장

인파가 몰려들고 있었다. 이 광장의 남단에는 국립 박물관이 보이고 그 앞에는 바츨라프 왕의 기마상이 있다. 1968년과 1969년 소련군의 침공에 맞서 항쟁한 광장으로 1989년에는 공산주의 정권이 종말을 고하던 역사의 현장이다. 나와 최예태 화백은 쇼핑백을 든 채 이 광장에 앉아 기념촬영을 하기도 했다. 구시가 광장에서 바츨라프 광장까지 걸으며 보고 느끼는 관광은 프라하를 전부 실감케 하는데 어느 나라나 마찬가지겠지만 대로보다는 이면의 골목길들이 더 볼 것이 많고 재미있게 느껴졌다.

바츨라프 광장에서(필자)

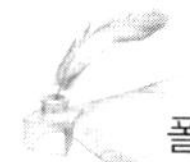

프라하의 봄이 일어난 민주화 광장에서 필자와 최예태 화백

카를대교 위에는 악사들과 그림 등 관광상품을 파는 상인들도 많았다. 넓고 길게 흐르는 불타바 강을 가로지른 카를교는 예수의 십자상 등 조각 구조물들이 어우러져 한껏 멋스러운 운치를 풍겼다. 좀 높은 언덕 위에 올라서서 바라보는 프라하의 밤, 그 아름다운 야경을 제대로 표현할 재주가 없다. 우리 일행은 관광 일정상 한정된 시간에 야간 관광을 일부 마치고 숙소인 호텔로 향했다. 자갈이 탄탄하게 깔긴 프라하의 시가지 뒷골목을 뚜벅뚜벅 소리내며 걷는 기분, 정말 기분 좋은 밤 여행의 천국이었다.

또한 잊을 수 없는 기억은 평화의 상징인 소의 축제였다. 밤에는 조명을 받아 아름답고 낮에 보면 늠름하고 인자한 소들의 모습, 이 나라 사람들은 소를 평화의 상징으로 생각하고 많이 사랑한다고 했다. 소띠인 필자는 더욱 감명 깊었고 소를 사랑하는 이 나라 국민들이 고맙게 느껴졌다. 소는 각양각색의 모형과 색상으로 만들어져 공원에도 서 있고, 길 옆 모퉁이나 광장 입구 또는 지붕 위에도 서 있었다. 재미있는 소의 예술 축제는 이렇게 한동안 프라하에서 행사를 마친 다음 전 유럽으로 이동하며 축제를 벌인다고 한다. 동양이나 서양이나 소를 평화의 상징으로 생각하는 감성에는 크게 다를 바 없다고 느끼며 말없는 이 소들이 세계 평화의 전도사가 되리라고 생각했다.

천년이 넘는 오랜 역사를 가진 유서 깊은 이 도시는 작은 골목 하

카를대교

나하나에도 중세풍의 향기가 배어 있고 고색과 현대가 신비스럽게 조화를 잘 이루고 있다. 체코는 역사적으로 많은 변천을 거듭해 왔고 영광만큼이나 많은 시련도 겪어 왔다. 고찰해 보면 1세기 켈트인의 거주로부터 로마에 정복된 5세기에는 슬라브족이, 7세기에는 사모국이, 8세기 말에는 모라비아 왕국이 들어서 있었고, 9세기경에 와서는 체코와 슬로바키아 민족이 통일 국가를 수립하였다. 그러나 그 두 슬로바키아는 헝가리에 점령되었고 10세기에 와서는 보헤미아 왕국으로 번영하였다. 따라서 보헤미아 왕이 폴란드와 헝가리 왕을 겸임하였고 국력이 왕정하게 강해졌다.

뿐만 아니라 14세기에 들어와서는 카를 4세가 신성로마제국 황제에 오르면서 국력은 더욱 부강해졌다. 그러나 그 뒤 전 유럽의 관심이 집중되었던 종교개혁 운동이 도화선이 되어 촉발된 교황파와 후스파의 전쟁으로 16세기에 들어와서는 합스부르크가의 지배를 받게 된다. 또한 19세기 후반에 와서는 오스트리아와 독일 등의 지배를 받아왔었다. 따라서 1945년 2차대전의 종전과 함께 승전국인 소련에 의해 해방되면서 사회주의 국가로 편입되게 된다. 그러나 그 이후 민주자유화의 소리가 전 동구권으로 높아지고 정치, 경제, 사회의 개혁 바람이 불면서 1993년 1월 1일 체코와 슬로바키아는 발전적으로 분리된다. 이를 계기로 1993년 비로소 프라하를 수도로 체코공화국 정부가 수립된다. 따라서 지금의 체코는 2004년 5월 유럽연합에 가입하였다.

오늘이 있기까지의 체코 공화국은 수난의 연속 속에서 나치 독일과 소련의 지배 하에 많은 핍박과 고통을 이겨내고 서구 민주사회로 편입하였다. 그러나 그것은 세계사적인 흐름의 결과가 아닌 체코인들의 자유와 민주 항쟁에 대한 강인한 투쟁과 지혜로써 쟁취한 결과인 것이다. 따라서 그들이 꽃피운 '프라하의 봄'은 세계사에 감동을 준 민주화 운동으로 영원히 기록될 것이다.

이 유명한 '프라하의 봄'은 다음에 이어 별도로 요약하기로 하고 관광 얘기를 마무리하고자 한다.

우리 일행은 프라하의 첫 밤을 곤한 잠으로 대신했고 다음날 아침 일찍부터 현지 가이드의 멘트를 들으며 즐거운 관광길에 나섰다.

프라하는 밤의 야경이 요정과 같이 아름답고 환상적이다. 또한 낮에는 도시를 구성하고 있는 시가지와 모든 건축물, 예술적인 구조물 등 새롭게 다가오는 모든 분위기가 다른 나라에서 느낄 수 없었던 또 다른 정감 속에 흐뭇한 행복감마저 느끼게 했다.

도착 첫날 다 하지 못한 관광을 일정대로 다 마치기는 했으나 여기에 그 얘기를 다 열거할 수는 없다. 때문에 이상으로 프라하 관광을 마지막으로 13일에 걸친 동유럽 6개국 관광 얘기를 이렇게 마친다. 우리는 계속 걸음을 늦추게 하는 프라하를 뒤로하고 귀국길에 올랐다.

필자의 감성에 영원히 남아 있을 프라하여! 안녕.

① 프라하의 봄Prague Spring
– 세계에 감동을 준 민주자유화 운동

프라하의 봄은 자연의 순리대로 순탄하게 찾아온 계절의 변화를 말하는 것이 아니라 소련 공산 독재정권의 지배 하에서 벗어나기 위한 민주자유화 운동을 말한다. 일명 체코사태로 불리기도 한 이 운동은 1968년 체코슬로바키아의 당 제1서기 두프체크의 주도로 일어난 체코의 항쟁으로 민주주의를 기본으로 한 자유화 운동이었다.

당시 체코슬로바키아에서는 소련의 스탈린 신봉자였던 노보트니 정권의 친소 보수정책과 1960년대 이후 침체가 계속되어 오는 경제 문제에 대한 국민들의 불만이 고조되고 있었다. 뿐만 아니라 자치적인 주권행사를 제한받아 온 슬로바키아 국민의 감정도 폭발 직전의 상태였다. 현실적으로 이렇게 어려운 시국 상황 속에서 1968년 1월 노보트니는 총회 석상에서 당 제1서기를 사임한다. 뒤이어 개혁파인 두프체크가 그 자리에 취임하여 국가 중요한 자리에는 개혁 성향의 인물들로 전원 교체하였으며 그 해 4월에는 파격적으로 개혁을 실현하기 위한 시책을 행동 강령으로 내놓았다.

첫째, 민주적인 의회제도를 확립. 둘째, 재판제도의 독립적인 보장. 셋째, 민주적인 선거법과 그 제도의 창설. 넷째, 출판물의 검열제도 폐지. 다섯째, 언론 출판과 집회 등의 자유 보장. 여섯째, 경찰감시 정치의 철폐. 일곱째, 국외여행 및 이주의 자유 보장. 여덟째, 농

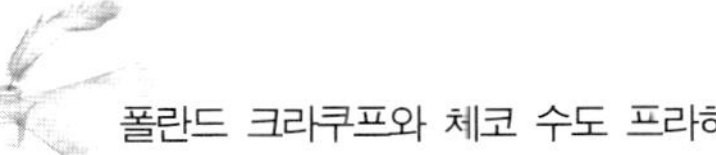

공업의 발전을 위한 개혁. 아홉째, 슬로바키아의 자주적인 권리보장과 연방제 실시. 열 번째, 권리를 박탈당한 모든 시민들의 복권과 자주 독립을 위한 대외정책의 실시 등 자유와 민주화를 위한 기본 골격을 다 갖춘 광범위한 시책들을 발표했다.

두프체크는 이상과 같은 개혁 조치들이야말로 '인간의 얼굴'을 한 사회주의제도라고 했다. 이 시책의 발표를 기점으로 언론, 집회, 출판 등에 자유화의 길이 트이게 되고 한동안 체코슬로바키아는 '프라하의 봄'이 열렸다. 그러나 이러한 운동이 동유럽 전체로 확산되는 사태를 방지하기 위해 1968년 8월 20일 소련군은 브레주네프 독트린을 내세워 바르샤바조약기구의 5개국 군인 20여만 명이 체코슬로바키아를 침공, 두프체크를 중심으로 한 개혁파 지도자들을 소련으로 연행한다. 이렇게 해서 프라하의 봄은 미처 다 꽃피우지 못하고 소련의 바르샤바조약군에 의해 실패로 돌아갔다. 따라서 1969년 4월 새로 당 제1서기가 된 후사크에 의해 프라하의 봄은 그 사태가 수습되기에 이른다.

그러나 바츨라프 하벨을 중심으로 한 지식인과 예술가, 사회 지도층 인사 등 250여 명은 1977년 1월 자유와 민주주의를 위한 이른바 77헌장을 체결하는데 이를 계기로 체코인들의 자유에 대한 욕구는 더욱 힘차게 번져 나갔고, 그 이듬해 소련 공산정권에 항의하며 민주화를 외치던 체코의 학생 얀 팔라흐가 번화가인 바츨라프 광장에서 분신자살을 한 것이 계기가 되어 잔인하게 무력사용을 행사하는 경찰에 대항, 대규모 시위가 벌어졌다.

이 운동은 공산정권에 항의하는 시민들의 움직임으로 확산, 결국 '벨벳혁명'으로 전개되어 체코는 자유를 얻게 되었다. 따라서 체코는

바츨라프 광장

오늘날 자본주의 제도의 열기로 번영을 누리면서 관광산업의 부국을 구가하며 많은 외화를 벌어들이고 있다.

② 벨벳혁명
– 비폭력 무혈혁명으로 민주화 쟁취

프라하의 봄은 바르샤바조약군의 탱크 앞에 사실상 무산되기는 하였으나 이 운동을 계기로 공산주의 정권에 저항하는 체코인들의 의지는 더욱 굳세게 전개되어 갔다.

프라하의 봄에 이어 벨벳운동으로 불을 당긴 계기가 된 것은 1989

년 11월 17일 프라하에서 열린 한 집회에 참가한 군중들에게 경찰의 폭력적인 진압이 군중심리를 자극하여 이후 연달아 민중시위가 일어나는 원인이 되었다. 또한 이 집회에 이어 레트나 광장에서 750여만 명이 모인 대규모의 집회는 정점을 이루었고 바츨라프 하벨과 그를 지지하는 지도자들은 12월 3일 정부의 퇴출을 선포하였다. 따라서 26일 후 하벨은 체코의 대통령에 선출된다. 이렇게 비폭력 수단과 평화적으로 전개된 운동을 '벨벳혁명'이라고 이름 불리게 된 것이다. 굴복하지 않고 맞서 싸우되 이러한 방법으로 승리를 쟁취한 체코인들의 인내심과 지혜로움은 높이 평가받을 수 있을 것이다.

특히 격동의 세월을 겪어 온 우리나라의 경우 해방정국의 혼란기로부터 4.19혁명, 5.16군사 쿠데타, 5.18광주민주화운동 등 민주주의를 쟁취하고 실현하기 위해 얼마나 많은 사람들이 피를 흘리고 목숨을 잃었는가. 이러한 역사적인 사례를 놓고 본다면 체코의 프라하의 봄과 벨벳혁명은 세계사에 위대한 교훈을 남긴 사례로 기록될 것으로 본다.

이 벨벳운동을 승리로 이끈 힘은 체코인들의 자유정신과 민주화를 쟁취하기 위한 국민적인 저력이 원동력이 된 것이다. 또한 이 운동을 앞에서 이끈 바츨라프 하벨은 훌륭한 지도자였다. 그는 대통령에 선출되어 13년간 체코를 이끌었고 1989년 체코의 공산정권을 무너뜨리고 민주화를 실현시킨 공로로 체코 국민들의 사랑을 한 몸에 받고 있다. 재임 중에 체코를 나토, EU에 가입시킨 하벨 전 체코 대통령은 지난 2003년 2월 4일 대통령의 임기를 마무리하면서 국민의 한 사람으로 동료와 국민 여러분의 곁으로 돌아간다는 평범하고도 감동적인 고별사를 한 바 있다. 그는 원래 시인이고 극작가로서 체코 국민들의 많은 사랑과 존경을 받아 왔다고 한다. 그는 우리나라에서 제정하는 제7회 서울평화상을 이철승 이사장으로부터 프라하의 인터콘티넨탈 호텔에서 수상한 바도 있다.

이 벨벳운동이 성공을 거두게 되는 1993년 1월 1일 슬로바키아와 체코의 양 진영은 서로 다른 노선에 따라 갈라서며 각각 독립하게 된다. 따라서 프라하는 체코공화국의 새 수도로 거듭나고 하벨이 대통령에 취임하면서 새로운 민주주의 국가로서의 기틀을 갖추고 서방 민주진영의 정치 지평에 편입한다. 오늘의 체코공화국은 자본주의 체제의 경제로 활발하게 움직이고 수도 프라하는 세계의 관광객이 줄을 잇고 있다.

— 〈풍자문학 2006년 봄 제15호〉

한명숙 총리에 바란다

여성 총리 특성으로 국민 피로감 덜어주는 민생 총리 되기를
너그러움 속에서도 일에 있어서는 무서운 총리상 정립하고
여성운동의 성공한 모델로 역사에 기록되는 업적 남기기를

세계 정치사적인 시대의 흐름 속에서 이제 우리나라도 여성 국무총리가 탄생하였다. 헌정사상 최초의 여성 국무총리가 된 한명숙韓明淑 총리는 초대 여성부 장관과 환경부장관을 지낸 재선의원으로 열린우리당 상임중앙위원에서 이해찬 전임 총리의 후임으로 총리 지명을 받아 국회의 인사청문회에서 여러 가지 측면의 검증을 받았다.

당초 야당인 한나라당은 총리는 정치적으로 중립적인 위치여야 한다는 명분으로 한 총리의 당적黨籍 사퇴 거부를 문제 삼아 청문회 자체를 거부하겠다는 논쟁도 있었으나 책임정치를 구현해 나가는 데 있어서 총리가 당적을 갖는 자체가 문제될 수 없다는 반론 앞에 청문회에 참석했다. 한나라당의 인사청문회 참석은 당연한 일이고 참 잘한 일이라고 본다. 비록 야당이라고 하지만 총리 지명자의 인사청문회를 당적 시비로 거부한다는 것은 명분도 약하고 국회의 의무를 스스로 저버리는 것이라는 비난을 받을 수 있기 때문이다.

여하튼 국회의 청문회 과정에서 한 총리는 비교적 좋은 점수로 원만한 평가를 받아 총리로 취임하였다. 한 총리의 후덕한 면모와 겸손

한 자세는 여당은 물론 야당인 한나라당에서도 폭넓은 환영과 축하를 받았다. 한 총리가 지난 4월 21일 국회대표실로 한나라당 박근혜 대표를 취임 인사차 방문했을 때, 박근혜 대표가 국민들에게 따뜻한 훈풍이 불 것이라고 한 덕담은 참 아름다웠다. 그동안 피로감에 젖어 있던 국민들에게 여성 총리로서 부드럽고 아름다운 모습으로 새로운 희망을 심어주기 바란다.

한 총리는 우리나라 최초의 여성 총리로서 역대 남성 총리에게서 볼 수 없었던 특성과 차별성을 국민 앞에 보여줘야 할 것이다. 한 총리는 국민 속으로 파고들어 국민의 소리에 귀를 기울이고 국민들의 생활상을 살피는 민생총리民生總理가 될 것이라고 스스로 소신을 밝히고 있듯이 국민들이 정치에 염증을 내지 않고 이 나라에 태어난 것을 행복하게 생각하는 그런 나라를 만드는 데 최선을 다해 주기 바란다. 그야말로 애국애민愛國愛民하는 겸허한 자세로 오직 좋은 나라를 만드는 데 한 알의 밀알이 되겠다는 신념으로 지금까지의 정치 행로를 뒤돌아보면서 버릴 것은 버리고 바로잡을 것은 바로잡아 대한민국 최초의 여성 총리로서 후세에 남는 업적을 남기는 코델이 되어 주기 바란다.

정치의 본성은 국민의 행복과 편안함을 느끼게 하는 것인데 작금의 우리 현실은 총체적으로 어려운 난국에 직면해 있다. 때문에 국민은 오늘의 사회적 상황에서 그동안 쌓여 온 피로감을 힘겹게 느끼고 있다. 이러한 시점에 새로 취임한 한 총리는 상대적으로 남성 총리에게서 느낄 수 없는 따뜻한 모성母性의 정치로 국민에게 새로운 모습으로 다가서기 바란다. 어려운 정치 현안을 풀어 나가는 데 있어서는 남성에 비해 부드럽고 섬세한 여성의 품성이 어떤 면에서는 오히려 도움이 될 수도 있을 것이다. 이러한 측면에서 볼 때 한 총리의 정치 스타일과 리더십은 좋은 성과를 거둘 수 있을 것으로 예측된다. 그러나 정치가 마음먹은 대로 잘 되는 것만도 아니고, 총리라는 자리는 엄청나게 높은 자리이면서 어려운 자리인 것이 사실이다.

왕조시대의 직제상으로는 일인지하一人之下요, 만인지상萬人之上이라고 하는 영의정 벼슬이 아니겠는가. 임금님 한 사람의 밑이요, 만백성의 표상으로 임금을 섬기고 조정의 대신들과 만조백관을 거느리고 통솔하면서 나라를 다스리는 자리인 것이다. 직위가 높은 만큼 권세도 대단했던 것이다. 모든 면에서 백성이 우러러보는 인물됨을 갖추어야 했고 모든 대소신료들의 귀감이 되어야 했던 자리였다. 수백 년을 내려오는 왕조시대의 봉건사상에서는 여왕은 탄생하였으되 여성 영의정은 생각할 수도 없었다.

그러나 유구한 역사의 흐름 속에서 오늘의 이 시대는 지구촌에 많은 여성 지도자들이 있고 계속 새롭게 탄생되고 있다. 세계의 여성 지도자들의 면모를 대충 훑어보면, 글로리아 아로요 필리핀 대통령, 메리 매컬리스 아일랜드 대통령, 미첼 바첼렛 칠레 대통령, 타르야 할로넨 핀란드 대통령, 찬드리카 쿠마라퉁가 스리랑카 대통령, 엘렌 존슨 설리프 라이베리아 대통령 등 6명의 대통령이 있다.

총리급으로는 앙겔라 메르켈 독일 총리, 헬렌 클라크 뉴질랜드 총리, 베굼 칼레다 지아 방글라데시 총리, 포르티아 심슨 밀러 자메이카 총리, 루이사 디오구 모잠비크 총리, 그리고 이번에 총리가 된 한명숙 대한민국 총리까지 6명의 총리가 있다.

이렇게 해서 도합 12명의 여성 지도자가 각기 특성 있는 정치를 펴면서 세계 속에 자국의 이미지를 부각시키고 있다. 이러한 세계적인 추세에서 볼 때 우리나라의 한 총리의 탄생은 국제적으로도 큰 의미를 갖는 상징성이 있다고 본다.

이상 열거한 바와 같이 오늘의 이 시대는 양성 평등으로 여성이 남성 못지않게 정치뿐만 아니라 각 부분에서 여성 지도자들이 많이 있고 그 추세는 늘어나고 있다. 우리나라의 경우에도 정치 · 경제 · 사회 · 문화 등 각 부문에 훌륭한 여성 지도자급이 많이 있었는데 다 열거할 수는 없고 우선 정치권에서 1960년대 야당의 거목으로 국민의 존경을 받았던 박순천 여사와 전 이화여대 총장이었던 김활란 여사, 그리고 임영신 전 중앙대 총장, 이숙종 전 성신여대 총장을 들고 싶다. 그리고 오늘의 정치권에서도 많은 여성 지도자들이 있는 것으로 알고 있으나 그 중에서도 제1야당인 한나라당 박근혜 대표는 고 박정희 대통령과 육영수 여사의 후광으로 스포트라이트를 받고 있다. 또한 17대 국회에서는 의정사상 가장 많은 39명의 여성 국회의원이 당선되어 국회의석의 10%대를 넘었다.

옛말에 흔히들 "남자는 세상을 지배하고 그 남자는 여자가 지배한다"는 말이 있는데, 이제는 세상도 남자와 여자가 같이 지배하는 시대인 것 같다. 따라서 이번 한 총리의 탄생은 여러 가지 면에서 큰 의미를 갖는다. 우리 전통사회에서 유교사상의 영향으로 남성 우월주의의 사회적 바탕에서 양성 평등을 주장하며 여권 신장을 위해 부단히 애써 온 지난 60년의 세월 속에서 이제야 비로소 빛을 보는 여성시대가 된 것이 아닌가 하는 생각이 든다.

한 총리는 한때 여성 민우회, 여성단체연합 등을 이끌며 많은 후진들을 배출했다고 한다. 따라서 여성부 장관을 지내고 총리 자리에까지 오르게 된 것은 여성운동의 승리요, 여권 신장의 쾌거이기도 하다. 때문에 여성계는 한 총리에게 찬사와 함께 폭넓은 축하를 보내고 있다. 따라서 한 총리는 성공한 여성의 모델로서 비록 여성계뿐만 아니라 모든 사람들의 축하 속에 스포트라이트를 받고 있다.

그러나 한 총리는 개인적인 영광 못지않게 국무총리라는 막강한 자리의 무거운 책임감이 어깨를 짓누르고 있을 것이다. 사명감과 책임감을 느끼지 못하는 사람은 좋은 점수를 받을 수 없고 성공할 수도 없기 때문이다. 방대한 국정 현안을 소상히 파악하는 데는 많은 시간이 소요될 뿐만 아니라 각 부처별로 전문 분야가 있기 때문에 보고를 받는 데만 의존할 것이 아니라 공부하는 자세에서 열심히 노력하지 않으면 안 될 것이다. 그리하여 국정에 있어서는 백과사전百科辭典통의 총리가 되어 주기 바란다.

이 욕심이 과하다면 각 부 장관들이 총리 앞에서 조금도 흐트러짐이 없는 자세로 오직 진실로 보고하고 책임있게 정책을 집행해 나갈 수 있도록 총리 자신이 너그러움 속에서도 일에 있어서는 무서움을 보여 줘야 할 것이다. 국민을 사랑하고 나라를 위해서 최선을 다해 사심 없이 일하는 자세는 마땅히 갖추어야 할 정치 지도자의 품격이며 자기 희생적인 충성의 개념일 것이다. 후덕하고 지적인 인품을 가진 한 총리가 우리나라 최초의 여성 국무총리로서 역사에 성공한 총리로 업적을 남기기를 바라는 마음 간절하다.

한 총리는 총리가 되기 이전에는 미국의 대북정책이나 기타 한미 관계에 있어서 상당히 비판적인 입장을 취해 온 것으로 보도되어 왔다. 그러나 총리 지명 청문회에서 한미 관계의 중요성을 강조하고 자유민주주의와 시장경제인 자본주의를 존중한다고 소신을 분명히 밝힌 것은 국민들에게 다시 한 번 신뢰감을 주고 든든한 마음을 가질 수 있게 했다고 본다. 왜냐하면 한 총리는 진보성향의 정치인으로 국보법 폐지에 앞장서고 지난 한 시대의 질곡 속에서 크리스천 아카데미사건으로 유죄 판결을 받고 옥고를 치르기도 했으며, 남편인 박성준 교수 역시 당시 통혁당사건으로 옥고를 치르고 13년 만에 출소했었다는 전적을 들어 한나라당은 인사청문회 과정에서 한 총리의 도덕성과 사상의 편향성을 지적한 바도 있었기 때문이다. 죄의 크고 작음을 떠나 평범한 사람의 입장에서 생각하면 하나의 허물이라면 허물일 수도 있고 과소평가 하면 옥에 티라고도 할 수 있다.

이 사건은 그 시대적 상황에서 한 총리가 겪은 어려움과 아픔이었을 것이나 지금에 와서 흔히들 말하는 민주화 운동의 연장선으로 볼 수 있는 것인지는 잘 알 수 없다. 이 과정에 관한한 한 총리는 지난 세월을 한 번 성찰해 보는 것도 수양의 덕목이 되지 않을까 하고 감히 말하고 싶다.

사실 참여정부의 출범 이후 우리 사회가 여러 가지 측면에서 갈등을 빚고 국론 분열의 양상을 띠면서 정치, 경제, 사회적으로 많은 문제들이 등장하였다. 몇 가지 사례를 들어보면 과거사 진상규명, 친일 진상규명, 또는 국가보안법 폐지를 놓고 찬반으로 국론이 엇갈렸으며 한미동맹 관계에 있어서도 이롭지 못한 많은 문제들이 대두되기도 했다.

인천자유공원에 말없이 서 있는 맥아더 장군 동상 철거 문제는 왜 그렇게 심각한 갈등으로 한미 간에 외교적인 문제까지 빚어지게 되었는지 지금 생각해도 부질없고 안타까운 일이었다. 맥아더 장군의 인천상륙작전의 성공과 서울 수복이 없었다고 가정해 보자. 아마도 우리는 6.25전쟁에서 참패하고 공산화가 되었을지도 모른다. 이러한

과정의 연장에서 동국대 강정구 교수의 6.25전쟁은 북한 지도부에 의한 통일전쟁 운운하였던 언동에 우리 국민은 분노했던 것이다. 따라서 강정구 교수의 이러한 망언은 우리 사회에 일파만파의 파장을 일으켰고, 법적으로 문제가 되었던 것이며, 그의 구속 여부를 놓고도 정치적인 논란이 일기도 했다.

또 이러한 문제 외에도 국가 정책상의 문제인 행정수도 이전 문제는 극명하게 찬반으로 갈라졌으며 그 파장도 컸다. 따라서 이 문제는 헌재憲裁까지 갔었고, 위헌 판정으로 결론이 났다. 뒤이어 행정 중심 복합 도시로 명칭을 바꾸어 추진하고 있다. 따라서 국토의 균형적 개발이란 측면에서 많은 혁신 도시가 검토되거나 추진 중에 있다. 방대한 예산이 소요되는 국책사업인 만큼 소정의 성과가 있었으면 하는 마음 간절하다. 또 사회적으로 많은 파장이 있었던 사학법私學法 문제는 국회심의까지 통과되었으나 야당의 개정 요구가 계속되고 있다. 또한 사회정책상 정의의 실현으로 힘을 쏟고 있는 부동산 대책은 그 성과보다는 이로 인한 세금인상의 부담 문제가 국민적인 저항 심리로 불만이 커지고 있다.

그리고 작금에 벌어지고 있는 평택의 미군기지 이전문제는 정말 국민을 불안케 하고 있다. 한미 간에 진지한 협상을 통해 합의되고 우리 국회에서 추인한 이 중요한 국책사업이 왜 이렇게 전쟁을 방불케 하는 양상으로 군이 투입되고 경찰과 군인이 시위대에 구타당하며 공권력이 위협받는 상황까지 벌어지고 있는지 정말 걱정스러운 일이 아닐 수 없다. 이러한 폭력적인 사태는 현지 주민의 절대다수가 원하지 않는 일이고 국민 정서에도 반하는 일이다.

이 문제의 심각성을 보고받고 그냥 좌시할 수 없는 문제라고 판단한 한 총리는 담화를 발표, 쌍방이 한 발짝씩 물러나 자제하자고 말하고 이 문제가 대화로 해결되기를 바란다는 정부의 뜻을 밝혔다. 그러나 평택에서 벌어지고 있는 심각한 불법폭력 시위에 대처하는 총리의 담화로는 너무 약했다. 한미 간에 합의에 의한 국책사업으로 이미 결정된 문제인데 무조건 반대하면 도대체 미군기지는 어디로 가야 한단 말인가. 미군이 이들의 요구대로 이 시점에서 철수할 수 있는 문제인가? 이것은 나라의 형편을 외면하는 억지와 생떼가 아니겠는가? 이러한 폭력시위는 도저히 용납할 수 없는 문제인 것이다.

평택의 폭력시위는 경찰의 힘만으로는 진압할 수 없는 한계상황을 넘어선 문제로 소관 부처인 국방부가 주관하고 군이 동원된 것인데 군인이 시위대에 얻어맞더라도 대응하지 말라는 명령을 했다니 이것은 또 무슨 말인가? 폭력시위대에 군과 경찰이 얻어맞아도 대응해서는 안 되는 나라, 이래도 되는 것인가?

총리의 담화는 가장으로서 형제간에 다투거나 싸우지 말라는 점잖은 교훈같이 느껴졌고 이 심각한 사태에 대해서 정부의 입장을 밝히는 총리의 담화로는 너무 힘이 실려 있지 않았다. 평화적인 시위라면 허용할 수 있는 여지가 있겠지만, 시위대가 휘두른 쇠파이프와 죽창에 경찰과 군인이 얻어맞고 또한 반대로 시위에 참가한 사람들이 얻어맞아 크게 다치는 일은 사회적으로나 국가적으로 불행한 일이기 때문에 이러한 사태는 반드시 극복되어야 하고 충분한 대화를 통해 평화적으로 해결해야 한다고 보는 것이다.

폭력시위는 비단 평택 문제뿐만 아니라 언제 어디서 무슨 명분으로서도 허용되어서는 안 될 것이다. 따라서 총리의 담화는 이러한 폭력적인 형태로 국가공권력에 도전하는 불법시위는 법과 원칙에

따라 강력하게 대처하겠다는 메시지를 보냈어야 했다고 본다. 따라서 이 문제는 쉽사리 가라앉을 것 같지 않고 진통이 오래갈 것 같다. 답답한 노릇이다. 이 시점에서 정말 미군 철수를 외치는 사람들의 속이 시원하게 미군이 다 철수해 버린다면 우리나라의 안보는 어떻게 되겠는가? 안보상의 공백으로 인한 국가의 어려움은 없겠는가?

미군이 우리나라를 다 떠나고 한미동맹이 완전히 깨졌다는 가정하에서 한 번 생각해 보면 맥이 빠지는 것은 물론이요, 정말 그 자체가 하나의 커다란 안보 공백의 허점이 될 수도 있을 것이다. 우리의 안보는 자주국방의 개념으로 돌린다고 하더라도 아직은 너무 힘겨운 일이며, 냉엄한 국제사회에서 편들어 줄 힘 있는 친구를 잃은 우리는 외로운 고아가 될 수도 있는 것이다. 가까운 일본은 우리의 영토 독도를 자기네 땅이라고 우기며 역사를 왜곡하고 군국주의의 이빨을 드러내고 있다. 또한 세계 최강의 나라를 꿈꾸며 뒤쫓고 있는 중국은 북한의 든든한 버팀목이 되고 있고 동북공정이란 명제로 우리나라의 고구려사를 왜곡하고 있다.

동북아에서 이러한 상황에 놓여 있는 우리나라는 국제무대에서 그래도 미국이란 막강한 우방의 파워가 있기 때문에 든든한 것이다. 외교상으로는 때때로 유불리有不利의 문제로 마찰을 빚는 때도 있지만 미국은 6.25전쟁에서 피 흘려 우리나라를 위해 싸웠고 지금까지 우리의 안보를 지켜 주고 있는 혈맹인 것이다. 우리는 가난한 빈국에서 6.25전쟁의 참화를 딛고 미국의 도움을 받아가면서 지난 50여 년간 줄기찬 노력으로 세계 11위의 경제 대국을 일구고 선진국에 진입하고 있다. 한 총리 말대로 미국은 우리에게 매우 중요하다. 안보문제뿐만 아니라 미국 시장은 우리 경제가 뻗어 나가는 아주 넓은 발판이

다. 미국은 우리를 도와주는 우방이지 우리를 해롭게 하고 우리 영토를 넘보는 나라가 아니다. 때문에 우리는 한미동맹을 더욱 공고하게 다져 나가야 할 절체절명의 원칙이 있다. 동북아에서의 지정학적인 우리의 입장과 당면한 안보상의 문제는 너무나 자명한 해답을 주고 있다. 절대 미국을 배척하지 말라고. 이러한 문제를 모르고서야 어찌 정치를 한다고 할 수 있겠는가.

따라서 지금까지 대충 열거한 이러한 모든 문제는 정부의 몫으로 대통령과 총리는 머리를 맞대고 나라의 잘못된 모든 부분을 찾아 새롭게 정립해야 할 것이다. 정부의 정책이 국민의 입장에서 볼 때 잘하는 것도 있고 잘못하는 것도 함께 공존할 수는 있다고 본다. 그러나 정치하는 사람은 물론 대한민국 국민이라는 원칙적인 기본 틀에서 벗어나는 행위나 행동들을 해서는 안 된다고 보는 것이다.

가까운 예로 일본은 우리와 같은 절박한 안보적인 상황이 아니면서도 끝까지 미국을 부둥켜안고 나가면서 국제무대에서 목소티를 더 크게 내고 있지 않는가? 필자와 같이 이름 없는 초야의 한 국민이 이렇게 장문을 늘어놓는 것은 이것은 현실에서 느끼는 답답한 심정이고, 애국의 열정이다. 정치가 잘못되면 나라가 불행해지기 때문에 국민은 말없는 가운데서도 옳고 그름을 판단해 가며 정치하는 사람들을 지켜보고 있다. 민심民心이 천심天心이라고 하지 않았던가.

한명숙 총리에게 바란다.

국정의 모든 현안을 파악한 연후에 새로 시작한다는 자세로 국민에게 와 닿는 리더십을 발휘하여 국민 대통합의 시대를 열어 주길 바란다. 국민의 결집된 힘은 국가 발전의 큰 동력이 될 것이기에 더

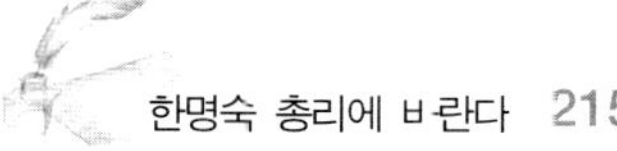

욱 그러하다. 한 총리는 대독총리代讀總理나 얼굴마담이 되지 않겠다고 스스로 다짐하였다. 정말 든든하고 믿음직한 말이다. 총리가 소신껏 그렇게 멋있게 국정을 총괄해서 운영해 준다면 국민은 뜨거운 박수를 보낼 것이다.

우선 정부의 힘을 얕잡아 보듯이 공권력에 맞서는 강성 일변도의 시위 문화를 바꾸어 사회적인 혼란과 비능률을 바로잡아 생산적인 국가 동력으로 유도하는 대처방안과 솜씨를 보여주기 바란다. 한 예로써 대영제국을 구가했던 영국이 노조의 강성 투쟁으로 사회적인 불안이 계속되자 강력하게 이에 대처하여 사유노조를 통제하거나 해산시키고, 경제 불황 속에서 실업사태와 물가고를 해결하기 위하여 초긴축 정책으로 고비용 저효율의 만성적인 국가병폐를 치유하고, 포클랜드 전쟁을 3일 만에 승리를 거두고 정치를 안정시켜 오늘의 영국을 선진국으로 다시 진입시킨 업적으로 세계 정치사에 기록되고 있는 철의 여인 마가렛 대처 영국 수상을 떠올려 본다.

우리나라의 권력구조는 내각제가 아닌 대통령제이기 때문에 국무총리의 자리가 그렇게 절대 권력을 행사할 수 없고, 리더십을 발휘하는 데에는 한계가 있을 것이다. 그러나 노 대통령이 권력을 대폭 국무총리에게 이양하고 이해찬 총리 때와 같이 책임총리제로 간다고 한 이상 내각의 수반으로서 얼마든지 소신껏 국정을 운영해 나갈 수 있다고 본다. 아직은 취임 초에 불과하기 때문에 우리 국민은 차분하게 기다리면서 최초의 여성 총리인 한 총리에게 뭔가 새로운 정책과 그 결실을 기대해 보고 싶은 것이다. 이 글은 필자 한 사람이 쓰는 것이지만 이 소망은 분명히 국민적인 소망일 것이라고 믿어 마지않는다.

우리나라는 자유민주주의 국가이고 경쟁의 바탕을 중시하는 자본주의 경제체제이기 때문에 우리는 마음껏 자유를 누리고 경쟁이 있는 사회에서 열심히 살고 있다. 공산종주국이었던 소련이 해체되고 동·서독이 통일되었고 동구권 여러 나라가 EU에 가입하고 서방 민주진영에 편입하였다. 왜 이념논쟁 같은 현상을 극복할 수 없겠는가? 우리 정치가 옳은 방향으로 잘 가면 이런 문제는 정말 물거품처럼 사라질 수 있을 것이다. 왜냐하면 자유민주주의는 승리한 제도로서 오늘날 이 지구상에서의 정치 지평은 역시 자유민주주의이기 때문이다. 따라서 우리는 어떠한 경우에도 우리나라의 정체성인 자유민주주의를 촌보도 양보할 수 없다. 이러한 원칙을 토대로 좋은 정책을 입안하여 잘 집행해 나가면 되는 것이다. 따라서 이와 같이 간단하게 정리하고 보면 국정이라는 것도 별것 아닐 수도 있다. 나라의 형편에 맞춰 국민이 원하는 정치를 하고 미래를 설계하는 것이 정치의 지표가 되는 것이기에 말이다.

한 정권은 짧지만 국가는 영원한 것이기에 당리당파를 떠나 항상 국가 장래를 생각하고 국가적인 차원에서 정치의 방향이 올곧게 갈 수 있도록 해야 함은 두말하면 잔소리일 것이다. 여러 가지 현안 중에 큰 비중으로 대두되고 있는 양극화 문제의 해결에 역점을 두고 세계적인 추세로 거부할 수 없는 한미 FTA(자유무역협상)는 국가의 중대한 사안인 만큼 중지를 모아 슬기롭게 대처하여 졸속을 피하고 우리나라에 조금이라도 더 유리한 방향으로 체결해야 할 것이다.

또한 대북관계에 있어서는 여러 가지 잘 풀리지 않는 문제도 많겠지만 우리에게 있어서 실로 명운이 달렸다 해도 과언이 아니며, 현안으로 이슈가 되고 있는 핵문제는 끝까지 인내심을 가지고 한미 공조의 토대 위에서 6자회담을 이끌어 내어 평화적으로 해결해 나가야

할 것이다. 이 핵문제에 관한 한 그동안 정부가 최선의 노력을 기울여 왔음에도 불구하고 북한의 불참으로 6자회담 자체가 중단되고 있는 사실은 정말 답답한 일이 아닐 수 없다. 그러나 이 핵문제는 절대로 포기할 수도 양보해서도 안 되는 중대사임을 강조하면서 북한이 조속히 6자회담에 나와 원만하게 이 골치 아픈 문제가 타결되어 남북관계에 있어서 새로운 지평을 열고 평화가 정착되기를 바란다.

맺힌 실타래를 급히 풀려고 하면 더 얽히듯이 차분하게 원인을 찾아 풀어 가면 좀 시간이 걸려도 풀 수 있을 것이다. 대북관계에 있어서는 정말 인내가 필요하다. 우리는 같은 민족이기에 등을 돌리고 대화를 단절하고는 살 수 없는 숙명 같은 관계이기도 하다. 남북 교류는 평화정책을 구축하고 통일에 대한 기반 조성이기도 하기 때문에 차근차근히 진행해 나가되 일방적으로 양보만 하는 형식의 관계를 지양하고 상호주의 원칙 하에서 진행되었으면 하는 바람이다.

정부는 슬기롭게 지혜를 짜내 핵문제를 비롯한 모든 대북정책을 성공적으로 균형 있게 잘 풀어 가리라 믿고 우리 국민은 정부에 힘을 실어줘야 될 것으로 생각된다. 대통령과 총리와 모든 공직자가 국가와 국민을 위해 봉사해야 할 사명이 있기 때문에 상대적으로 우리 국민도 국민의 의무를 다해야 함은 지극히 당연하다.

또 한편 한명숙 총리에게 말하고 싶은 것은 국민에게는 따뜻하고 겸손한 총리, 각 부 장관들로 구성된 내각과 모든 공직자를 통솔하는 데 있어서는 부드러우면서도 무서운, 실력 있는 총리로서 훌륭한 리더십을 발휘하는 그런 총리가 되길 바란다.

최초의 우리나라 여성 국무총리이기 때문인지 모르겠으나 할 말도 참 많은 것 같다. 한 총리에게 기대하는 바가 크기 때문으로 받아들여 국민 한 사람의 절실한 애국의 소리로 소화해 주기 바란다. 한 총리는 국정을 물지게 지듯이 균형을 맞춰 나가겠다고 말했다. 요즘 젊은 세대는 물지게를 구경도 못했겠지만 수돗물이 나오지 않는 곳에 살았던 사람들은 먼 우물에서 막대기 양쪽에 물통을 매달고 물을 길어 날랐다. 빨리 가려고 하면 물이 출렁출렁 다 쏟아지고 천천히 걸어도 균형을 잡지 못하면 물통의 물은 쏟아지곤 하는 것이 물지게였다. 한 총리의 물지게 비유는 참 재미있는 말로 국정운영은 정말 물지게 지는 기술로 풀어가면서 균형적으로 맞춰 나가야 되는 것이라는 데 공감한다.

그러나 반드시 완급이 따로 있고 우선순위도 있는 것이기에 국정 전반을 총괄해야 하는 총리는 기지를 발휘하는 지혜와 남다른 판단력이 있어야 될 것이다. 뿐만 아니라 뚜렷한 소신을 가지고 원칙에 입각하여 정책을 집행해 나가야 할 것이고 비록 대통령의 지시라 할지라도 소신의 원칙에서 옳지 않다고 판단되면 노No라고 할 수 있는 용기가 있어야 할 것이다. 지엄한 왕조시대에도 임금님이 영상領相에게 어떤 국가적인 중요 대사를 물었을 때 옳지 않으면 소신껏 부당함을 소상히 아뢰었고 그 뜻이 관철되지 않으면 사직 상소를 올리고 물러나거나 심지어 귀양도 마다하지 않았다. 오늘의 우리 시대 공직사회에서 이와 같은 기개 있고 용기 있는 공직자상이 그리워지기도 한다.

끝으로 또 하나의 소망이 있다면 대통령의 임기가 끝나더라도 우리 국민이 더 남아 주기를 원하는 그런 국무총리가 되어 국민의 존경과 사랑을 한 몸에 받는 정말 역사에 기록되는 훌륭한 총리가 되어 주기를 바라는 마음 간절하다.

— 〈풍자문학 2006년 여름 제15호〉

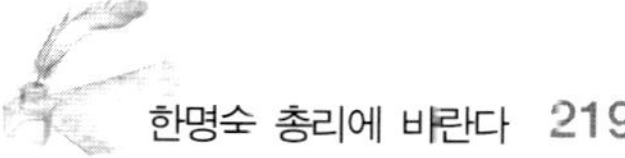

| 쓴소리 단소리 |

전시작통권 단독 행사 서둘 때가 아니다

한미동맹 튼튼히 안보태세 강화해야

한미연합사 해체되면 안보공백 불안

주한미군 감축되면 전쟁 억지력 약화

작금의 우리나라는 전시작전통제권戰時作戰統制權 환수 문제를 놓고 국가안보에 관한 불안심리가 확산되어 초미의 관심사로 논란이 거듭되고 있다.

지금까지 한미연합사령관(주한미군사령관)이 가지고 있던 전시작통권을 우리 한국군이 넘겨받아 단독으로 행사하게 되면 막강한 미군의 전력적 손실을 가져오게 되고 그 공백으로 인하여 전투력이 약화되지 않을까 걱정되는 것이다.

따라서 다른 나라가 부러워하는 세계적 수준의 대북 억제력을 갖춘 한미연합사는 자동적으로 해체되고 주한미군의 추가 감축까지 예상되므로 이에 대한 우리 군의 준비 태세가 시급한 과제로 대두되고 안보공백의 불안을 낳게 된다.

북한의 전력과 비교, 상대적으로 우리가 항상 우위에서 만일 북한의 남침으로 전쟁이 발발할 경우 즉각적으로 이에 대처, 북한군을 제압하고 승리를 이끌어야 하는 지상 목표에 차질이 생기지 않을까 하는 염려 때문에 우리는 불안을 금치 못하는 것이다.

사실 지금까지의 한미연합사의 전략적인 비중은 매우 컸고 전술적으로도 매우 효과적이었다. 그러나 작통권을 환수하기 되면 전쟁 수행에 있어서 우리와 같이 주체적인 입장에서 함께 싸워 왔던 주한미군은 전투 수행에 있어서 하나의 지원 세력으로 한 발 물러서는 입장에 놓이게 되므로 우리는 예민한 반응을 보일 수밖에 없는 것이다.

따라서 최선의 방책은 지금 진행 중인 전시작통권 환수를 중단하거나 서둘지 말고 우리의 일정대로 차분하게 진행해 나가야 할 것이다. 또한 국가의 안보는 한 나라의 흥망과 국민의 명운이 달려 있는 중요한 문제로 최고의 존엄한 가치이기 때문에 자존심을 내세워 한 발짝 물러서는 일은 결코 없어야 할 것이다.

그동안 북한의 핵문제를 해결하기 위하여 6자회담을 수차례 열고 안간힘을 다 기울였지만 북한은 미국에 대한 여러 가지의 요구 조건과 적대 정책을 핑계 삼아 아직도 6자회담에 불참하고 있는 상태에서 핵문제의 해결은커녕 언제 어떤 방식으로 해결될지 알 수 없을 정도로 암담하게 교착 상태에 빠져 있다.

이러한 상황에서 북한은 미사일을 마구 쏘아 댔다. 북한은 군사적 자위권에 의한 시험 발사였다고 할지 모르나 미국을 중심으로 중국, 일본, 우리나라 등 6개국은 북한에 대해 미사일 발사를 자제해 줄 것을 수차 요구해 왔던 것이다.

북한의 미사일 발사는 당사국 입장에 있는 우리나라보다 국제사회가 훨씬 더 심각하게 이 문제에 대해서 예민한 반응을 보였고, 일파만파의 파장이 일었다. 급기야는 6자회담 당사국의 하나인 일본의 주도로 UN안보리에 상정되어 만장일치로 북한에 대한 경고 결의안이 통과되기에 이르렀다.

진정 당사국의 입장에 있는 우리나라는 UN안보리에 이 문제가 상정될 때만 해도 찬반의 의사를 분명히 하지 않고 어정쩡한 상태에 있다가 이 문제가 만장일치로 안보리를 통과하자 찬성의 의사를 밝혔다. 이러한 미지근한 정부의 태도에 대한 비난도 많이 있었다.

미국은 북한이 미사일을 발사할 조짐이 있다고 정확한 정보 분석의 판단에 의해 여러 차례 발표했음에도 불구하고 위성통신인 것으로 안다고 하며 방심해 오다가 설마설마하던 북한의 미사일은 급기야 연달아 6발이 발사되고야 말았다. 마치 아닌 밤중에 홍두깨 같은 일이었다고 할까.

사실 참여정부는 DJ 정부의 햇볕정책을 계승하여 남북 경제협력이라는 명제 아래 계속 북한을 정부 차원과 민간 차원에서 도와 왔다. 금강산 관광도 활성화되었고 개성공단도 만들어 잘 돌아가고 있다. 그 외에도 한민족이란 숙명적인 입장을 고려해서 우리나라는 줄곧 여러 가지 측면에서 북한을 도와 왔던 것은 부인할 수 없는 일이다.

이러한 토대 위에서 우리 정부는 무조건 북한에 퍼 주기만 한다고 비난도 많이 들었으며, 대북관계는 철저한 상호주의 원칙에서 진행해야 하며 무조건 북한에 끌려다니거나 양보만 해서는 안 된다는 소리가 높았다. 따라서 이것은 우리 국민의 정서이기도 했다. 한반도에 평화를 정착시키고 남북이 평화 공존의 토대 위에서 언젠가는 실현해야 될 통일에 대한 기반을 다져 나가기 위해서 끈질기게 노력해야 할 것이기에 우리는 이러한 토대 위에서 최선의 노력을 다하고 있는 것이다.

이러한 우리의 입장에서 볼 때 북한은 너무나 고집스럽고 어려운 상대인 것 같다. 또한 어떤 문제를 쌍방이 합의해 놓고도 이런 저런 이유를 내세워 일방적으로 약속을 어기고 조건을 붙여 시비를 하는 경우가 허다했던 것 같다.

누가 뭐라고 해도 우리 정부의 대북정책은 평화정책을 토대로 한 친북정책이었고, 때로는 미국의 대북 강경정책에 반기를 들거나 제동을 걸기도 하고 얼굴을 붉히기도 했다. 참여정부의 대북정책은 일관되게 이러한 기조로 그 맥이 이어지고 있음을 부인하기 어렵다.

이러할진대 북한의 대남정책도 평화공존을 토대로 적화 야욕은 깔끔히 씻어 버리고 그야말로 우리 한반도에 튼튼한 통일국가를 세우기 위해 함께 최선의 노력을 다해야 할 것이다. 또한 우리가 받아들이기 어려운 조건을 내세워 트집 잡는 식의 자세에서 벗어나 모든 사안을 대화로 풀고 쌍방이 합의를 도출하여 가급적 마찰 없이 해결해 나가는 것이 현명한 일일 것이다.

이렇게 신뢰를 바탕으로 국제사회의 긍정적인 평가를 받게 되면 미국의 대북정책도 북한이 일상적으로 말해 온 적대적 정책이 아닌 평화정책으로 확실히 전환될 수 있을 것이다. 그러기 위해서는 선행적으로 북한이 먼저 분위기를 조성하고 바탕을 만들어야 할 것이다.

이러한 측면에서 볼 때 우선적으로 북한은 조건 없이 6자회담에 참석하여 핵문제를 해결해야 할 것이고 최선의 성의를 보여야 할 것이다. 다시 말하면 북한은 핵을 확실히 포기하고 또한 미국은 북한에 대해서 확실한 보장을 해 줌으로써 지뢰밭처럼 밟으면 터질 것 같이 항상 불안한 전운이 도사리고 있는 우리 한반도에 진정한 평화가 정착되기를 원하는 것이다.

이상 열거한 토대 위에서 볼 때 북한의 미사일 발사는 이유야 무엇이었든 간에 분명히 잘못된 일이라고 단정하지 않을 수 없다. 오죽했

으면 북한의 가장 든든한 맹방이자 버팀목인 중국조차도 UN상임이사국으로서 대북제재 UN결의안에 찬성하였겠는가.

북한이 미사일을 쏘면 어느 나라를 상대로 미사일을 쏠 것인가? 미국은 거리상으로나 힘으로 미사일을 쏘아 댈 상대가 아니다. 설사 노동 2호 미사일의 사정거리가 미국 본토까지 미친다 해도 수백 수십 발 중에 하나 있을까 말까 한 일일 테고, 날아오는 미사일을 무방비 상태로 보고 당하고만 있을 미국이 아니지 않는가. 중국은 북한의 우방이니 미사일을 쏠 필요도 없고, 일본을 겨냥한다면 일본 또한 당하고만 있을 나라가 아닐뿐더러 미 · 일 동맹체제에 있는 미국이 그냥 좌시하고만 있겠는가? 이것은 하나의 상식적인 얘기로 북한이 이러한 문제를 간과해서는 안 될 것이다.

그렇다면 결국 우리 대한민국이 미사일이 터지는 앞마당이 될 수밖에 없는 것이다. 그러면 왜 우리는 미사일 세례를 받아야 하는가? 왜 우리는 또다시 전쟁을 치러야 하는가? 동족상잔의 전쟁은 6.25전쟁 하나만으로도 역사의 비극적인 기록이고 민족적으로도 아픈 상처이다. 이러한 토대 위에서 볼 때 우리 한반도에 다시는 민족상잔의 처참한 전쟁은 결코 일어나서는 안 되는 것이다.

그러면 어떻게 해야 전쟁이 일어나지 않게 확실히 할 수 있는가. 여기에 있어서는 우선적으로 당사국인 남북이 전쟁을 피하기 위한 제도적인 장치뿐만 아니라 끈질긴 노력으로 상호 관용적인 자세에서 이해하고 교류하면서 전쟁을 촉발시킬 수 있는 일은 하지 않아야 함은 너무나 당연하다. 이러함에도 불구하고 현존의 상황은 반드시 그러하지만은 않은 것 같고, 전쟁이 영원히 일어나지 않을 것이라고 아무도 장담할 수 없는 현실이다.

싸움은 상대가 있어야 싸우는 법인데 쌍방의 힘이 비슷하거나 한쪽이 월등히 힘이 세다 보면 힘이 약한 친구는 감히 싸움을 걸지 않을 것이다. 반대로 어느 한쪽이 다른 한쪽에 비해 힘이 약하다 보면 힘센 자가 약자를 제압하여 자기에게 굴복시키려고 할 것이다. 이러한 심리상태는 일반적인 국제관계에서도 통용되는 논리이기도 하다. 이런 측면에서 본다면 적대적 국가끼리는 분쟁을 피할 수 없는 것이 현실이기도 하고 역사적인 사실이기도 하다.

우리나라가 왜 일본의 침탈을 당하고 36년간의 식민지가 되었는가를 뒤돌아보면 알 수 있듯이 국제관계는 힘의 논리에 의해 적대국이 되기도 하고 우방도 되고 동맹국도 되는 것이다. 또한 국제관계는 힘의 논리에 의해 영원한 우방도 없고 영원한 적대국도 없는 것이다.

전술한 바와 같이 일본과 우리나라가 그러하고 또한 태평양 전쟁에서 패전하고 미국의 원폭투하에 쑥대밭이 되었던 일본은 오늘날 미국과 가장 가까운 우방으로 미·일 안보조약을 체결하고 미군이 주둔한 가운데 그 힘을 과시하면서 군국주의 부활을 꿈꾸며 평화헌법 수정도 서두르고 있지 않은가.

싸우거나 전쟁을 하면 쌍방은 많이 다치거나 적게 다치는 차이는 있지만 다 같이 다치게 마련이다. 하물며 오늘날 이 시대의 전쟁은 쌍방에 엄청난 인명과 재산의 피해를 주고 정신적인 황폐함을 안겨주게 되어 있다.

전쟁이란 어느 순간에 돌발적으로도 일어날 수 있다. 이 가공할 전쟁을 막는 방법은 과연 무엇일까? 서로 자제하는 것이 최선이지만 확실히 전쟁이 일어나지 않게 억지抑止하고 방어하는 장치가 가장 바람직한 수단이고 최선의 방책이기도 할 것이다.

이상 열거한 맥락에서 볼 때, 오늘날 우리나라에 와 있는 주한미군은 우리에게 전쟁 억지 수단과 우리나라 안보의 튼튼한 울타리 역할을 하고 있음은 분명하다.

또한 반대로 어떤 의미에선 북한에도 미군은 전쟁 억지 역할을 간접적으로 해 주는 게 아닐까 하고 생각된다. 왜냐하면 미군이 남한에 버티고 있으면서 만일의 경우 북한의 남침 도발사태에 대비하고 있는 한 북한은 한·미 연합군을 상대로 전쟁을 한다고 해도 승산이 없다고 판단되기 때문에 쉽사리 전쟁을 걸어 올 수도 없을 것이다. 때문에 주한미군은 남북 쌍방에게 전쟁 억지 수단이 될 수 있다고도 할 수 있다.

이것은 어느 한쪽에서 볼 때 논리의 비약이라고 할지 모르겠으나 필자의 생각으로는 싸움이 나서 어느 한쪽을 편들거나 공격하는 것보다는 근본적으로 싸움을 못하게 하는 억지 수단으로서의 장치는 없는 것보다는 훨씬 좋은 것이라고 보는 것이다. 이러한 논리적 토대 위에서 볼 때 주한미군의 존재 가치는 우리 한반도에 있어서 그 무엇보다도 중요한 의미를 갖고 있다고 보는 것이다.

전술한 바와 같이 우리는 참담한 6.25전쟁을 치렀고 잿더미 위에서 세계 최빈국의 하나로 미국의 핵우산과 안보 울타리 안에서 두 주먹 쥐고 땀 흘려 일한 결과로 불과 50여 년 만에 세계 11위의 경제대국을 이루었다. 이러한 사실은 세계 역사에도 찾아볼 수 없는 우리 민족의 위대한 자랑거리이며 저력인 것이다. 따라서 우리의 이러한 업적은 세계의 부러움을 사고 있는 것이다.

우리가 이렇게 일어설 수 있었던 것은 우리 민족의 부지런함과 어려움을 딛고 일어서야겠다는, 그래서 반드시 가난을 극복하겠다는 불굴의 의지와 정신적인 저력이 원동력이 되었다. 하지만 박정희 대통령과 같은 훌륭한 리더십을 가진 조국 근대화의 기수가 있었다는 사실을 결코 간과해서는 안 될 것이다. 이것은 우리 현대사에서 지울 수 없는 엄연한 사실인 것이다. 따라서 자립경제의 기반조성을 단단히 다지고 눈부신 경제 성장을 이룬 박정희 전 대통령의 업적은 자타가 공인하는 사실인 것이다.

오늘날에 회자되고 있는 자주국방은 박정희 대통령 시절에 실감나게 느낄 수 있었는데, 당시 미국의 카터 정부에서 한국 군사정권의 인권 문제를 구실로 주한미군 철수 문제를 들고 나와 한미 관계가 상당히 껄끄럽게 신경전을 벌일 때 박정희 대통령은 우리 국방을 언제까지나 미국에만 의존할 수가 없다고 하며 "미군 빼 가려면 빼 가라. 우리도 자주국방의 준비를 하고 태세를 갖추겠다"고 하며 자주국방의 기치를 높이 들고 유비무환의 휘호를 내렸다.

이러한 시작이 기초가 되어 방위산업의 발전과 함께 우리 국방의 기틀을 닦는 데에도 크게 기여했으리라 믿는 것이다. 따라서 그 시절의 자주국방과 자립경제는 정부의 강인한 의지요 목표였으며 온 국민이 가슴에 새기면서 두 주먹을 쥐었던 것이다. 그런데 오늘의 자주국방은 왜 이렇게 말이 많은지 모르겠다. 그저 허공의 메아리처럼 들리기만 하니 말이다.

자주국방은 나라의 체통을 세우고 국민의 자존심을 살리는 첩경이다. 그러나 자주국방은 말만으로 되는 것이 아니다. 자주국방은 첫째 힘이 있어야 하는 것이고, 힘을 가지기 위해서는 상대방을 제압할 수 있는 모든 준비를 갖추는 데 있어서 강인한 정신력과 합당한 무기를 갖추어야 하는 것이다. 상대방이 재래식 무기를 가졌다면 그것을 제압할 수 있는 현대화된 신식 무기를 갖추어야 하는 것이다.

무기 없는 전쟁은 이 지구상에서 있을 수 없다. 그것은 역사적으로도 그러했고, 무기에 의해서 전쟁의 승패가 결정되는 것이다. 그래서 오늘날 세계 여러 나라는 국방비에 많은 예산을 투입하는데 국방 예산에서 가장 큰 비중을 차지하는 것이 무기 구입이다.

북한이 선군정치先軍政治를 앞세워 핵을 만들고 미사일을 수없이 많이 만들어 실전 배치했다는 사실은 우리로서는 예사롭게 생각해서는 안 될 일이며 이에 대비해서 철저한 준비 태세를 갖추지 않으면 안 될 것이다. 발등의 불은 끄고 봐야 한다. 그러나 북한이 핵을 만들었다고 선언했는데도 우리는 한반도 비핵화 원칙을 지키느라 미국의 핵우산과 그 안보의 울타리 안에서 경제를 일구기에 바빴다. 그런 가운데서도 우리는 국방 태세에 만전을 기울이며 한편 미국을 많이 의존해 왔던 것도 사실이다.

따라서 미국은 우리가 갖추지 못한 현대식 무기와 정보, 또는 군사 전략상으로 막강한 힘을 갖고 있다. 이러한 미군이 빠져 나간다면 우리나라의 안보 공백은 과연 얼마나 클 것인가? 미군 철수를 주장하는 소위 반미 세력들은 국가안보를 염두에 두고 하는 행태인지 정말 답답하다.

미군은 전술한 바와 같이 우리나라의 든든한 안보적인 울타리이고 전쟁 억지 수단으로서 필수 불가결한 가치로서의 존재인 것이다. 사실 참여정부들에서 한미동맹 관계는 그 어느 때보다도 틈이 크게 벌어지고 그 명분이 훼손되거나 허술한 상태가 되고 있다고 국민들은 안타까워하고 있다.

우리는 미국이 있었기에 이만큼 발전했다. 미군이 계속 주둔하고 있는 상태에서 동맹 관계를 더욱 튼튼히 조이고 관리하면서 점진적으로 진짜 자주국방을 할 수 있는 만반의 준비태세를 갖추고 남북관계가 안심할 수 있을 만큼 평화가 정착된 연후에 그때 가서 자주국방을 하겠다고 큰소리쳐도 늦지 않다고 보는 것이다. 따라서 하필이면 이렇게 남북관계가 예측 불허인 예민한 시기에 전시작전통제권을 환수한다는 것은 정말 한심하기 짝이 없는 일이다.

지금 당장 전시작전권을 환수해도 지장 없이 해낼 수 있다는 노무현 대통령의 말은 국민에게 설득력이 약하고, 설사 작통권을 환수한다 하더라도 미국이 내세우고 있는 2009년도는 도저히 받아들여서는 안 될 뿐만 아니라 우리 군의 일정상으로 계획했다는 2012년에서 조금도 양보해서는 절대 안 될 것이다. 왜냐하면 그 시점이 돼야 최소한의 준비를 갖출 수 있다고 하니 말이다. 준비 없는 일은 모험일 뿐이다. 따라서 정부는 국민이 불안해하는 국가안보를 결코 가볍게 생각해서는 안 된다.

한 정권政權은 유한하나 국가는 영원한 것이다. 미군 철수를 외치는 사람들에게 묻고 싶다. 누가, 어느 세력이 미군 철수를 제일 많이 외치고 바라는가? 우리는 사랑하는 조국 대한민국을 튼튼히 지키고 자유와 민주주의를 향유하고 살기 위해서 이 땅에 다시는 전쟁이 일어나는 것은 피해야 하고 막아야 하는 것이다.

따라서 우리는 위대한 이승만 박사가 체결하여 피로써 지켜 온 한미동맹 관계를 전쟁 억지 수단으로 한반도에 평화가 정착되는 그날까지 미국을 붙들고 있어야 하는 것이다. 또한 오늘날의 국방은 세계가 상호 연합하고 협력하면서 동맹 관계의 방위체제로 해 나가고 있는 사례를 되새겨 봐야 할 것이다.

작통권을 환수하고 한미연합사가 해체되면 주한미군이 감축되거나 한미동맹이 깨져 미군이 이 땅에 남아 있을 명분이 없게 될 것이라는 말들을 단순히 귀 밖으로 듣거나 무시해 버릴 수는 없는 것이다. 미국은 언제나 우리를 지켜 주지도 남아 있지 않을 수도 있기 때문이다. 속된 말로, 떠난 뒤에 후회 말고 있을 때 잘 해야 하는 것이다.

따라서 평택의 미군기지 이전은 차질 없이 진행해야 하며, 매향리 사격장 폐쇄 이후 미 공군의 공대지空對地 사격 훈련장이 없어 훈련도 제대로 못하고 있다는 불만의 소리가 나오고 있는 만큼 조속히 대체 사격장을 만들어 줘야 할 것이다. 또한 사격장이 없어 미 공군이 타국으로 떠나는 일은 절대 없어야 할 것이다.

끝으로 미국은 우리 영토를 넘보는 나라가 아니고 우리 경제가 뻗어 나갈 세계 제1의 수출 시장임과 동시에 지난 50년 세월을 함께해 온 우리에게 유일한 동맹국이니만큼 동맹 관계를 해치는 말과 행동은 자제하는 것이 마땅하다고 생각한다. 어떤 경우에든 한미동맹은 공고하게 다져 나가야 된다고 보는 것이다. 만약 미국을 잃게 되면 중국도 일본도 우리를 깔보거나 무시하게 될 것이고 국제사회에서 고립되는 미아가 될 것이다.

이러한 토대 위에서 볼 때 전시작통권은 절대로 조급히 서두를 문제가 아니라고 보며 이 문제를 놓고 한미 간의 협상 과정에서는 정말 얼굴을 붉히는 일이 있더라도 우리의 일정을 맥없이 양보해 버려서는 절대 안 될 것이다.

6.25전쟁의 영웅으로 우리 창군 역사에 큰 공을 세운 백선엽白善燁 장군을 위시해서 우리 국방을 지키기 위해 목숨 걸고 싸운 역대 국방장관들, 빛나는 별들이 뙤약볕 아래서 전시작통권을 놓고 국가안보

를 염려해서 외치는 소리가 헛되지 않게 정부는 한미동맹을 더욱 튼튼하게 관리해 나가면서 현명하게 대처하여 국민의 불안을 덜어 주고 편안한 마음의 평정을 가질 수 있도록 최선을 다해 주기를 바라 마지않는다.

— <풍자문학 2006년 가을 제17호>

| 쓴소리 단소리 |

노무현 대통령 당찬 리더십으로 국난 극복을

북 핵실험으로 한반도 비상시국에 직면

국가안보 위기국면 한미동맹 더욱 강화

전시작통권 차기 정권으로 넘겼으면…

오늘의 현실은 총체적으로 어려운 난국에 처해 국가적인 위기를 맞고 있다. 북한의 핵실험은 큰 충격으로 일파만파의 파장을 일으켰고 국민의 불안 심리를 가중시켰다. 뿐만 아니라 내수경기는 침체되어 도무지 회복 기미를 보이지 않는 가운데 정부가 그동안 수없이 많은 부동산 정책을 내놓았으나 그야말로 백약이 무효인 듯 아무런 실효를 거두지 못하고 집값이 폭등되어 아우성이다.

부동산 문제는 근본적으로 국토는 좁고 인구는 과밀하게 많기 때문에 땅값이 오르고 집값이 오르게 되어 있다. 이러한 여건 속에서 정책적인 오류로 인한 역작용으로 땅값이 오르고 집값이 오르는 사례가 큰 비중을 차지했다. 이 부동산 문제는 어제 오늘의 문제가 아니라 과거 정권 때부터 누적되어 온 만성적인 문제로 비단 참여정부의 부동산 정책의 실패에만 원인을 두는 것은 잘못이라 보는 것이다.

과거 정권들의 부동산 정책은 얼마나 훌륭했는가? 개인이나 기업이 부동산 투기로 떼돈을 벌고, 또 졸부가 된 사람들이 이 시대에 얼마나 많이 거드름을 피우고 있는가? 부동산 투기는 곧 황금알을 낳는 거위가 되어 일확천금을 거머쥐는 수단이 되어 왔던 것이다. 멀리 앞을 내다보고 늘어나는 인구 추세에 비례해서 주택을 많이 지어 서민을 보호하고 투기를 강력하게 단속하여 왔더라면 오늘과 같은 현상은 일어나지 않았을지도 모른다. 먹고 살기도 힘든 서민에게는 먼 얘기지만 돈 좀 있는 사람은 물론이고, 머리 잘 굴리는 사람들은 은행돈 빌려서 땅 사고 건물 사고 몇 채씩 집 사놓고, 이렇게 수단껏 능력껏 부동산에 투자해 온 것이 사실 아닌가?

오늘날 대기업으로 성공한 사람들도 다 그랬던 것은 물론 아니지만, 부동산 투기해서 순수한 기업 활동으로 얻는 이익보다는 백 배 천 배의 불로소득을 취한 사례는 아무도 부인할 수 없을 것이다. 이러한 병폐를 과단성 있게 치유하겠다고 나선 참여정부 노 대통령의 의지는 높이 평가할 수 있다. 그러나 참여정부의 부동산 정책은 마치 토끼를 풀어 놓고 잡으려고 쫓는 식이었다고나 할까? 자꾸 투기 심리를 브추기는 정책을 남발하면서 또 한편으로 투기를 단속한다면서 엄청나게 세금을 많이 올렸다. 집 한 채 달랑 가지고 사는 사람들도 자연발생적인 시세 상승으로 인하여 집값이 오른 것인데 이에 비례하여 과중한 부담을 느끼지 않을 수 없는 많은 세금을 내게 만들었다.

아파트 같은 것은 비단 민간기업이 짓는 것이라고 하더라도 국민정서를 바탕으로 사회정의를 실현한다는 의지로 진작 원가 공개를 하여 분양가를 최대한 낮추고 실수요자 위주의 공급을 늘리는 데 역점을 두어야만 했다고 본다. 따라서 임대주택을 많이 지어 그 보급을 파격적으로 늘려 정말 어려운 서민들의 주택문제를 해결하는 데 최선의 노력을 기울여 주기 바란다.

뒤늦은 감이 있으나 정부는 이러한 원칙에서 방향을 잡아 나가고 있

는 것으로 알고 있다. 만성적으로 누적되어 온 부동산 문제는 단기적으로는 해결하기가 어려운 것인 만큼 여론의 매질은 아프게 느껴질지라도 조급함이 없이 꾸준히 일관성 있게 원칙대로 밀고 나가면 기간이 좀 길어지더라도 반드시 좋은 효과가 있으리라고 확신한다.

노 대통령은 임기가 얼마 남지 않은 정권 후반기를 맞아 여러 가지 해결해야 할 국정 현안이 어깨를 무겁게 할 것인데 돌발적으로 북한이 핵실험을 하여 비상시국에 직면하게 되었다. 이로 인해 빚어진 위기 국면의 사태에서 국가안보상의 전략적인 문제와 침체 국면에서 벗어나지 못하고 있는 경제문제 등 여러 가지 국정 과제가 더욱 어려움을 가중시킬 것이다.

이러한 상황에서 노 대통령의 심기가 어떠할지 생각해 보면 짐작이 간다. 마음은 바쁘고 일은 잘 풀리지 않는 가운데 심각하게 대처하고 신중한 결정을 내려야 할 과제들이 새로 발생하거나 밀어닥칠 것이다. 그런 일들이 내정에 관한 문제이든 외교적인 문제이든 풀어가면 가는 만큼 일거리는 늘어나게 마련이다. 그래서 대통령의 자리는 결코 편한 자리가 아니고 아무나 대통령을 할 수 있는 것이 아닐 것이다. 때문에 대통령은 통찰력이 뛰어나야 하고 부지런해야 하고 건강해야 할 뿐 아니라 카리스마가 있는 훌륭한 리더십이 있어야 하는 것이다. 그런 의미에서 볼 때 노 대통령은 오기傲氣는 대단한 것 같으나 과단성 있는 결단력은 부족하고 리더십은 약한 것 같이 생각된다. 감히 이렇게 말할 수 있는 것은 노 대통령의 3년여에 걸친 국정운영 스타일을 보고 느낀 국민 한 사람으로서의 소감인 것이다.

북한 핵실험 이후 작금에 이르기까지 대통령의 결단성 있는 리더십이 있는지 없는지 잘 느껴지지 않았다. 대통령의 소임은 국민을 사랑하고 국민의 생활을 편안하게 보살피며, 국가의 정체성을 올바르게 하고 국론을 통일하여 국민통합을 이루어 내고, 국가안보를 튼튼히 하여 천년 만년 이어갈 수 있는 나라를 만들어 단단한 반석 위에 올려놓아야 하는 실로 막중한 책임과 사명이 있는 것이다.

오늘날 우리나라에는 각자 잘났다고 스스로 우쭐대며 대통령 하겠다는 사람들이 많다. 좌우간 국민적인 입장에서 보면 웃기는 일이다. 도무지 대통령감으로 재목이 안 되는 사람일뿐만 아니라 국민의 관심에도 없는 사람들이 대통령 되겠다고 이름이 오르내린다. 대통령이 된다는 것은 출세 중에 가장 큰 출세이겠지만 단순히 출세하겠다는 생각만으로 대통령이 되겠다는 사람이 있다면 망상을 버리는 것이 좋다.

자기 한 몸을 국가에 바쳐 국민의 존경과 사랑을 받고 역사에 남는 훌륭한 업적을 남기겠다는 애국심과 그런 철학을 가진 사람으로서, 부강한 나라를 만들어 총칼 없는 외교전이 벌어지고 있는 국제화 시대에 세계 속에 우리 대한민국의 위상을 다시 한 번 업그레이드시킬 수 있는 그런 인물을 우리 국민들은 차기 대통령으로 원하고 있는 것이다. 정치는 자기희생적인 봉사이지 자기중심적인 출세의 수단이 될 수 없다.

오늘의 현실에서 국민은 답답하다. 신문을 펼쳐 들면 세상만사가 한눈에 들어오는데, 천하대세는 좋은 일 궂은 일이 서로 뒤엉켜 돌아가는데 좋은 일보다는 나쁜 일이, 쉬운 일보다는 어려운 일이 유난히 시선을 끈다. 좋은 일은 좋아서 좋고 어려운 일은 풀고 넘어가야 되는데 그 어려운 일을 푸는 지혜와 방책이 문제인 것이다. 시대는 영웅을 낳고 그 영웅은 시대를 주도한다는 말이 있다. 우리 대한민국은 새 시대를 주도할 훌륭한 정치 지도자가 나와야 한다. 그런 인물이 나오기를 바라는 것은 국민의 소망이며 필연의 과제이다.

노 대통령의 당선은 신선한 충격이었으며 정치적으로 새로운 세상을 열어줄 것으로 믿는 국민적인 기대와 관심은 대단했다. 그러나 3년여에 걸친 노 대통령의 정치는 기대만큼이나 큰 실망으로 돌아왔다. 민주당 간판으로 당선한 노 대통령은 지역 정당의 이미지를 털고 전국 정당을 만들어 새로운 정치를 펴 보겠다는 포부로 창당 멤버 47명이 중심이 되어 지금의 '열린우리당'을 창당하였다. 100년 정당의 원대한 꿈으로 최소한 20~30년은 갈 수 있는 튼튼한 정당을 만들겠다고 다짐하고 출범한 열린우리당은 지난 11월 11일 창당 3주년을 맞아 그동안 당 내부에서 의견이 분분하던 정계 개편과 국민에게 희망을 주는 새로운 통합 신당을 창당한다는 문제를 기정사실화 하고 천정배 의원이 나서서 공식 발표하였다.

지난 역대 집권 정당들은 최소한 대통령의 임기까지는 존립해 온 점에 비해 열린우리당은 집권 정당으로 노 대통령의 임기도 끝나기 전에 재창당을 한다는 현실에 직면하게 된 것은 서글픈 일이 아닐 수 없다. 대선을 앞두고 뚜렷한 후보도 부각시키지 못하고 있는 열린우리당으로서는 이 문제가 시급한 과제일 수밖에 없을 것이다. 아마도 정기 국회가 끝나면 열린우리당의 통합 신당 창당 논의가 활발히 이뤄질 것으로 보인다. 따라서 대선의 촉박한 일정상으로 볼 때 머지않아 열린우리당은 그 간판을 내리게 될 것으로 예상된다.

대통령에 대한 탄핵 역풍의 반사이득으로 총선에서 국회의석 과반수 이상이 넘는 152석을 얻어 원내 정치를 주도하며 새 시대의 물줄기로 새로운 정치 지평을 열겠다며 개혁의 기치를 높이 들었다. 그러나 과거사법, 국보법, 사학법, 언론법 등을 밀어붙이면서 여야 간 정쟁의 골은 깊어 갔으며 국론분열 현상은 두드러졌다. 특히 국보법 폐지를 놓고는 노 대통령의 말이 단초가 되어 큰 쟁점으로 부각되고 많은 사람들의 입에 회자되었다.

"국보법은 시대의 유물로 이제 칼집에 넣어 박물관으로 보내야 한다"는 말에 힘이 실리면서 여당은 안간힘을 다하여 국보법 폐지를 밀어붙였다. 그러나 야당인 한나라당의 사력을 다하는 반대 투쟁과 대체 입법을 논하는 과정에서 국민적인 반대 여론이 대세를 이루면서 간신히 폐지를 모면할 수 있었다. 국가의 안보를 지켜온 이 국보법을 구태여 왜 폐지해야겠다고 야단법석을 떨어야 했는지 생각하면 안타깝기 짝이 없는 노릇이다. 양심과 법을 지키면서 생업에 열중하는 대한민국 국민은 국보법이 있어서 불편을 느끼는 사람은 한 사람도 없을 것이다. 국보법은 다만 대한민국에 위해危害를 가하고 적을 이롭게 하는 간첩에게는 큰 위협이 될 것이며, 지극히 친북 반미 세력과 편향된 좌경 사상을 가진 자들에게는 불편을 주고 거부감을 느끼게 하는 법이었을 것이다.

최근에 국정원에서 검거한 386 간첩단사건을 접하고 보니 만일에 국보법이 폐지되었더라면 이와 같은 사건을 제대로 수사하고 간첩을 검거할 수 있었을까 하는 생각이 든다. 따라서 북한이 핵실험까지 한 마당에 우리나라의 안보와 사회 안정을 위해서 국보법은 더 엄격하게 적용되어야 할 것이라고 본다.

또 한편 사학법 문제도 세상을 떠들썩하게 하며 극명하게 찬반으로 국론이 분열되었다. 사학의 영역은 사학에 맡기면 되는 것을 빈대 잡기 위하여 초가삼간 태우는 결과를 자초했다고 보는 것이다. 또한 언론은 앵무새처럼 찬성의 노래만 불러 주기 위해 있는 것이 아니라 비판하고 감시하고 때로는 옳지 못한 것은 반대하는 것이 언론의 존재 이유인 것이다. 찬성만 하는 쪽의 신문보다는 비판하고 반대하는 신문을 가까이 하면 무엇이 어떻게 잘못되고 있는가를 알 수 있고, 그것을 참고로 해서 고쳐 나가면 좋은 성과를 거둘 수 있는 것이다. 한마디로 말해서 신문을 반면교사로 삼으면 잘못은 물론 세상 돌아가는 이치를 잘 파악할 수 있을 것인데 반대 신문이라고 적대시하는 것은 정말 옳지 못하고 이해할 수 없는 일이다.

또한 과거사는 과거사일 뿐 수십 년이 흘러간 지금에 와서 역사를 거슬러 올라가 파헤치고 생체기를 낸다고 그 역사가 어디로 가는 게 아니다. 역사는 있는 그대로의 기록일 뿐 과거를 파헤쳐 오늘의 잣대로만 잰다면 한도 없고 끝도 없는 것이다. 이 작업 과정에서 또한 얼마나 많은 쟁점이 유발되었으며 문제가 많았는지 모른다.

정치는 다만 과거를 거울삼아 미래지향적으로 비전을 제시하면서 당면한 오늘의 문제를 슬기롭게 헤쳐 나가는 것이 원론적으로 소망스러운 것이다. 따라서 열린우리당은 집권 여당으로서 의욕은 좋았으나 과욕으로 넘친 개혁의 기치 아래 너무 많은 것을 내걸어 뚜렷하게 성과를 내지 못한 것이 큰 원인이 되었다 해도 과언이 아닐 것이다. 그래서 국민들은 등을 돌리고 열린우리당이 하는 일에 대해서 식상해 했고, 친북 반미 성향의 목소리가 더 크게 나오는 데 대해서도 걱정스러운 측면이 있었다. 적어도 우리 대한민국을 지키고 경제를 일구어 온 건전한 사고를 가진 보수 양심 세력들에 대해 수구골통으로 공격하는 풍토는 이질감을 느끼며 반감을 사기에 족했다.

북한이 우리의 한민족임에는 틀림없는 사실이나 6.25전쟁을 일으켜 남침을 감행하여 동족상잔의 비극을 겪게 했을 뿐만 아니라 지금도 38선을 경계로 하여 서로 총부리를 겨누고 대치하고 있는 상황에서 전쟁을 전제로 생각하면 적일 수밖에 없는 것이고, 또한 작금에는 핵실험을 감행하여 한반도에 위기를 조성하고 우리 국민에게 심대한 불안을 가중시킬 뿐만 아니라 우리 경제에도 막대한 타격을 미치게 하고 있는 것이 현실이 아닌가.

반면 미국은 6.25전쟁에서 UN의 참전국과 함께 우리와 같이 목숨 걸고 싸운 혈맹이 아닌가. 우리 조국을 지켜 공산화를 막고 미국의 원조에 굶주린 배를 채워가야 했던, 세계 최빈국의 하나였던 우리나라가 미국의 안보 울타리 안에서 오늘날 세계 10위권의 경제 대국이 되지 않았는가? 피나는 노력으로 잿더미에서 산업화에 성공하고 민주화에 성공하였다. 그 원동력은 불굴의 투지를 가진 우리 국민의 저력이지만 우리나라가 경제 대국의 반열에 오르고 선진국에 진입할 수 있었던 것은 미국의 도움이 절대적이었다. 지금도 안보의 한 영역에서 커다란 비중을 차지하고 있지 않은가?

미국은 중국처럼 동북공정 같은 것을 내세워 우리 영토였던 고구려 역사를 부정하고 자기네 역사로 편입시키기 위하여 억지를 부리는 사례도 없을 뿐만 아니라 우리 경제가 뻗어 나가야 할 커다란 시장이다. 뿐만 아니라 일본처럼 우리나라를 침략하거나 국권을 침탈한 적도 없고 우리 영토(독도)를 자기네 땅이라고 우격다짐으로 떼를 쓰는 일도 없다.

이러한 측면에서 본다면 미국은 우리에게 든든한 우방이자 이로운 나라인 것이다. 따라서 한미동맹은 더욱 튼튼히 강화해야 할 것이다. 그러나 오늘의 현실에서 무조건 미국이 하자는 대로 다 받아주거나

따를 수는 없다. 그야말로 동반자적인 입장에서 국가의 주권과 국민의 자존심을 감안하여 국익을 토대로 양보할 수 있는 것과 없는 것을 구분하여 대처해 나가야 하는 것으로, 이는 곧 국가외교의 수단과 역량인 것이다.

비단 미국 관계뿐만 아니라 냉엄한 국제사회에서 보편적으로 통용되는 외교의 본질은 국가 이익이 최우선인 것이다. 따라서 미국은 우리나라의 유일한 우방이니만큼 참여정부의 대미정책에 있어서 자타가 염려하는 한미동맹 관계를 더욱 단단히 조이고 앞으로 더욱 잘 관리해 나가는 것이 국익에 도움이 되리라고 믿는 것이다.

북한이 핵실험을 한 오늘의 한반도 정세는 새로운 위기 국면이라고 볼 수 있기 때문에 우리나라의 안보에 절대적인 비중을 차지해 왔던 전시작전통제권은 가급적 시기를 늦춰 차기 정권으로 미루어 놓았으면 하는 것이 뜻있는 사람들의 한결같은 바람이라는 사실을 말하고 싶다. 작통권은 우리가 미국에 빼앗긴 것이 아니라 우리나라의 안보를 지키기 위하여 이승만 대통령과 박정희 대통령이 미국에 넘겨준 것이기에 솔직히 말해서 주권과는 아무 상관없는 문제라고 보는 것이다.

우리 한반도에 전운이 감돌고 평화가 정착되지 않은 상태에서 우리는 작통권을 환수할 수가 없고, 그런 시기가 아니다. 미국이 무리하게 억지로 작통권을 가져가라고 한다면 한미동맹을 깨자는 것이고, 미국의 한반도 안보 공약에 대한 책임 회피라고 몰아붙였으면 우리가 유리한 입장에 설 수 있었고, 또 그래야 했다. 작통권을 먼저 우리 정부가 꺼냈다면 분명히 큰 실수인 것이다. 이 문제는 언론에서도 수차 지적한 논리이고 작통권 환수를 반대한 여론의 주류이기도 했다. 따라서 작금의 우리 현실은 작통권 환수를 절대적으로 유보해야 한다는 엄숙한 교훈을 주고 있다.

미국 중간 선거에서 야당인 민주당이 상·하원에서 승리했으므로 평소에 민주당이 주장해 온 북·미 직접 대화 등 미국의 대북정책에 어떤 변화를 가져올지 우리는 예민하게 지켜봐야 할 것이고, 또한 미국의 대 한반도 정책에도 어떤 변화나 유·불리하게 지대한 영향이 미칠지 분석적으로 검토하면서 지켜봐야 할 것이다. 따라서 공화당의 주력 네오콘의 한 사람이었던 럼스펠드 국방장관이 물러난 만큼 작통권도 차기 정권으로 미루어 놓을 수만 있다면 재협상을 통해 신축성 있게 충분한 시간을 벌 수 있는 여지가 있지 않을까 생각된다.

반기문 UN 사무총장 진출, 한국의 영광 —열린우리당 희망 있는 정당으로 거듭나기를

전술한 바와 같이 열린우리당이 당을 해체하고 정계 개편을 통해 새로운 정당을 창당하여 잃어버린 국민의 신임을 다시 되찾고 정권 재창출을 하겠다고 다짐하고 있으므로 모름지기 허쳐모여식의 창당이 되지 않기를 바란다. 대통령을 구심점으로 하는 집권 정당으로서 대통령의 얼마 남지 않은 임기까지도 채우지 못하고 간판을 내리게 될지도 모르는 현실에 목도하여 지난 2004년 4.15총선 이후 여섯 번의 재보선에서 40대 0으로 참패할 수밖에 없었던 원인과 그렇게까지 국민에게 실망을 안겨 주고 국민이 외면하는 정당으로 간판을 내릴 수밖에 없게 된 현실에서 지난 세월을 되돌아보며 반성하는 자세를 보이는 것이 공당으로서의 진실한 모습일 것이다.

이러한 상황에서 유추해 볼 때 지금까지 집권 여당의 수석당원으로 사실상의 정신적 지도자였던 노 대통령의 심기도 매우 불편하고 허전할 것이라고 생각된다. 노 대통령의 지지도가 10%대로 내려앉았으니 더욱 안타까운 일이 아닐 수 없다. 그런 가운데서도 각료 중 한 사람이었던 반기문潘基文 외교부장관의 UN 사무총장 진출은 대한민국 대통령으로서 뿌듯한 자부심과 긍지를 느끼며 국민과 함께 크게 기뻐한 경사였으며 국가적인 영광이었다.

아시아권에서 분단국인 우리나라가 UN의 수장인 사무총장을 배출한 것은 세계무대에서 한국 외교의 지평을 넓혀 갈 획기적인 계기로서 노 대통령의 인사정책에서 대표적인 성공 사례로 역사에 남을 것이다. 세계의 지도자요 또는 세계평화의 전도사로 불리는 UN 사무총장에 반기문 외교장관이 유엔안보리에서 만장일치의 지지를 얻어 세계 정치 무대의 외교 지도자로 등장하게 된 것은 옛날 같으면 꿈도 꿀 수 없었던 일이었다. 따라서 노 대통령은 과거 어느 대통령보다도 본인이 임명하였던 각료 한 사람이 UN의 사무총장으로 진출했다는 사실은 큰 보람이자 최고의 기쁨이 아닐 수 없을 것이다.

외교가 국운을 좌우하는 오늘날의 국제적인 현실에서 반기문 장관의 UN 사무총장 진출은 우리 대한민국의 위상과 이미지를 한껏 업그레이드시킨 쾌거인 것은 분명하다. 따라서 우리 대한민국 국민은 코피 아난 UN 사무총장의 후임으로 제8대 UN 사무총장으로 진출한 반기문 전임 외교부장관에게 박수와 축하를 보내는 바이다.

북한의 핵실험으로 인해 UN 사무총장직을 수행하는 데 여러 가지로 어려운 문제가 많을 것으로 짐작되나 반 총장은 세계평화와 인류의 보편적인 인권존중의 가치를 토대로 UN 사무총장의 사명을 다해 주기 바라며 아울러 조국 대한민국을 항상 생각해 주기를 바라 마지 않는다.

끝으로 노 대통령은 비록 인기 없는 대통령으로 국민의 지지는 낮았지만 오직 대통령으로서 남북관계에 전쟁이 일어나는 것을 막고 한반도에 긴장을 완화하여 평화를 정착시키기 위해 노력해 온 대북 정책의 기조는 그 기본정신을 국민은 잘 알고 있다. 때문에 임기를 마치는 그날까지 당찬 리더십을 발휘하여 국정을 보살피고 여러 가지 현안을 잘 마무리하여 국난 극복에 이바지한다면 아쉬운 점도 많았지만 대통령으로서의 사명과 그 소임을 다했다고 역사는 기록할 것이다. 따라서 임기를 끝내고 떠나는 대통령에게 우리 국민은 박수를 보낼 것이다.

— 〈풍자문학 2006년 겨울 제18호〉

Part 02

사랑과 예술 그 영원한 추억

이 장에 실린 글들은 내 감성에 젖어 있는 영원하고 아름다운 추억들이다. 그 추억들은 내 인생역정의 이력이기도 하고 내 감성을 꽃피우게 하는 토양 같은 것이기 때문에 내게는 아주 소중하다.
사람은 누구에게나 추억이 있고,
추억을 만들고 사는 감성은 우리 인간만이 가질 수 있는 보배로 하나님이 주신 아름다운 선물인 것이다.

밤섬의 사계

— 서울은 한강이 있어 아름답고, 한강에는 밤섬이 있어 더욱 아름답다 —

한강은 길게 흐르고 넓고 맑고 깨끗하다. 파리의 세느 강, 영국의 템스 강은 우리의 한강에 비할 바가 아니다. 한강 둔치에 멋있게 조경을 하고 한강변을 좀 더 신경 써서 가꾼다면 세계 어느 수도를 끼고 흐르는 강보다 최고로 아름다울 것이다. 오늘도 한강은 수면을 스치는 잔잔한 바람에 물비늘을 일으키며 쉼 없이 흐르고 있다. 서울에는 한강이 있어 아름답고, 한강에는 밤섬이 있어 더욱 아름답다.

밤섬은 1968년 2월 서울시에서 통째로 폭파하여 이곳에서 채취한 골재와 모래로 지금의 윤중제輪中堤를 쌓았고, 당시 밤섬에는 배를 갖고 고기를 잡던 62가구에 443명의 주민이 살았으나 밤섬의 폭파로 모두 이곳을 떠났다. 밤섬은 길게 두 개로 나누어져 있으나 거의 붙어있다.

밤섬은 철따라 그 모습이 변하면서 사람도 차도 이미 만원을 넘어선 지 오래인 꽉 막힌 서울을 시원하게 터줄 뿐만 아니라 다시 없이 아름다운 시민의 감성적 정서를 느끼게 해주고 있다. 넓고 넉넉한 한강은 정오가 가까워 햇빛이 강물에 비쳐 쏟아질 때는 마치 금모래를 뿌려놓은 듯이 반짝반짝 눈부시게 빛난다.

우리 아파트 16층에서 조망하는 한강은 그지없이 아름답다. 푸른

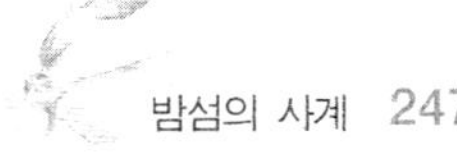

밤섬 건너편으로 여의도가 정면으로 마주 보인다. 정치 1번지인 국회의사당과 LG트윈타워, 그리고 마포대교, 한강철교, 가까이는 서강대교의 붉은 아치가 눈 안에 들어온다. 당인리 발전소 앞 강변도로를 줄이어 내려오는 자동차의 행렬도 인상적이고, 또한 좌측으로 건너다보이는 대한생명의 63빌딩과 멀리 뒤로는 아스라이 먼 산들이 바라다 보인다. 또한 강변북로 위는 계속 많은 차들이 넘나들며 달리고 있다.

한강 한가운데 길게 두 개로 뻗어 있는 밤섬은 녹음이 푸르게 짙어 있다. 밤섬은 철새보호구역으로 지정되어 있다. 낮이나 밤이나 한강의 밤섬은 그 조망이 정말 한없이 아름답다. 특히 비가 오는 날이나 눈이 오는 날의 정경은 더욱 아름답고, 겨울이면 수천 마리의 철새들이 날아들어 장관을 이룬다. 사계절이 아름다운 한강의 밤섬은 하나님이 주신 천혜의 선물이요, 우리나라의 귀중한 젖줄이며 자산이다.

넓은 한강이 유유히 흐르고 한강 한가운데 해상공원 같은 밤섬이 있어 서울은 더욱 아름답다. 안개가 끼는 아침이면 뽀얗게 물안개가 피어오르고, 밤이면 수많은 건물과 아파트에서 뿜어대는 불빛이 한강에 투영되어 불기둥을 이루면서 반짝거리고 유람선이 유유히 오고 간다. 우리 집 16층에서 건너다보는 야경은 홍콩의 빅토리아 항구에서 건너다보는 홍콩 '아일랜드'의 야경을 방불케 한다.

봄이면 조락한 나무들이 파릇파릇 움트고 누렇게 죽어 있던 풀들이 무성하게 자라 파랗게 숲을 이룬다. 꽁꽁 얼었던 얼음이 녹고 밤섬의 숲이 연녹색으로 피어나면서 수백, 수천 마리 철새들의 떠남과 만남의 대서사시가 펼쳐지는 것이다. 겨울 철새는 떼를 지어 한겨울을 보내면서 신방을 차리고 새끼를 낳아 새 식구를 만들어 수만 리

북쪽으로 추운 곳을 찾아 떠나고 새봄을 맞아 다시 찾은 수많은 무리들의 철새는 넓은 한강을 한 바퀴씩 훨훨 날아 기분 좋게 밤섬에 내려앉는다.

아, 우리들의 보금자리여! 한강의 밤섬이여! 우리는 새집을 짓고 다른 새들이 살던 헌집을 수리하여 열심히 살리라. 신방 차려 아들도 낳고 딸도 낳고 이웃을 사귀고 친구를 사귀면서 여기는 우리들의 낙원임을 노래하리라.

그렇게 많은 겨울 철새들이 무리지어 떠나고 나면 또한 이렇게 새로운 삶을 시작하는 이름 모를 많은 새들이 봄을 구가하면서 밤섬을 반기고 터를 잡는다.

연녹색의 숲이 짙은 녹음으로 변해 가면 여름이 온다. 한강변의 둔치에도 누렇게 죽어 시들어 있던 잡초들도 파랗게 무성한 숲으로 새로 옷을 갈아입는다. 어디서 어디까지 이어지는 것인지는 모르나 고수부지에 닦아 놓은 길은 정말 서울시민을 위한 소중한 보배다. 조깅을 하고 자전거를 타고 달리고 운동을 하러 나오는 사람들도 많다. 나도 아침이면 아내와 함께 우리 집 강아지 '킹돌이'와 '금동이' 두 마리를 데리고 내려와 걷는다. 뛰는 것보다 걷는 것이 더 좋다고 들었기 때문에 서강대교 밑에서 한강철교까지 걷는다.

풀숲이 무성하게 우거진 길을 강 따라 걷노라면 이름 모를 꽃들이 다투어 피어 있다. 빨간 나팔꽃, 보라색 나팔꽃, 그리고 코스모스, 노랗고 하얗고 꽃잎이 크고 작은 풀꽃들이 누가 돌보지 않았는데도 무성하게 자라 피어 있다. 풀숲에 파묻혀 아무렇게나 피어 있는 그 풀꽃들은 사람의 손때를 묻히지 않고 자생으로 진실을 머금고 피어나서 한철을 고고하게 살다가 때가 되면 홀연히 지고 시들어 가면서

자연의 순리대로 진실하게 죽어간다. 그래서 나는 어쩌면 청초하고 가련해 보이는 이 풀꽃들을 그 전부터 좋아하고 사랑했다.

킹돌이는 3살짜리 '닥스훈트'라는 영국 종으로 오소리 사냥개이고, 금동이는 1살쯤 되어 가는 '말티스'로 예쁜 하얀 강아지이다. 요즘은 반려견을 키우는 사람들이 많이 늘어가고 새로운 생활문화로 정착되어 가는 세태인 것 같다.

킹돌이는 내가 몰고 금동이는 아내가 안고 가다가 내려달라고 바둥대면 내려 준다. 두 놈은 제 세상을 만난 듯이 날뛴다. 킹돌이는 몰고 가다가 줄을 풀어 주면 나는 듯이 뛰어간다. 달리다가 가끔 풀숲으로 뛰어들기도 하고 자전거 타는 사람을 만나면 짖으면서 따라서 뛰기도 한다. 그러면 금동이는 킹돌이에게 뛰어가 목덜미를 물기도 하고 올라타기도 하면서 따라 뛴다.

그 두 녀석을 보노라면 자유란 한없이 좋은 것이고, 주인과 함께 산책하는 것은 한없이 즐거운 모양이다. 우리 부부는 아침마다 나가서 걷자고 하면서도 시간이 늦은 때는 못 나가고 좀 일찍 일어나거나 시간이 있을 때만 걷는다.

한강의 밤섬은 여름이면 거의 매년 곤혹을 치른다. 장마가 지고 비가 많이 내려 한강 물이 불어나고 위에 있는 댐들이 수문을 모두 열어 방류를 하면 누렇고 탁한 황톳물이 푸른 밤섬을 다 덮어버리는 것이다. 비가 많이 오는 여름이면 매년 반복되는 현상인데, 비가 많이 내리지 않으면 밤섬이 더럽혀지지는 않고 많이 내리면 다 잠겨버린다. 비가 개고 물이 빠지면 많은 쓰레기가 나무숲에 밀려와 여기저기 걸려 있고 흙탕물을 뒤집어쓴 밤섬은 보기 좋지 않은 몰골이 되곤 한다. 그러나 자연의 힘을 누가 막으랴. 그 쓰레기를 빨리 치우고 흙

밤섬

탕물 뒤집어 쓴 나무숲을 씻어 주고 정돈해 주면 다시 밤섬은 제 모습을 찾는다.

지금 이 글을 쓰는 내 서재의 창밖 건너편에는 여지없이 아름다운 밤섬이 눈앞에 들어온다. 나무숲은 아직 푸르지만 9월이 다 가고 10월이 오는 깊어 가는 가을이다. 녹음은 이제 조금씩 다시 연녹색으로 변하면서 서서히 단풍이 물들어 가고 있다. 추석이 지나고 바람이 제법 서늘하게 느껴지면 한강의 밤섬은 누렇게 단풍이 들고 푸른 풀숲 또한 누렇게 시들어 버릴 것이다. 그리고 단풍이 모두 지고 조락한 나무 위에 눈꽃을 피우는 겨울이 올 것이다.

한강에 내리는 눈은 내리는 대로 녹아버리지만 겨울이 깊어 혹한의 날씨가 되면 얼음이 얼고, 그 얼음이 얼기 전에 수백, 수천 마리의 겨울 철새들이 떠났던 보금자리 한강의 밤섬을 다시 찾아들 것이다.

장관을 이루면서 날아든 새들은 또 한겨울 새로운 삶을 준비하고 시작할 것이다. 꽁꽁 얼어붙은 얼음판 위를 날고 앉은 새들은 마냥 즐거워 수없이 노래를 부를 것이다.

한강의 밤섬은 이렇게 계절에 따라 각각 다른 모습으로 변하면서 어김없이 자연에 순응하고, 쉼 없이 흐르는 한강과 함께 어우러져 수도 서울을 시원하게 숨 트이게 하고 시민의 감성적 정서를 느끼는 명소로서 새들의 낙원이 되고 있는 것이다. 이 천혜의 한강, 그리고 그 가운데 있는 밤섬을 한없이 바라보며 살 수 있다는 사실은 내게 있어서 그 무엇과도 바꿀 수 없는 행복이고 축복이다. 따라서 나는 하나님께 감사하면서 다시 푸른 밤섬을 바라본다.

서울의 봄

서울의 봄은 한강에서부터 온다. 한겨울 앙상히 나목裸木으로 서 있던 나무숲이 연녹색으로 빛을 내면, 어느새 수천 수백 마리의 겨울 철새들이 어디론가 다 날아가 버리고 철따라 찾아오는 새로운 새들이 밤섬에 나래를 편다. 떠나버린 새들은 서울의 겨울을 물고 가고, 찾아오는 새들은 서울의 봄을 물고 오는 것인가. 자연의 숭엄한 섭리대로 계절의 바뀜에 따라 한강의 모습도 변하고 한강을 낙원으로 알고 찾아오는 새 식구들의 보금자리인 밤섬에는 하루가 다르게 연녹색으로 잎이 돋아나고 푸르름이 짙어간다.

우리 아파트 16층에서 조망해 보는 한강의 사계절은 그 모습만 철따라 달리할 뿐 계절마다 아름다운 정경은 변함이 없다. 한겨울 떠때로 영하로 내려가는 날씨에는 한강도 꽁꽁 얼어붙고 그 얼음판 위에 날아 앉는 겨울철새들의 합주곡이 하모니를 이루는 장관을 보인다. 아침마다 자주 끼는 자욱한 안개 속으로 아스라이 건너다보이는 여의도와 마포대교는 그 자연의 분위기가 안개 낀 런던 브리지보다 더욱 아름답고 서정적이다.

지난겨울은 눈도 많이 내리지 않았고, 그다지 추운 날도 많지 않은 비교적 따뜻한 겨울을 보낸 탓으로 한강이 꽁꽁 얼은 것도 두세 번밖

에 보지 못한 것 같다. 한강 둔치 위로 잘 닦아 놓은 산책로와 자전거도로 옆으로 여름이면 그렇게 무성하게 자라는 풀도 다 말라 버린 채 누렇게 시들어 있고, 약간 언덕 위에 길게 늘어뜨린 개나리도 앙상히 서 있는 나목도 봄을 기다릴 뿐 긴 겨울잠에서 깨어나지 않았는데도 눈앞에 바로 건너다보이는 한강의 밤섬은 벌써 봄을 알린다. 분명히 나무에 새잎이 돋아난 것은 아닌데 연녹색의 빛을 발하고 봄이 오고 있음을 제일 먼저 알리는 것이다. 이렇듯 자연의 현상은 신비하게도 한강의 밤섬이 조춘早春을 가장 먼저 전하고 있다.

밤섬의 숲이 파릇파릇 움트고 앙상했던 연녹색의 나뭇가지에 새잎이 돋아날 무렵이면 멀리 남녘의 화신花信은 이미 봄을 전해온다. 우리나라 최남단의 따뜻한 섬 제주는 서울에 비해 약 20일 내지 한 달 가까이 빨리 봄이 올 것이고, 진해의 벚꽃은 아마도 한 2주일 먼저 피면서 봄을 전하고 군항제를 연다는 소식을 전하는데, 서울의 봄은 완연한 것이 아니고 서서히 다가오면서 무겁고 탁한 겨울옷을 하나 둘씩 벗어 던지면서 봄을 느끼게 된다.

밤섬의 보행로를 걷다 보면 어느새 언덕 위에 늘어져 있는 개나리가 노랗게 피어나고 길옆으로 제법 파랗고 보실보실한 새싹이 돋아났다. 차를 몰고 가면서 보면 남산길과 무악재, 행주산성, 그리고 도심에 인접한 산과 언덕에서 어디서나 노랗게 핀 개나리를 볼 수 있고, 어느 대갓집 담장 안마당 한편에 흐드러지게 피어 있는 순백의 목련도 볼 수 있다. 그러나 서울의 봄은 그것으로 완연한 것이 아니다. 우리나라 정치 일번지라고 하는 여의도 윤중로는 입구에서 국회의사당 뒷길까지 늘어선 수많은 벚꽃나무가 화사하게 벚꽃을 피우면서 서울의 봄은 비로소 절정을 이루는 것이다. 그리고 휴일이면 많은 상춘객이 몰려들어 그 일대가 온통 교통지옥이 되고 길은 주차장으로 변한다. 사람도 차도 이미 만원이 된 수도 서울은 이렇게 윤중로의 벚꽃이 많은 시민들에게 봄을 구가하게 한다.

국회의사당 안에서야 국회의원들이 사자후獅子吼를 내지르건서 국정을 논하건 말건 의사당 주변은 온통 주말은 물론 평일에도, 특히 밤이면 더 많은 상춘객이 나와 선남선녀, 가족끼리 아름다운 서울의 밤을 즐기고 노래한다.

서울의 봄은 거리에서도 서서히, 그러나 매일 다르게 나타난다. 시커멓게 먼지 앉고 때 묻은 자동차를 깨끗이 세차해서 몰고 나오는 사람들도 많이 늘어나고 오가는 사람들의 옷차림도 가볍고 발걸음도 경쾌하다. 더욱 많은 사람들이 거리로 쏟아져 나오고 주말이면 고궁을 찾는 사람들도 겨울에 비해 상당히 많이 늘어나는 모양이다.

잘 정돈된 서울 도심의 넓은 도로변에 한겨울 깊은 동면冬眠에 빠져 있던 나목도 모두 연녹색으로 잎을 피워 새 옷으로 갈아입었다. 삼라만상 생육이 발동하는 하나님이 주신 천혜의 우리 사계절, 아름다운 우리의 봄. 모든 사람들의 마음도 봄처럼 아름답게 피어나고 우리의 정치 현실도 화창한 봄같이 느껴지는 그런 날이 오기를 바라는 마음 간절하다.

인사동의 봄

우리나라 민주화 운동이 정점을 이루었던 1980년도는 정치 사회적으로 변화를 예고하는 전환기로서 격동의 세월이었다.

민주화를 부르짖는 학생들의 데모가 거의 매일같이 산발적으로 계속되는 가운데 이를 진압하고 저지하기 위해 쏘아대는 최루탄 가스는 어디를 가나 매캐해서 제대로 눈을 뜰 수가 없었다. 그러나 시국의 안정 못지않게 민주화에 대한 열망은 비단 야당을 중심으로 한 정치세력뿐만 아니라 국민적인 호응을 얻는 가운데 대세의 물결이 되어 거리에 넘쳐나고 있었다.

이러한 상황 속에서 우리나라 전통문화의 거리 인사동仁寺洞에도 파생적으로 정치의 영향은 크게 미쳤다. 다시 말하면 초연한 문화예술의 거리로서 그 분위기를 훼손하지 않고 간직하기는 매우 힘들었다. 당시 집권당인 민정당의 중앙당사가 인사동(지금의 대성산업 본사)에 들어와 있었던 관계로 그 어느 곳 못지않게 정치적인 파장이 컸다.

당시 인사동 사람들은 공식적으로는 크게 불만을 표시하지 못했으나 집권정당의 중앙당사가 왜 하필 전통문화의 거리 인사동에 들어와야 되는가 하고 불평들을 했던 것도 사실이었다. 왜냐하면 전통문화예술의 거리는 초연하게 정치적 파장이 미치지 않는 곳에 온전하게 그 분위기가 훼손되지 않고 보존되어야 하기 때문이다. 이런 측면에서 보면 인사동 문화업소를 하거나 종사하는 사람들의 불평은 너무나 당연한 것이었다. 따라서 막강한 집권당의 민정당사는 철통같은 경비에도 불구하고 학생들의 기습시위로 난입되기도 했으며 화염병을 던져 화재가 일어나기도 했으나 다행히 큰 불로 번지지는 않았다. 이런 상황이 벌어지니 인사동 사람들의 신경이 예민했던 것은 말할 필요도 없었던 것이다.

당시 내가 직접 운영을 하고 있던 우리 화랑은 민정당사 정문 바로 맞은편에 자리하고 있었기 때문에 다른 어느 문화업소에 비해 가장 큰 불편을 겪어야만 했다. 전경들이 데모진압의 완전한 방패를 하고 우리 화랑 정문 앞을 빵 둘러싸고 서 있으니 어디 손님인들 화랑에 들어올 엄두를 낼 수 있었겠는가. 매일같이 이런 날들이 계속되자 그림은 한 점도 팔리지 않고 어려움이 가중되었다.

그런 상황에서 순간순간의 기분은 말할 수도 없이 나빴지만 힘없는 백성이 감히 어찌 막강한 권력의 집권당인 민정당에 항의할 수 있었겠는가. 그저 하루하루가 조용하게 넘어가기를 바랄 뿐이었고, 최루탄 가스에 재채기하고 눈물 흘리지 않는 날이 오기를 기다리며 하루하루를 보내야만 했다.

이러한 상황 속에서 당시 대통령 후보였던 노태우 대표의 전격적인 6.29선언으로 직선제 수용을 받아들임으로써 환호와 갈채 속에 온 나라가 축제의 분위기로 바뀌면서 국민적인 민주화의 열망은 드디어 승리의 꽃을 피우고 대장정의 문이 열리게 된 것이다.

그리하여 정국은 점차 안정을 되찾게 되고 데모 없는 사회 분위기는 긴장 국면에서 점차 벗어나게 되면서 인사동의 민정당사는 정치

중심의 여의도로 이전하였다. 이어 집권당인 민정당은 제1야당이었던 통일민주당, 신민주공화당과의 삼당통합으로 당명은 민주자유당으로 새롭게 태어나게 된다. 헌정사상 초유의 삼당통합은 많은 사람들의 입에 오르내리며 정치변화의 시대적 산물로 회자되었다.

한편 유서 깊은 전통문화의 거리 인사동은 학생들의 시위와 전경들의 모습이 사라지고 긴장이 해소되면서 고유의 분위기를 찾게 된다. 따라서 화랑을 중심으로 한 많은 문화업소의 기대는 마치 새봄을 맞는 듯했다. 긴장감이 해소되고 평온을 되찾은 거리에는 관광객도 많이 늘었고, 인사동 사람들이 오고 가며 하는 인사는 이제 장사가 좀 잘되었으면 좋겠다고들 했다. 문화업소는 이렇게 기대를 하는 반면 인사동 뒷골목에 상당히 많이 밀집해 있던 음식점은 큰 손님을 잃게 되는 현상이 초래됨으로써 민정당이 있고 없고에 대한 이해득실이 상반되는 현상으로 나타났다.

그러나 인사동에 있어서 민정당사의 이전은 사필귀정事必歸正으로 받아들이고 다들 잘된 일이라고 말했다. 따라서 인사동은 정치적 파장이 고유의 분위기를 훼손할 수도 있는 그런 상황에서 벗어나 전통문화의 거리로서 활기를 되찾아 모든 업소가 다 잘되는 평온하고 따뜻한 봄을 맞게 되는 것이다.

즐거운 바캉스로 추억을 만들자

여름은 무던히도 덥고 뜨겁다. 장마가 끝나고 칠월 중순이 되면 본격적인 휴가철이 되어 많은 사람들이 바캉스를 떠난다. 가족과 함께 가는 사람, 친구들과 함께 가는 사람, 직장 단위로 가는 사람, 사랑하는 연인과 함께 떠나는 사람, 직장에 다니는 사람, 사업을 하는 사람, 공직에 종사하는 사람, 또는 정치를 하는 사람 등등 모든 사람들이 각자들의 형편에 따라 편리한 대로 여행지를 선택하여 최소한 여름 휴가는 가지려고 한다. 물론 집에서 조용히 가족과 함께 푹 쉬는 것도 최선의 방책이라 생각하고 굳이 휴가를 떠나지 않는 사람들도 상당수 있는 모양이다. 그러나 여름은 너무나 덥고 견디기 힘들기 대문에 쌓인 스트레스를 풀고 내일의 힘을 충전하기 위해서 바캉스를 다녀오는 것이 좋다고 생각하는 사람들이 많은 것 같다.

한때, 우리가 보다 살기 어려웠던 시절에 바캉스 여행은 사치라고 치부한 때도 있었다. 그러나 지금은 여름휴가는 일반적으로 보편화되었고, 따라서 누구나 유익하고 즐거운 바캉스를 보내기 위해 나름대로 계획을 세워 형편에 맞는 바캉스를 즐기는 현실이다.

멀리 해외여행을 떠나는 사람도 많고, 산을 좋아하는 사람은 산에 오르고, 바다를 좋아하는 사람은 바다를 즐길 수 있는 해수욕장에 가고, 낚시를 좋아하는 사람은 낚시를 떠나고, 시골에 고향을 둔 사람은 시골을 찾아 논밭에 나가 땀을 흘려 농촌의 일을 거들기도 한다. 학생들은 여름 휴가철을 이용해 해외연수를 많이 가기도 하는 모양이다. 바캉스 여행은 이렇게 다양하게 설계하고 보낼 수 있을 것이다.

바캉스 여행이라고 하여 굳이 먼 곳을 생각할 필요는 없다. 그러나 형편이 된다면 해외여행을 다녀오는 것이 최상의 즐거움이 될지 모른다. 외국 여행은 단순히 즐기고 소비하는 것이 목적이 아니라 새로운 문화를 접하고 우리와 비교해 보고 많은 것을 보고 배울 수 있기 때문이다. 또한 도시의 짜임새가 다르고 모든 건물과 구조물이 다르고 생활방식이나 사고思考가 다른 외국으로의 여행은 분명히 유익하게 많은 것을 보고 느끼면서 공부를 하고 정서를 키울 수 있을 것이기 때문이다. 비행기를 타고 서울 하늘을 날아 평소에 가보고 싶었던 외국, 그 나라가 미국이든 유럽권이든 동남아든 어느 나라이든지 좋다. 우리나라와 다른 새로운 것을 많이 볼 수 있다는 것은 얼마나 즐거운 일인지 모른다.

그러나 이것은 형편이 되는 사람들에게 해당되는 얘기고, 짧은 여름휴가에 누구나 외국으로 바캉스를 떠날 수 있는 것은 아니다. 굳이 먼 외국 여행만이 소망스러운 것은 아니다. 우리나라 어디든 어느 곳을 가든 얼마나 유익하고 즐겁게 보내는가 하는 것이 최선의 관건이 될 것이다.

산을 좋아하는 사람들에게는 설악산도 있고 지리산, 한라산을 비롯해서 서울권에는 항상 오를 수 있는 북한산, 도봉산 등이 있고 바다를 좋아하는 사람이면 항도 부산의 해운대해수욕장, 또는 비행기로 날아가는 제주가 있을 것이다.

제주의 여행은 분명히 설렘이 있는 곳이다. 한없이 넓은 바다가 눈앞에 펼쳐지고 키가 크고 무성한 야자수를 어디서나 볼 수 있고 돌담으로 울타리를 한 나지막한 초가집들로 구성된 마을들이 많다. 서귀포엔 천지연 폭포를 비롯해서 많은 것을 볼 수 있고 성산포, 한라산, 한림공원, 쌍룡동굴, 만장굴 등의 관광지와 함덕해수욕장을 비롯하여 크고 작은 많은 해수욕장이 있으며 배를 타고 나가 바다낚시도 할 수 있다.

내가 가장 많이 바캉스를 떠났던 곳이 제주였다. 지금은 러시아 상트페테르부르크(레닌그라드)에서 그림 수학을 하는 의동생 난석당 황상근이 제주에 화실을 가지고 있을 때, 그 해 여름 제주의 바캉스는 한없이 즐거웠다. 그 동생이 차를 가지고 있었기에 나를 태우고 제주의 해안관광도로를 달리면서 끝없이 펼쳐져 전개되는 바다를 바라보며 최상의 기분을 만끽할 수 있었다.

"아름다운 바다여! 영원한 푸른 바다여! 위대한 자연의 숭엄한 신비여! 나는 오늘 그대의 용모에 감탄하노라!"

동생 난석당은 한라산까지 차를 몰고 산중턱을 빙빙 돌며 차가 오를 수 있는 곳까지 올랐다. 한라산은 크고 장엄했다. 수많은 잡목들이 무성하고 풀숲이 무성하게 잘 자라 있었다. 성산포와 서귀포에도 갔었다. 제주의 모든 관광 코스는 다 보여 주었다. 차를 타고 시원하게 달릴 수 있는 깨끗하고 넓은 길들이 마음에 들었다. 짜증스러운 서울에서의 교통사정을 생각해 보니 내 차를 몰고 와서 제주의 한적한 도로를 마음껏 달리며 드라이브를 즐기고 싶어지기도 했다.

무성하게 풀이 자란 목장에서 유유히 풀을 뜯고 있는 소와 말, 귤이 익어 가는 감귤 밭, 화폭에 담으면 아름다운 그림이 될 만한 소재는

제주의 어느 곳에서도 만날 수 있었다. 제주가 지닌 이국적인 정서에 흠뻑 젖어 시간 가는 줄 모르고 즐거운 여행을 할 수 있었다.

프린스호텔, 하얏트호텔, 신라호텔은 그 전망이 너무나 아름다웠고, 사랑하는 연인과 함께 꼭 와야겠다는 생각으로 여운을 남겼다. 그 해 여름 제주의 바캉스는 그렇게 즐거웠고 유익했다. 제주를 찾는 많은 사람들이 다들 나름대로 이렇게 즐거운 바캉스 여행이 되었으리라 생각된다.

제주는 비행기로 한 시간이면 갈 수 있는 코스다. 제주는 확실히 이국적인 정서가 있고, 멋이 있고, 아름다운 천혜의 조건을 다 가지고 있는 곳이다. 바닷물도 그리 차지 않고 모래사장이 넓고 수심이 깊지 않고 급경사도 없어 해수욕하기가 최상이다. 우리나라의 여름 바캉스는 아마도 제주가 제일 좋은 곳이 많을 것이다. 또한 부산의 해운대는 물론이고, 강릉 경포대, 속초의 낙산해수욕장, 변산해수욕장 등 일일이 열거할 수 없을 정도이다.

어느 곳이든 즐겁게 보낼 수만 있다면 다 좋은 곳이 아니겠는가. 요산요수樂山樂水라고 하지 않는가. 각각 다른 멋이 있고 특색이 있어 느끼는 기분이 다를 것이다. 이러한 자연이 있어 우리 인생은 즐거운 것이다. 자연의 품속에서 태어나 자연의 토양으로 돌아가는 것이 또한 자연의 이치인 것이다. 누가 말했던가. "여행처럼 즐거운 인생은 없다고…."

아무튼 세월은 빠르고 인생은 짧은 것이다. 뜨거운 태양은 언제나 떠오른다. 그러나 여름의 태양은 더욱 뜨겁다. 뜨거운 태양의 열기를 식히고 추억을 만들고 내일을 설계하기 위한 여름의 바캉스는 누구에게나 소중한 시간이 될 것이다.

추억의 수채화전

— 가을의 찬가讚歌 그리고 시정詩情의 낙엽 —

수채화는 정말 부드럽고 멋있는 아름다운 그림이다. 많은 장르의 그림 중에서 나는 수채화를 특히 좋아한다. 수채화는 기교와 거짓이 통하지 않는 순수한 그림이며, 수채화의 내면세계는 마치 아름다운 천사의 심상과도 같이 진실하다.

1992년 10월 우리 화랑의 개관 16주년 기념으로 최정길 선생님의 주옥같은 작품을 엄선하여 '추억의 수채화전'을 열었다. 자연주의를 표방, 무한한 자연의 신비와 아름다움을 수없이 관조하면서 그 끝없는 동경의 세계를 창작해 온 서양화단의 중견작가 최정길 선생의 수채화는 많은 찬사를 받았다.

그의 조선대학 시절 은사이기도 한 강길원 선생을 위시한 많은 서양화단의 선후배들이 전시장에 들러 축하했고, 오랜만에 수채화 전시를 보니 기분이 상쾌하고 좋다고 하면서 작품이 참 아름답고 훌륭하다고 칭찬하는 손님들이 많았다.

그리고 인사동 화랑가에서 자주 열리지 않는 수채화전을 구경하기 위해 많은 손님들이 몰려들었다. 물론 구경하고 가는 손님들이 다 그림을 한 점씩 사 가지고 가는 것은 아니지만 구경을 값이 하러 온다는 그 자체만으로도 전시회는 성황이었다. 수채화를 좋아한다는 손님들은 나름대로 마음에 드는 작품을 골라 간간이 사 가지고 가는 분들도 많이 있었다. 특히 많은 격려를 해 주시고 작품 한 점을 사 주신 H의원님이 참으로 고마웠다. 이 지면을 통해 다시 한 번 감사를 드린다.

나는 그때 그 수채화전을 통하여 "수채화는 너무 가볍고 그리기 쉽고 값이 싼 그림이 아니냐?" 하는 잘못된 편견을 가지고 있는 일부 손님들의 물음에 성의껏 수채화의 매력과 특성을 친절히 설명해 주었다.

첫째, 수채화는 종이에 그리는 그림이지만 수묵 동양화와는 전혀 다른 장르로서 뚜렷이 구별되고, 동양화 같은 분위기가 풍기기도 하지만 서양화의 영역으로 보아야 한다. 유화Oil Painting에 비해 수채화Water Color Painting는 산뜻하고 청순한 신선미가 생명이며 터치가 경쾌하고 감각적이며 세련미가 있다.

둘째, 작품을 고칠 수 없고 덧칠을 할 수 없으며 군더더기 없이 속필로 간결하게 처리되기 때문에 부담이 없는 그림이다.

셋째, 연하고 부드러운 색채는 그 작품 처리 과정에서 번짐의 효과로 환상적인 분위기를 연출시킬 수 있는 특성이 있는 순진무구한 작품이다.

이렇듯 수채화는 완성된 하나의 뚜렷한 장르로서 독창적인 기법의 회화이며 예술이다. 덧칠을 하거나 자꾸 고칠 수 없는 것이 수채화의 장점이자 단점이라면 단점이다. 그렇기 때문에 수채화는 결코 쉬운 그림이 아니고 싸구려 취급을 받아야 하는 그림이 아닐뿐더러 초보자는 좋은 작품을 낼 수 없다.

최정길 선생님은 유화와 함께 수채화도 겸작을 하는데, 일부 그를 잘 아는 화단의 작가들은 유화보다 수채화가 더 좋다고 하는 분들도 많았다.

어떤 손님은 "왜 추억의 수채화전이라고 했느냐?", "작고 작가의 전시회냐?"고 묻는 사람도 있었다. 최 선생의 수채화는 좋은 작품을 그리기 위해서 전국 방방곡곡을 찾아다니며 아름다운 소재를 스케치하고 또한 중국을 비롯하여 동남아시아, 유럽 등지의 외국을 다니면서 그린 작품들이다. 그렇기 때문에 그림 한 장, 한 장이 다 같은 소재가 아닐 뿐만 아니라 좋은 작품을 그리기 위해 찾아다녔던 곳은 다 추억이 서려 있고 추억이 담긴 작품이라고 생각되어 '최정길, 추억의 수채화전'이라고 제목을 붙였다고 친절히 설명도 해 주었다. 그렇게 수채화전은 일정 계획대로 진행되어 성황리에 마칠 수 있었다.

그 이후 1994년 11월 21일부터 11월 30일까지의 기간으로 '최정길 수채화전'을 두 번째로 열었다. 장소는 1차 때와 마찬가지로 우리 화랑이었다. 깊어가는 만추, 나의 두 번째 수채화전은 설렘과 기쁜 날의 연속이었다. 무엇보다도 소영이 나를 도와주고 있었기 때문에 더욱 그러했다. '가을의 찬가 그리고 시정의 낙엽'이란 부제로 시작한 우리의 수채화전은 소영과 함께 기획하고 화실을 방문하여 작품도 같이 엄선하였다. 최 선생의 경력을 영문으로 번역한 것도 소영이었고 영문을 곁들여 만든 팸플릿은 최 선생도 좋아했다. 깊어 가는 가을이라 가을색이 짙은 컬러가 주류를 차지하는 작품들이 많이 출품되었다.

"찬란한 가을, 그렇게 아름다운 찬가를 부르던 단풍도 한 잎, 두 잎 낙엽 지며 시정詩情을 쌓아가는 만추, 어디론가 한번쯤 떠나고 싶은 여로의 향수를 수채화가 있는 공간으로 초대한다"는 인사말이 그렇게도 많은 손님들을 찾아오게 했는지도 모른다.

산, 바다, 풍경, 정물, 누드, 크로키 작품과 동남아, 중국, 유럽, 러시아 등지의 외국작품 스케치, 풍물기행, 작품 등 재미있고 잘된 그

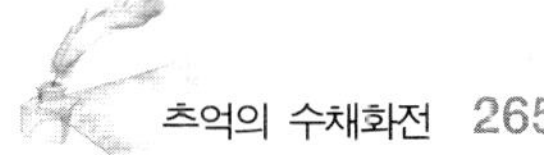

림들을 다양하게 엄선해서 출품 전시했다. 특히 많은 작품 중에서 지금도 기억에 남는 것은 외국 그림으로는 중국의 수려한 계림의 산과 바다 풍경, 자전거를 타는 북경의 여인 그리고 인도차이나의 바다 풍경 등이 재미있는 그림이었다고 생각된다.

우리나라 그림 역시 붉은 단풍이 절정을 이룬 산, 섬마을 풍경, 비 오는 날의 수채화, 그때 꺾지 못했던 나리꽃, 항구, 정물 등 다양하게 출품되었다. 그림 사이즈는 일정하게 10호 기준으로 통일하였고, 마침 당시에는 '한 집 한 그림 걸기 운동' 행사가 전개되고 있는 전후가 돼서 가격은 그 행사의 통일된 가격에 준해서 전시했기 때문에 비교적 부담 없는 값으로 마음에 드는 수채화를 한 폭 살 수 있었다.

어느 날, 우리 전시회를 KBS 문화부 기자 3명이 촬영해 갔다. 주부들이 아침에 남편이 출근하고 애들이 학교에 등교한 이후 설거지를 끝내고 잠시 커피 한잔 하면서 쉬는 시간이 대략 아침 9시 10분쯤 되는데, 그 시간대에 아름다운 우리 수채화가 TV 화면 가득히 클로즈업되어 방영되었고 그 후 많은 전화문의와 축하전화를 받았다.

이 지면을 통하여 나에게 이 수채화전을 열 수 있게 도와주신 최정길 선생님께 감사드린다.

'내가 꺾지 못했던 그때 그 나리꽃은 누가 꺾었을까? 그리고 아름다운 인도차이나, 비 오는 날의 수채화는 누가 사 갔을까?'

수채화 못지않게 작품 한 점 한 점에 붙여진 제목이 더욱 멋있고 아름다운 시구라고 칭찬해 주신 손님들께 감사하고, 들뜬 기분으로 나를 도와준 소영의 명복을 빈다.

수채화는 순진무구한 아름다운 여인상의 분위기가 있다. 이는 나의 영원한 예술이며 사랑의 노래인 것이다.

잊을 수 없는 하숙집 이야기

— 영원한 구원의 어머니상 —

나의 하숙생활 얘기는 1961년 5.16군사혁명이 일어나기 불과 몇 달 전의 일로 기억된다. 40여 년의 세월이 흘렀지만 그때 그 시절의 추억은 한없이 아름답게 주마등처럼 스쳐간다. 나의 하숙생활은 신촌 이화여대 정문 입구 여왕봉이란 다방이 있는 뒷골목, 지금은 무슨 동인지는 확실히 모르겠으나 그곳에서 시작하였다. 당시는 군사혁명이 일어나 정치적으로나 사회적으로 불안이 가시지 않은 채 국가의 명암이 새롭게 바뀌면서 소용돌이치고 있을 때였다.

1960년 수많은 학생들이 피를 흘리고 목숨을 걸고 싸웠던 4.19혁명으로 국무총리 장면의 정권이 들어섰다. 국민이 힘을 실어 주고 성원해 준 소위 'People power(민중의 힘)'에 의해 이승단 장기 독재정권을 무너뜨리고 장면張勉 정권이 들어섰으나 신파 구파의 정쟁政爭은 계속되고, 매일같이 데모대는 광화문 국회의사당과 태평로 시청 앞 할 것 없이 거리를 휩쓸고 다니는 그야말로 데모로 해가 뜨고 데모로 해가 지는 혼란의 연속이었다.

이러한 상황이 지속됨에도 불구하고 무정부적인 상태라고 할 수 있을 정도로 장면 정권은 힘을 쓰지 못하고 있을 때 5.16군사혁명이 일어났다. 지금의 잣대로는 '군사 쿠데타'로 이 나라의 민주발전을 크게 후퇴시키고 인권을 탄압한 독재정권이었다고 비판하는 사람들이 많은 것 같으나 5.16을 계기로 집권한 고 박정희 대통령의 경제발전과 나라의 기틀을 바로잡은 커다란 업적에 대해서는 절대적으로 많은 국민이 긍정적으로 평가하고 있다.

당시 4.19혁명 이후 우후죽순 격으로 신문사와 통신사가 수없이 창간되었다. 나도 그 당시 몇 군데의 신문사와 통신사를 거치면서 기자생활을 하고 있었다. 언론의 자유는 마음껏 누릴 수 있었으나 당시의 언론사는 몇 개의 중추 메이저 신문사를 제외하곤 월급이라고 하는 것이 며칠 교통비에 불과했다. 그나마 외신계약이 되어 있고 재정이 나은 몇 개사를 제외하고는 거의 무보수 상태였다. 나는 그 당시 잠시 회사를 새로 옮겨야 하는 공백기가 있었다.

어느 날 우연히 길에서 황노원이란 친구를 만났다. 우리 외삼촌이 하는 사진관에서 기사로 있던 사람인데, 그때 알게 되어 친한 친구가 된 사람이다. 뜻밖에 반가운 친구를 만난 나는 무한히 기뻤고, 그 친구도 무척 기뻐했다. 그 친구는 당시에 어느 사진관의 기사로 취직해서 많은 월급을 받고 있다고 하면서 전화번호와 직장을 일러 주었다. 나는 간간이 인간성 좋고 순수하게 생각되는 그 친구에게 전화를 하게 되었고 또 시간이 나면 사진관으로 찾아가서 잠시 놀다 오기도 했다.

어느 날, 그 친구가 내 하숙집으로 전화를 걸어 만나자고 해서 충무로 모처에서 만나게 되었다. 그 친구 왈,

"신문사에 다시 취직해 봐야 활동은 자유스럽고 기개는 펴고 살지 모르겠지만 자네는 아직 생활이 안정된 상태가 아니지 않는가. 어때, 내가 좋은 직장 하나 구해 줄 테니 가겠는가?"

"그래, 그 직장이 도대체 뭐하는 곳인데?" 하고 물었더니 예술학원 사진 강사라고 말했다.

"나는 사진 강사를 할 만큼 기술도 실력도 없는데 되겠는가?"

그 친구는 서점에서 책 몇 권 사서 보고, 학원교재도 보고 하면 말 솜씨, 글 솜씨 있는 자네는 잘할 수 있을 것이라고 하면서 권했다.

나는 잠시 망설이다가 신문사는 학원에 다니면서 상황을 봐서 다시 생각해 보기로 하고 "그래, 좋다. 자네가 소개하는 곳이면 믿을 수 있지!" 하고 승낙하고 나서 친구와 함께 그 학원 원장을 만나러 갔다.

그 학원은 당시 영화사가 밀집해 있던 충무로에 있었고, 손 모씨(그분의 이름은 기억나지 않음)라는 원장을 만나 인사하게 되었다. 당시 그분의 나이는 약 50세 중반 전후로 보였다. 몸집이 크고 키가 작달막했는데 아주 점잖고 인자해 보이는 것이 그분의 첫인상이었다.

나의 입장을 솔직히 말씀드렸으나 조금도 개의치 말고 조금 공부하고 노력하면 누구보다도 잘할 것이라고 말하면서 나에게 용기를 주었다. 그 손 원장은 나와 친구를 데리고 조금 걸어서 어느 피아노 교실로 들어갔다. 부인이라고 인사를 시키면서 학원강사로 채용된 선생님이라고 나를 소개했다. 내 친구는 이미 그 원장님의 사모님을 잘 알고 있었다. 원장을 따라 어느 다방에 들어가 구체적인 얘기를 나누었는데 나의 월급은 그 당시 3만 원으로 결정되었다. 이렇게 해서 나는 신문기자에서 학원강사로 직업을 바꾸게 되었다.

학원에서 받기로 한 월급은 당시 내가 받던 신문사의 월급에 비해 월등히 많은 액수여서 한편으로 신나는 일이었으나 하숙비가 걱정이었다. 당시 이대 입구의 하숙집은 깨끗한 한옥으로 큰 대문이 두 쪽

달린 고급 집이었고, 나는 독방에 월 3만 원의 하숙비를 지불하고 생활하면서 하숙비가 조금씩 밀려가는 적자생활을 하고 있었다. 3만 원 하숙비에 3만 원 월급은 분명히 다시 적자가 가중되는 생활임에도 불구하고 그 원장님이 두 달 후에 월급을 올려 준다고 약속해서 나는 한 달 적자생활을 감안하고 시작한 일이었다.

서점에서 사진교재가 되는 책을 사고 학원의 교재를 가져가서 열심히 읽고 쓰고 강의 준비를 한 후 중부시장 옥상에 가건물로 지은 강의실로 첫 출근을 했다. 옥상 강의실은 상당히 넓고 컸다.

학생들은 40~50명 정도였는데 그 많은 학생들 중 20여 명은 여학생이었다. 학원의 분위기는 상당히 좋았고, 나는 새로 온 선생님으로 학생들에게 인기가 있었다. 강의실 옆에는 별도로 기숙사가 있었고 지방 학생이나 집이 먼 학생들이 많이 묵고 있었다.

나는 열심히 강의 자료를 준비하고 학습에 최선을 다했다. 한 달도 안 돼서 원장은 몇 번이고 칭찬을 했고 학생들도 잘 따랐다. 때로는 야회 촬영 실습도 나가고 하면서 재미가 있었으나 반대로 나의 하숙생활은 적자의 폭이 자꾸만 커지고 있었다.

두 달이 지나자 학원 원장은 월급을 조금 올려 주었으나 나의 생활을 메워 나가기는 턱없이 부족했다. 하숙비를 주고 나면 교통비도 몇 푼 남지 않았으니 이러한 내 생활이 항상 걱정되고 근심이 되었다. 그래서 친구에게 하소연했더니 원장은 식대는 학생들의 절반만 받을 테니 기숙사에 와서 좀 불편한 대로 생활하라고 나에게 권했다.

원장님의 성의는 고마웠으나 나의 하숙집에는 연대에 다니는 건장한 학생 한 명이 형님이라고 호칭하며 무척 따랐고, 아랫방에는 이대생 두 명이 자취를 하고 있었는데 오빠, 오빠 하면서 역시 많이 따르고 좋아했다. 당시는 총각이었으니 이대 학생은 선망의 대상이었고, 그 중 한 명은 무척 예쁘고 내가 좋아하는 분위기를 지니고 있었다. 늘상 호주머니가 비어 있어서 데이트 신청 한 번 못했지만 얼굴이 마주칠 때면 가슴이 뛰고 얼굴이 달아오르는 것 같았다.

하숙비가 밀렸는데도 조금도 얼굴색이 변하거나 하숙비를 독촉하지 않고 항상 "우리는 먹는 대로 같이 먹고 같은 식구로 살자"라고 하셨던 따뜻하고 고마우신 하숙집 아주머니가 당시에는 어머니처럼 생각되었다.

기숙사로 가고 싶어도 밀린 하숙비를 다 갚을 길이 없어 고민에 싸여 있던 어느 날, 뜻밖에도 시골에서 내 밑의 동생이 책을 큰 보따리에 싸서 둘러메고 서울로 나를 찾아왔다. 설상가상이었다. 나 혼자의 하숙비도 제대로 충당되지 않아서 조금씩 밀리고 있는 판에 또 동생까지 올라왔으니 어떻게 해야 하나 막연한 생각이 먼저 떠올라서 반갑기보다는 걱정이 앞섰다.

동생은 고등학교를 졸업하고 고학을 해서라도 대학을 가겠다고 결심하고 서울에 올라온 것이었다. 동생의 결심은 대단했다. 어찌됐든 같이 하숙집에 묵으면서 나는 출근하고 어떤 때는 동생은 아침도 먹지 않고 나가버리곤 했다.

어느 날 학원에서 돌아오니 동생이 상기된 얼굴로 방에 들어오면서 "형님, 이제 됐어요. 걱정 말아요. 내가 가정교사로 취직을 했어요"라고 말했다. 대학졸업자가 수두룩한데 시골에서 고등학교 나온 앳된 학생이 가정교사라니 믿어지지 않았으나 동생의 말은 사실이었다. 며칠 동안 같이 먹던 아침밥을 항상 먹지 않고 나가버렸는데 나는 밥상을 대할 때마다 마음이 무겁고 밥이 잘 넘어가지 않았다.

그렇게 보내던 어느 날, 동생은 기운이 다 빠지고 지친 모습으로 들어왔다. 먼저 하던 가정교사가 다시 오기로 했다면서 그만두라는 말을 듣고 왔다고 했다. 내 동생의 실력이 부족해서 그렇게 되었나 보다라고 생각하니 더욱 마음이 아프고 가슴이 답답했다.

나는 동생의 하향을 권유했으나 동생은 어찌 됐든 서울에서 자리를 잡겠다고 고집을 부려서 별 수 없이 하숙밥을 같이 먹게 되었다. 그렇게 되니 자연히 하숙비가 곱으로 밀리게 되었다. 그러나 동생은 놀지 않았다. 아이스크림(그때는 아이스케키) 장사도 하고 내가 출근한 뒤에는 별별 일을 다 하면서 노력하는 것 같았다.

별이 총총 빛나는 무척 무더운 어느 여름밤, 대문 밖 언덕 위에 있는 공터 풀밭에 돗자리를 펴고 우리 하숙생 식구가(내 동생은 빼고) 모두 모여 더위를 식히고 있었다. 촉촉이 밤이슬이 내릴 무렵 다들 자러 들어가는데 하숙집 아주머니가 잠깐 둘이서 할 말이 있다고 하셨다. 나는 밀린 하숙비를 다 내든지 나가든지 대책을 세우라고 할 것 같아 가슴이 쿵당쿵당 걱정을 하면서 주저앉았다.

"문 선생, 내가 이런 말을 해야 할지 안 해야 할지 많이 망설였는데, 문 선생이 아마도 모르는 것 같아서 말해야겠어…" 하시면서 꺼내는 말은 정말 당혹스럽기 짝이 없는 내용이었다. 내 동생이 신촌 시장통에서 붕어빵 장사를 하고 있는데 알고 있느냐고 물었다. 동생이 말하지 않으니 알 수도 없었고 전혀 생각지 못한 일이었기 때문에 순간 미안하고 창피했다. 하숙비도 제대로 못 내는 주제에 동생까지 불러올려 겨우 붕어빵 장사나 시키느냐고 다그쳤다면 아마도 어찌할 바를 몰라 쩔쩔맸을 것이다. 그러나 아주머니는 그 말을 들려주면서 오히려 문 선생께 실망을 시키고 부담을 주는 것 같아 미안하다고 하셨다.

"미안합니다. 부끄럽습니다. 제가 이제 알았으니 곧 어떤 조치를 취하겠습니다."

몇 번이나 머리 숙여 인사하고 착잡한 마음으로 방에 들어왔으나 영 잠이 오지 않았고 동생은 밤늦도록 들어오지 않았다.

밤 열한 시 무렵이면 동생이 대문 밖에서 까치발로 팔을 올려 우리 방 창문을 두드리곤 했는데 동생은 며칠째 까칠까칠한 얼굴로 거의 매일 그 시간쯤 되면 창을 노크하였다.

그날 저녁도 그렇게 늦게 들어온 동생에게 아무 말도 할 수 없었다. 저녁 먹고 들어왔다는 동생에게 "형님이 못나고 기반이 없어서 너를 고생시키는 것 같아서 오히려 미안하다"고 말하고 나가서 씻고 들어와 자라고 했다. 동생은 퍽이나 고단했는지 일찍 잠이 들었다.

다음날 아침 일어나 보니 동생은 이미 나가고 없었다. 나는 출근길에 신촌시장을 걸어 내려가면서 아주머니가 일러준 그 장소를 찾아 동생이 어디서 붕어빵을 굽는지 보기 위해 주변을 두리번거렸다. 앞창이 달린 모자를 깊게 눌러쓴 동생은 내가 와서 지켜보는 줄도 모르고 고개를 푹 숙이고 열심히 손을 놀리며 빵을 구워내고 있었다. 나는 아무 소리 않고 뒤돌아서 올라오다가 다시 내려갔다. 어느 손님이 개시를 해주었는지 못했는지 모르나 내가 동생이 굽는 붕어빵을 한 봉지 사 가지고 가서 학생들에게 주는 것이 좋을 성싶어서 용기를 내서 동생 앞에 서서 목소리를 냈다.

"학생, 이 빵 얼마씩이오?"

내 목소리를 들은 동생은 얼마나 놀라며 당황해 하는지 오히려 내가 민망할 정도였다. 나는 그때 지금 돈으로 만 원 이상 되는 돈을

내고 빵을 한 봉지 샀다. 그리고 저녁에는 일찍 들어오라고 말하고 학원으로 갔다. 물론 그 빵은 목이 메어 먹을 수가 없어 학원에 가서 학생들에게 다 나누어 주었다.

그날 저녁에 동생은 일찍 들어왔다. 창문을 노크하는 시간이 한 시간 이상 빨랐다. 방에 들어온 동생은 형님이 알았으니 차라리 잘되었다고 말하면서 그동안 벌어 모은 돈을 이 호주머니 저 호주머니에서 꺼냈다. 동전도 많고 지폐도 많았다. 며칠간 상당히 많은 돈을 벌었던 것이다. 나는 이 돈이야말로 참으로 기막힌 돈이라고 생각하면서 눈물을 글썽이며 동생과 함께 늦도록 꼬깃꼬깃한 지폐와 동전을 세었다.

이렇게 한없이 착한 동생이 나보다 오히려 더 낫다고 생각되었으나 하숙비는 자꾸 밀리고 아주머니 보기도 미안하고 내 스스로 자존심도 상해서 동생을 내려보내야겠다고 결심한 어느 날 아침이었다. 넥타이를 매고 막 방문을 나서려는데 동생이 숨을 헐떡이면서 급히 방문을 열고 뛰어 들어왔다.

"형님, 큰일났어요!" 하며 얼굴이 사색이 되어 나를 쳐다보았다.

내용인즉, 중고품으로 산 빵틀 옆에 튀어나온 쇠토막을 자르기 위해 이웃 철물가게에서 쇠톱을 하나 빌렸는데 그 톱으로 썰다가 그만 톱날이 부러져 버린 것이었다.

굉장히 비싼 쇠톱을 부러뜨렸으니 겁도 나고 어찌해야 할지 모르겠다고 하면서 울상을 지었다. 나도 내심 걱정이 되었으나 일부러 태연한 척하며 동생을 앞세워 그 철물가게 주인을 찾아가 실수로 톱을 부러뜨려서 물어드리려고 왔다고 말하고 동생의 실수에 미안하다고 사과했다. 그랬더니 주인은 만면에 웃음을 머금고 나를 한번 죽 훑어

보더니 이 학생이 하도 열심히 일해서 착해 보였다고 말하면서 몇 푼 안 나가는 톱이니 괜찮다고 하면서 내가 내민 지폐 한 장을 받지 않겠다며 사양했다.

우리 형제는 그분에게 눈물겹도록 고마워서 몇 번이고 정중히 인사를 하고 돌아섰다. 세상에는 착하고 좋은 사람도 참 많은 것 같았고, 착하게 열심히 살려는 사람에게는 착한 사람이 나타나 어떤 형태로든 도와준다는 교훈을 새기면서 학원으로 향했다.

그날도 나는 동생 생각으로 일찍 집에 들어왔다. 동생의 모습은 그 붕어빵 장사를 하면서 약간은 안정되어 보였으나 몰골이 초라해져 갔다. 그리고 아직도 빵 기계를 다루는 솜씨가 숙달되지 못해 여기저기 손가락에 화상을 많이 입었다. 나는 내 자신의 무력함이 스스로 원망스러웠고 동생이 측은해서 볼 수가 없었다.

어느 일요일, 학원에 출근하지 않는 관계로 넉넉하게 시간을 내어 동생을 설득하였다. 집으로 귀향을 시키려고 많은 얘기를 했고 동생은 눈물을 글썽이면서 내 말을 따라주었다. 동생은 책을 다시 꾸려서 서울역으로 갔다. 책보따리와 가방을 메고 개찰구로 빠져나갈 때 동생의 눈물이 고여 있는 것을 보았다. 서울역을 되돌아 나오면서 홀가분하기도 하고 서운하고 슬프기도 해서 손수건으로 눈물을 훔쳤다.

동생은 생활력이 강하고 사고가 반듯하며 품행이 매우 성실하기 때문에 열심히 공부하여 공직생활을 시작하였고, 여기에 밝히지는 않으나 상당히 계급이 높아져서 성실히 국가와 사회를 위해 봉사하다가 정년퇴직하고 지금은 모 학원 감사로 재직 중이다.

나는 동생을 내려보낸 사정과 나의 심정을 하숙집 아주머님께 말씀드렸다. 학원 기숙사에 들어가서 밀린 하숙비를 마련해서 다시 들

어오겠다고, 도저히 미안해서 밥이 넘어가지 않는다고 하는 내 눈에 맺히는 이슬을 발견한 아주머니는 펄쩍 뛰었다.

"사람이 먹으면 얼마나 먹는다고, 이래저래 살다보면 금방 가는 것이 세월인데, 이고 가나 가지고 가나 다 버리고 가는 것을 무엇 때문에 아옹다옹하며 그저 자나 깨나 돈돈 하느냐. 다 부질 없는 일이다. 오늘부터는 우리 집 큰아들이니 그리 알고 먹는 대로 같이 먹고 사는 데까지 같이 살자!"고 하시면서 내 손을 꼭 쥐었다.

그리고 옆방에 승마를 좋아하는 연대 학생과 아래채에 두 이대생을 불러올리더니 정식으로 우리 큰아들로 삼을 것이니 깍듯이 형님과 오빠로 모시라고 말씀하셨다. 온통 우리 식구들은 감격의 눈물을 흘렸다.

그날 이후 항상 나는 식사를 내 방에서 혼자 하지 않고 안방 마루로 올라와 아침과 저녁식사를 같이 하게 되었다. 내 생애에 있어서 이렇게 감격스럽고 눈물겨운 사랑을 받아본 일이 없었으나 나는 그럴수록 더욱 부담이 컸다. 아주머니는 남편과의 사이에 자식이 하나도 없었고, 더욱이 남편과 별거하면서 집 한 채를 밑천삼아 하숙을 치면서 퍽이나 외롭게 사시는 분임을 알고 있는 나로서는 밥을 먹어도 모래알을 씹는 것 같았고, 그렇게 맛있어서 뼈까지 부숴 먹던 굴비도 아주머니가 뜯어 주시면 오히려 맛있는 줄도 몰랐다. 저렇게 착하시고 훌륭하신 분에게 피해를 끼치면서 나만 편하게 안주하며 지낼 수는 없었다.

내 방에 이미 새 이불 한 채까지 갖다 주신 고마우신 아주머니, 아니 어머님께 어느 날 저녁에 눈물의 편지를 썼다. 그 편지 내용을 아무도 보지 못하게 명함 한 장과 함께 봉투에 넣어서 봉함을 한 후

아랫방 이대생에게 주면서 아주머니께 친히 전해달라고 부탁하고 나서 학원에 출근하였다. 그 편지를 읽어 보시면 충분히 내 마음을 알아주실 것이라고 생각하니 한결 마음이 편안하였다. 편지의 내용은 이러했다.

"아주머님, 아니 어머님 보십시오. 아무것도 가진 것 없고 볼품없는 사람을 친자식처럼 베풀어 주신 따뜻하고 고마우신 은혜 평생 잊지 않겠습니다. (중략) 하숙비 만들어서 꼭 들어올 터이니 혹시라도 하실 말씀 있으시면 학원으로 연락하시고 조금만 기다려 주시면 더욱 감사하겠습니다."

나는 그날 밤부터 하숙집에 들어가지 않았다. 잠자리가 바뀐 탓도 있지만 학생들, 일부 선생님들의 코 고는 소리에 도저히 잠을 잘 수가 없었다. 다음날 수업시간이 끝난 후 나는 충무로 피아노 교실 원장님께 오늘부터 기숙사에 입사한다고 보고했다. 원장님은 잘했다고 하면서 기숙사 아줌마에게 새로 오신 문 선생님이 불편 없도록 신경을 써서 잘 해드리라고 했다.

하숙집을 나온 다음날 오후 강의시간이 끝나고 학생들이 우르르 옥상으로 몰려나간 후 교탁에 앉아 잠시 교재를 검토하는데 누가 문 선생 하고 불렀다. 쳐다보니 뜻밖에도 연대 학생과 하숙집 아주머니가 서 계셨다.

'하숙비 잔뜩 밀려 놓고 비겁하게 편지 한 장 남기고 안 들어오는 나쁜 놈이라고 소리치지나 않을까? 그렇게 되면 내 꼴은 많은 학생들 앞에서 무엇이 되나…' 하는 걱정으로 인해 나의 가슴은 쿵쾅쿵쾅 뛰었다. 그러나 하숙집 아주머님은 이미 어머니가 되어 계셨다. 문 선생 하고 쫓아와서 손목을 붙들고 흐느끼셨다.

"이 사람아, 내가 사람 볼 줄 알아. 자네가 어떤 사람이란 것 이미 알고 있어. 내가 뭘 그리 잘해 주었다고, 이러지 마. 자네는 이제 내 아들이야. 우리 집 큰아들이야. 하숙비 따윈 이제 걱정 안 해도 돼. 내 아무리 여자이지만 자네 한 사람 못 먹여 주겠나. 어서 가, 어서 가자고…" 하면서 소리 내어 우시는 것이었다. 연대생 손에는 큰 수박 한 덩어리가 들려 있었다.

"형님, 강의실이 참 넓은데요. 저는 형님이 이 예술학원 강사라는 것이 기분 좋고 뿌듯합니다. 아랫방 이대생이 보고 싶지 않아요? 강의 끝났으면 어머니 모시고 가고, 끝나지 않았으면 오늘 꼭 들어오세요"라고 넉살스럽게 웃으며 말했다.

참으로 고마운 인정과 모성이었고 나는 행복한 사람이었다. 가까스로 어머니를 달래드리면서 한 달 하숙비만 모아가지고 들어가겠다고 하였으나 오히려 역정을 내시면서 여기를 찾아올 때에는 하숙집 아줌마로 하숙비 받으러 온 것이 아닌, 문 선생의 어머니로서 찾아온 것이고 연대 학생은 동생으로서 형님을 찾아왔다는 것이었다. 나는 더 이상 버틸 수도, 그래서도 안 되겠다는 생각에 그날 저녁 들어가겠다고 약속했다.

남은 수업을 다 마치고 가벼운 마음으로 들어가니 이미 그 집은 하숙집이 아니고 우리 집이 되어 있었다. 이대생들이 기뻐서 야단이고 옆집 문씨네 할아버지 손녀로, 김백초 무용학원에 다니는 이대 체육과를 졸업한 무용 선생에게 메모 심부름을 하던 문정자도 와서 같이 기쁘게 맞이해 주었다. 우리는 그날 저녁을 푸짐하게 장만해 주신 어머니 덕택으로 맛있게 배불리 먹었다.

그 후부터 나는 하숙집 아주머님을 어머니라 호칭하면서 가벼운 마음으로 학원에 나가고 있었다. 그러던 어느 날, 정자네 할아버지가 한 번 만나자고 하신다기에 찾아뵙고 인사드렸더니, 아랫방에 세 들어 살던 무용학원 선생을 여왕봉 다방에 데리고 나와 맞선을 보게 해주셨다. 그녀는 당시 한국은행 대구 지점장의 딸로 평소 내가 오며 가며 마음에 들어 눈길을 주었던 여자였다. 정말 고마우신 남평 문씨 문중의 할아버지셨다.

여왕봉 다방에서 할아버지는 우리를 마주 앉히고 서로 인사를 시킨 후, "자, 이제 우리같이 늙은이는 자리를 피해야지" 하면서 일어나셨다. 그 뒤 냉커피를 마시면서 그녀는 내게 물었다. 만일 결혼을 한 이후에도 내가 무용학원에 강사로 나간다면 어떻게 하겠느냐, 또는 공연이 있어 외국에 나간다면 어떻게 하겠느냐고 물었던 것으로 기억된다. 나는 무조건 다 좋고 협조하겠다고만 말하는 상당히 앳된 총각이었다.

하루는 아침에 출근하면서 명동 돌체다방 앞 5층 건물에 있는 그녀의 무용학원까지 같이 가서 그녀를 바래다주고 충무로의 배우학원과 피아노 교실을 들러 을지로 쪽에 있는 중앙시장 옥상 캠퍼스 중앙예술학원으로 가기도 했었다.

호사다마라더니 그렇게 안정되고 평화로운 나의 하숙생활도 끝장이 나는 일이 생기고 말았다. 5.16 군사정부는 시설미비란 명목으로 우리 학원의 인가를 취소시켰고, 많은 신문 통신사도 시설미비란 잣대로 등록을 취소시키고 말았다. 그때 돈으로 월급이 3만5천 원일 때인데, 그 월급마저도 탈 데가 없으니 도저히 서울생활을 계속할 수가 없었다. 아무리 하숙집 아주머니를 어머니로 호칭한다 해도 친어머니가 아닌 이상 돈 한 푼 없는 백수건달로 노상 얻어먹을 수만은 없는 노릇이었다. 실로 막막하기 그지없었다.

고민에 고민을 거듭하던 어느 날, 장문의 편지를 썼다. 나라의 현실과 당면한 나의 처지와 입장을 설명 드리고 일단 하향했다가 좀 사회가 안정되고 직장이 구해지면 다시 서울로 올라와 찾아뵙겠다고 하는 내용이었다. 그리고 나는 결국 눈물의 하향을 했다.

그 후 여동생이 사다주는 담배 한 갑을 아껴 태우면서, 목구멍이 꾹꾹 찔려서 도저히 먹을 수 없는 우리 어머님의 마구잡이(밀을 맷돌에 둘둘 갈아서 통째로 수제비 형식으로 만든 것)를 감자만 건져 먹고 국물만 조금 마시곤 하는 따분하기 이를 데 없는 시골생활이 계속되었다.

모기가 많아 밤이면 마당에 모깃불을 피워놓고 평상에 누워 하늘을 쳐다보노라면 수없이 많은 별들이 하늘을 수놓으며 나를 위로했다. 어디선가 어둠 속에서 개가 짖어대고, 모깃불 연기에 눈이 매워 마당을 한 바퀴씩 돌다가 모기에 물린 일도 많았다.

혁명은 성공적으로 잘 수행되고 사회 전반의 개혁이 진행되면서 점차 안정되어 가고 있을 때 나는 다시 상경하여 민주공화당 종로지구당에 입당하여 가회동에 사는 친구 한 사람을 사귀게 되었고, 조계사 건너편 어느 건물 3층을 빌려 '한국관광 PR공사'라는 회사를 차렸다. 그러나 자본 부족으로 당시 좋은 사업 아이템을 제대로 실현해 보지도 못하고 실패하고 여러 가지 어려움을 겪다가 일간 경제신문 S사에 취직하여 기자생활을 하게 되었다.

나는 그때부터 조금씩 생활의 안정을 되찾게 되었다. 내가 자리를 잡고 생활기반을 닦은 연후에 하숙집 아주머니, 아니 그 인자하신 어머니를 당당히 모시러 가겠다고 마음먹었으나 이리저리 내 생활이 바쁜 탓으로 사실 제일 먼저 찾아뵈었어야 할 그 어머니를 찾아보지도 못하고 3년의 세월이 흘렀다.

그렇게 K신문사의 경제부장, 정치부장을 하면서 나름대로 기반이 좀 잡힌 생활을 하고 있던 어느 날, 광화문에 있는 우리 신문사 건물 옆에 설렁탕을 잘하는 집이 생겼다고 소문이 나 있었다. 그래서 나는 점심으로 설렁탕을 먹으러 지금은 이미 고인이 된 Y부장과 함께 그 집에 들어갔다가 꿈에 그리던 그 하숙집 어머니를 만나게 되었다. 세월이 많이 흘러 모습은 좀 변했으나 카운터에 앉아서 식권을 떼고 돈을 받는 분은 틀림없는 그분이었다.

나는 설렁탕을 먹고 나가면서 인사를 할까 했으나 마음이 설레어서 견딜 수가 없었다. 즉시 일어서서 카운터로 다가가서 물었으나 전혀 딴 사람이었다. 의도적으로 피하는 것이 아닌가 하고 두세 번 자초지종을 얘기하면서 물었으나 내가 찾는 그 어머니는 아니었다. 그러나 그 설렁탕 집 아줌마의 모습이 하도 비슷해서 그 후로도 자주 그 집의 설렁탕을 먹으러 다녔다.

이 일을 계기로 하여 그 어머니를 찾아뵙겠다고 큰마음을 먹고 이대 입구에 있는 그때 그 시절 나의 하숙집을 찾았으나 집은 그대로 있는데 문패도 바뀌고, 집안까지 들어가서 자세히 물었지만 성도 이름도 모르는 아주머니를 찾을 길이 없었다. 그 집에 이사 왔다는 사람은 그 집을 사 가지고 왔다면서 소문에 의하면 인천으로 이사를 했다는 말도 있고, 북아현동에서 연탄대리점을 한다는 말도 들었다고 했다. Y부장과 나는 그 이튿날까지 종일 찾아 헤맸지만 그 아주머니를 찾을 수가 없었다. 연탄가루를 밟아 가며 골목골목을 찾아다니면서 물었으나 모두들 고개를 저었다.

세월이 무심히 흘러 내 나이가 60중반이 되었으니 그분이 살아계

신다면 80이 넘은 고령의 할머니일 것이고, 벌써 돌아가셨는지도 모른다. 나에게 은혜를 베푸시고 가신 그 훌륭하고 고마우신 어머님을 못 찾아뵌 것이 지금도 죄송하고 후회된다. 의도적인 것은 아니었으나 결과적으로 나의 성의 부족을 반성해 본다. 어디선가 살아계신다면 건강하시게 만수무강을 빌고 이미 고인이 되셨다면 머리 숙여 삼가 고인의 명복을 빈다.

나는 이 따듯한 어머니에 대한 이야기를 이름하여 '구원의 어머니상'이란 글로 써서 내가 근무한 K일보에 7단 박스기사로 실은 바 있다. 그러나 스크랩을 해둔 노랗게 변한 그 신문이 지금은 어디에 들어 있는지 찾을 수도 없다.

나를 채용해서 잘 대해 주신 손 원장님도 살아계신다면 건강하게 만수무강하심을 빌고 이미 고인이 되셨다면 또한 삼가 명복을 빈다. 또한 그 이후 통 만날 수 없었던 친구 황노원 군의 소식도 궁금하다. 살아있다면 꼭 한 번 극적인 만남을 갖고 싶다.

그림과 함께한 세월 이야기

– 나는 어떻게 화랑을 하게 되었는가? –

나는 1972년에 K일보사 정치부장으로 국회를 출입하고 있었다.

당시 정치적, 사회적으로 격동기였던 1972년 10월 17일 박정희 대통령의 10월 유신으로 계엄령이 선포되었다. 따라서 모든 정치활동과 집회 등이 중단되고, 언론의 사전검열제가 실시되면서 정치기사는 특별히 취재할 것도 없었고 정부에서 공식적으로 발표하는 것 외에는 사실상 신문에 한 줄도 실을 수 없게 되었다.

이러한 상황 속에서 정치인들은 끼리끼리 모여 정국 추이를 비상한 관심으로 예의주시하면서 정중동靜中動의 시간을 보낼 때 나는 출입처인 국회도 나갈 필요가 없는 상황이었으므로 자유로운 시간이 많았다.

10월 유신은 당시 획기적인 남북공동선언으로 이어지고 남북조절위원회가 발족하면서 이후락 정보부장이 평양을 방문, 김일성 주석을 만나고, 북한에서도 이에 비슷한 중량급 인사가 우리나라를 방문, 남북 간의 새로운 정치적 물고가 트이면서 통일의 기반조성을 예고하듯이 생각할 수 없었던 역사적 사건들이 일어나면서 정국은 격동을 치기 시작하였다.

그 당시 내가 몸담고 있던 K일보사 서울지사장으로 있던 S지사장은 나 못지않게 그림을 좋아했는데, 특히 고서화나 골동품에 조예가 깊었고 간간이 사 모으기도 했다. 분위기를 살펴보니 때때로 지인들이 와서 한두 점씩 사주기도 하는 것 같았다. 나는 그런 분위기를 보면서 저렇게 하는 것도 상당히 재미있겠다는 생각이 들기도 했다.

지사장이라고 호칭하던 그분은 80년대 5공화국의 언론정책으로 신문사가 통폐합으로 없어진 뒤 인사동에 화랑을 낼 때 내가 점포를 알선해 주기도 했다. 같은 동향이고 한참 연상이라 형님이라고 호칭하면서 형제지우로서 가깝게 지냈었는데 2년 전에 고령으로 작고하셨다. 이 지면을 통하여 삼가 명복을 빈다.

전술한 바와 같이 정치적, 사회적 상황으로 기자 신분의 직업은 마치 실업자처럼 특별히 할 일도 없고 시간은 많이 남아돌았다. 이런 시간을 이용하여 나는 원래 그림에 취미가 있었기 때문에 간간이 인사동의 화랑가를 찾아 그림 감상을 하기도 했다. 또한 당시에 많은 화랑이 있었던 반도조선 아케이트와 청계천 7, 8가 사이에 형성되고 있었던 황학동 골동품 시장에 들러 구경을 했는데 여러 가지 흥미로운 물건들이 많았다. 나는 마패와 엽전류 같은 것을 사기도 했으며 특히 내가 좋아했던 민화와 족자로 만들어 놓은 고서화를 사기도 했다. 뿐만 아니라 연대측정도 잘 못하면서 반닫이 같은 것도 골동품으로 알고 몇 개 사기도 했었다.

내가 이것저것을 구경하면서 살펴보았던 황학동 시장은 그림, 골동품, 고목기, 민화, 표구 등 여러 가지 재미있는 물건들이 많이 진열되거나 거래되고 있었으며 상당히 많은 사람들이 그 시장을 찾아 나왔었다.

어느 날 다시 황학동 시장을 나가서 이것저것을 구경하다가 고서

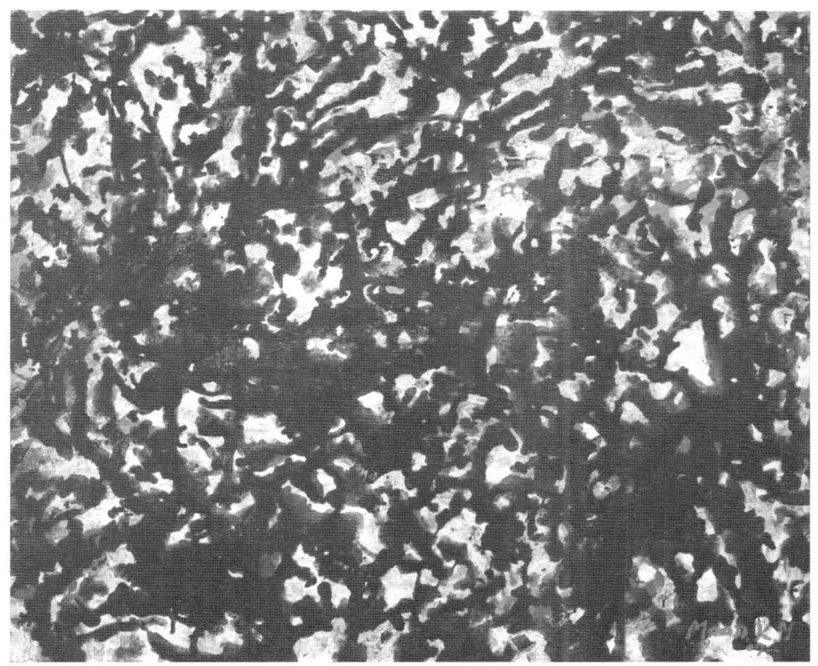
야망(野望)과 웅비(雄飛)

화를 취급하는 어느 화랑 표구점에 들러 표구기술자 한 사람을 만나게 되었다. 잠시 얘기를 나눈 뒤 다방으로 데리고 가서 많은 얘기를 묻고 들으면서 그림을 사고파는 얘기라든지 화랑가의 실태를 대충 재미있게 들을 수가 있었다. 그 표구기술자는 경남 진주 쪽 문산이 고향이라고 했는데 당시 내가 느낀 인상이 참 좋았다.

나는 그 표구기술자에게 내가 화랑을 하나 내고 싶은데 나를 좀 도와줄 수 있겠느냐고 했더니 아주 좋아했다. 그는 표구기술자로 여러 해 일을 했고, 표구학원 강사로 몇 년간 강의를 하였다고 했다. 만일 내가 화랑을 낸다면 적극적으로 따라다니면서 좋은 자리를 물색해서 안내해 드리고 심부름도 해드리겠다고 말했다. 그때 나는 참 기분이 좋았고 내가 이런 젊은 기술자를 만나게 된 것은 특별한 의미가 있는 것 같았다. 그래서 그 표구기술자와 연락처를 주고받고 나서 다음에 연락을 하기로 하고 그날은 그렇게 헤어졌다.

전술한 바와 같이 당시의 시대적 상황은 유신정국의 일련의 조취가 계속 발표되는 가운데 신문기자로서의 책무 또한 결코 소홀히 할 수 없었기 때문에 그때그때 상황에 따라 시국의 흐름을 지켜보면서 신중한 활동으로 세월을 보내고 있었으며 때때로 시간을 내서 화랑가를 찾아다녔다. 왜냐하면 나는 언젠가는 기필코 화랑을 하나 내야겠다는 결심을 이미 한 바 있기 때문에 작품 구입을 위해서 또는 작품을 보는 안목을 키우기 위해 화랑가를 자주 찾아다닐 수밖에 없었다. 또한 이것은 나의 유일한 취미이기도 했기 때문에 이런 시간은 나에게 매우 유익하고 즐거운 시간이기도 했다.

어느 날 서울시청 앞 반도조선 아케이트에 있는 화랑가에 다시 들렀다가 그곳의 어느 화랑에서 백범 김구 선생의 글씨 한 폭을 샀다. 그날 오후 인사동 네거리 쪽에 있었던 S화랑에 들러 아까 산 백범 김구 선생의 글씨 족자를 보이며 진품인지 가품인지 좀 봐달라고 했더니 무조건 가짜라고 말했다. 기분이 나빠서 백범 선생의 글씨를 판 화랑에 다시 가서 물러야겠다고 생각하고 나오는데, 그 화랑 주인이 원하면 우리 화랑에 팔고 가라고 했다. 가짜인데 왜 사려고 하느냐 했더니 선물용으로 사놓으려고 한다고 말하였다. 그렇게 홍정을 한 끝에 내가 산 값보다 많이 준다고 해서 그냥 그렇게 팔아버렸다. 뒤돌아 나올 때의 생각은 그 주인이 싸게 사기 위해 진품을 가짜라고 말했던 것은 아닌가 싶어서 기분이 찜찜했다.

그 이후 지금은 기억이 잘 나지 않으나 어느 화랑에서 춘곡 고희동 선생의 동양화(약 10호) 한 점을 사서 다시 S화랑에 찾아가 감정을 받기 위해 보였다. 이 그림은 좋은 그림이라고 하면서 팔고 싶으면 사겠다고 했으나 가격을 너무 싸게 준다고 해서 팔지 않았다. 그 그림은 내가 집으로 가져가서 소중히 보관하고 있다가 이사를 갈 무렵, 금고에 넣어 두었던 작품을 다시 가지고 나와 S화랑에 적당한 가격에 판매하였다.

작가 고희동 선생은 최초의 동경 유학생으로 서양화를 전공했으며 우리나라 서화협회를 설립한 당대의 유명한 인기작가였다. 뿐만 아니라 4.19 이후 민주당 정권이 최초로 도입한 내각책임제 하에서 참의원의원參議院議員을 지내기도 했다. 만일 그 그림을 지금까지 가지고 있었다면 희소가치가 있는 작품으로 아주 고가에 팔릴 수 있는 작품이었다.

이렇게 시간을 보내는 가운데 정국은 많은 안정을 가져왔고 따라서 국회 출입도 전처럼 할 수 있게 되었으며 취재활동도 어느 정도 자유로웠다. 이런 상황에서 나는 계속 시간 나는 대로 서울 시내 여러 군데로 분산되어 있는 화랑가를 다니면서 그림을 한두 점씩 사 모으게 되었다. 그러면서 그림을 팔고 사는 데 있어서 가장 중요한 것은 첫째도 안목, 둘째도 안목으로, 진품과 위작을 가릴 수 있는 전문 식견이 있어야 한다는 것을 깨닫게 되었다.

그렇게 몇 년의 세월이 흐르다 보니 그동안 내가 틈틈이 사서 모은 그림이 우리 집 다락방에 꽤 많이 모아졌다.

어느 토요일 오후, 오래간만에 황학동 그림시장에 가서 그때 그 표구기술자를 만났던 화랑에 들렀다. 반갑게 그 표구기술자를 만나 그동안에 있었던 많은 얘기를 나누고 그때 말한 대로 화랑을 내야겠는

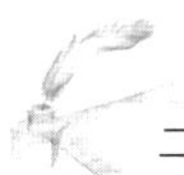

데 장소를 보러 같이 좀 다녀줄 수 있겠느냐고 물었다. 그랬더니 그 표구기술자가 적극적으로 도와드리겠다고 말하면서 "오늘 당장 같이 좀 다녀보시죠" 하면서 앞장섰다.

그가 안내하는 대로 인사동을 중심으로 화랑 자리를 보기 위해 이곳저곳을 다니던 중 아현동 화랑가(고서화, 골동품, 고목기, 민화 등)를 찾게 되었다(지금은 그곳에 주로 웨딩숍이 밀집해 있다). 그곳 어느 복덕방을 통해 팔려고 내놓은 화랑 하나를 만나게 되었다. 나는 그 지역이 화랑 자리로는 별로 좋지 않은 지역이라고 생각되어 망설였는데 표구기술자는 외국 사람들이 공항으로 차를 타고 오고 가는 고갯길이라서 그 지역이 인사동 못지않게 아주 좋은 화랑 자리라고 역설했다.

그래서 나는 그 화랑 사장과 단도직입적으로 흥정을 하고 그 화랑에 걸려 있는 그림까지 전부 인수하는 조건으로 당시에 나로서는 꽤 큰돈을 주고 그 화랑을 사게 되었다. 그렇게 쉽게 화랑을 낼 수 있을 것이라고는 생각지도 못했던 일이었는데, 지금으로부터 35년 전 1977년 5월 어느 날 결국 그리도 꿈꾸던 화랑을 내게 된 것이다.

그 화랑을 새로 손질하여 상호를 '고촌화랑'이라고 짓고 가까운 지인 몇 분을 모시고 표구기술자와 여직원 두 명을 데리고 조촐하게 개업식을 치렀다. 돌이켜 보면 그때 그 용감했던 기백이 스스로 생각해도 참 기특하게 느껴진다.

그러나 나는 화랑을 개업하고서도 신문사에 알릴 수가 없었다. 특별히 경험도 없고 이 화랑이 잘 되어서 뿌리를 내리게 될지 안 될지도 알 수가 없었고, 좀 더 자리가 잡힌 뒤에 부업으로 화랑을 하나 냈다고 말해도 늦지 않겠다고 생각했기 때문이다.

나는 신문사에 출근만 하고 남는 시간은 주로 화랑에 들러 지인들에게 전화를 넣어 화랑개업을 했다고 알리고 또 간간이 오는 손님을 맞이했다. 그 자리가 화랑을 했던 자리라서 전에 오가던 그 화랑 단골손님들도 종종 찾아오기도 했다.

그리고 화랑을 하면서도 신문사의 출퇴근을 제대로 하면서 당시 내 수하의 정치부 차장과 기자 한 명에게 그때그때 스케줄에 따라 취재활동을 시키면서 특별한 일이 있을 경우에는 보고를 받고 직접 정치인들을 만나거나 출입처인 국회를 나가기도 하면서 열심히 화랑을 운영하는 데 정열을 쏟았다. 그렇게 하면서 그 아현동의 고촌화랑은 서서히 자리를 잡아가기 시작했다.

어느 날 가까운 지인이 한 명 찾아와 화랑에서 맥주를 한잔 하면서 하는 말이 "이왕 화랑을 내었으니 인사동에 들어가서 보란 듯이 화랑을 한번 해보아라" 하고 나의 의기를 부추겼다.

그분 왈,

"장구를 메었으면 뚱땅뚱땅 멋들어지게 한번 쳐봐야지. 정치부장인 당신이 이 변두리에서 이렇게 조그마한 화랑으로 머물러서야 되겠소. 그런 의미에서 내가 오늘 그림 한 폭을 사가지고 가겠소. 자, 우리 건배!"

우리 화랑을 찾아오는 손님들은 주로 내가 언론계에 있으면서 공적, 사적으로 알게 된 지인들이 대부분이었고 그런대로 그림도 잘 팔리고, 표구도 많이 들어오고, 쏠쏠하게 장사는 잘 되었다.

이렇게 1년이 되던 어느 날, 인사동으로 화랑을 옮기기로 마음을 먹고 화랑 자리를 얻기 위해 인사동을 자주 나갔었는데 그 시절은 장사가 잘 되어서인지 도무지 빈 가게가 없었다. 각 복덕방에 명함을 뿌려놓고 왔다 갔다 하면서 가게를 물색하던 중 두 달 만에 겨우 인

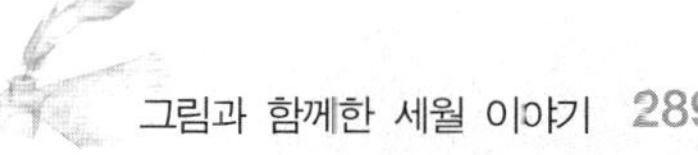

고촌화랑 앞에서

사동에 허름한 가게를 하나 얻게 되었다. 그 가게는 이조시대의 오래된 한옥이었으므로 외관상 화랑을 하기에는 너무나 어울리지 않았다. 그러나 번번이 따로 나오는 가게도 없고 해서 그 가게를 얻어 약 한 달간 집을 새로 짓는다고 생각하고 그 가게를 수리해서 제법 그럴싸한 화랑의 모습을 갖추었고, 그해 늦가을 날씨가 꽤 쌀쌀했던 어느 날 난롯불을 피워 놓고 인사동 '고촌화랑'을 개업했다. 이 화랑이 지금의 인사동 '고촌화랑'이며 개업 35년의 역사를 가진 화랑으로 인사동에서 제일 오래된 화랑이자 인사동의 역사이다.

그 후 화랑이 오래된 건물이라 재보수를 자주 해오면서 유지하다가 7년 전 허물어 버리고 새 건물을 지었다. 따라서 화랑 분위기에 걸맞은 실내 인테리어를 갖추고 제2개업이라는 생각으로 새롭게 출발, 지금 현재는 나의 아내가 맡아서 한 차원 업그레이드된 화랑으로 공신력을 제고하여 충실히 잘 운영하고 있다.

결국 1980년 제5공화국 전두환 정권의 소위 신문의 통폐합으로 인하여 내가 몸담았던 K일보가 없어지면서 정치부장이었던 나는 해직기자로 언론계를 그만두게 되었다. 그 이후 절친하게 지내던 동료와 후배들의 권유로 모 메이저 신문사의 기획위원과 일간경제신문 편집위원으로 잠정 근무하게 되었다. 또한 언론계의 친구가 운영하던 비판신문사 논설위원으로 재직하면서 사설을 맡아 정치, 경제, 사회,

문화 등 각 분야에 걸쳐 많은 논설을 내보내기도 했다. 당시 그 친구와는 특별히 가까운 사이였는데 이미 고인이 되었다. 이 지면을 통하여 그 친구의 명복을 빈다.

화랑을 운영하면서 많은 작가들과 교류하고 미술 컬렉터의 손님들을 만나면서 인사동에 추억을 만들어 가고 있었다.

따라서 나의 그림 솜씨도 하루가 다르게 변해가고 있었으며 이제는 나도 작가가 되었다는 자신감을 갖게 되었다.

그러나 좋은 작품을 그리기 위해서는 더욱 공부를 많이 해야 되겠다는 생각에 홍익대학교 미술대학원 현대미술 최고위 과정에 입학하게 되었다. 대학원의 커리큘럼curriculum은 주로 이론을 중심으로 한 수업이었으며 세계 미술의 역사적 배경과 시대적 변화에 따른 포스트모더니즘의 동향을 짚어보며 공부하는데 재미가 있었다.

앞서 말한 대로 인사동으로 화랑을 이전한 이후 당시 화랑 밀집 지역이었던 장한평을 자주 찾아가 그림을 많이 사기도 했다. 또한 나는 직접 그림을 받기 위해 유명한 작가들을 많이 찾아다녔는데 이미 고인이 되신 월전 장우성 선생, 산정 서세옥 선생, 목포의 남농 선생 등 우리나라 정상급 작가들과 그 밖의 인기 있는 많은 작가 선생님들을 찾아 그림을 받으러 다니기도 했다. 역시 정상급 작가들은 생각처럼 그림을 받기가 쉽지

홍익대학교 미술대학원 최고위과정 수로식

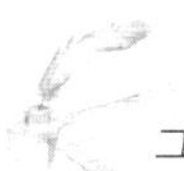

않았다.

이런 과정에서 있었던 편린들을 다 모으면 참 재미있는 얘깃거리가 되고 추억이 되겠지만 지면 관계로 여기서 다 언급하지 못하는 점을 아쉽게 생각한다.

한편 내가 화랑을 운영할 때 큰 그림을 사주시고 도움을 주셨던 잊을 수 없는 몇 분을 이야기하고자 한다.

아현동에 화랑을 개업한 지 며칠 되지 않은 어느 날이었다. 신문사에 출근을 하고 나오는 길에 광화문에 있었던 K산업 서울사무소 A소장님을 인사차 찾아가 화랑을 개업했다고 얘기하자 언제 그렇게 그림에도 조예가 깊었느냐고 축하하면서, 화랑에 같이 와서 당시 내가 아끼던 큰 민화 한 폭을 깎지도 않고 좋은 가격에 사주셨는데 그분이 개업 이후 첫 개시를 해주신 손님이었다.

돌이켜 보면 35년의 장구한 세월 동안 많은 난관도 있었지만 지금까지 우리나라 전통문화의 거리 인사동에서 화랑을 하고 있다는 사실은 첫 개시를 해준 그 손님이 너무나 운이 좋은 손님이 아니었을까 하고 생각된다. 이 지면을 통하여 감사드린다.

또 내 기억 속에 추억되어 아롱지는 한 분의 손님이 계신다. 당시 삼풍상가에 소재했던 Y실업의 L사장으로 지금은 오래전에 미국으로 이민을 갔다는 소식을 들었는데 연세가 많아 지금 소식도 끊어지고 생사를 알 길이 없다. 그분은 3선의 국회의원을 지낸 S의원과 각별한 친분이 있었던 분으로 국회에 출입하는 나를 만나면 재미있게 정치 동향을 묻거나 얘기하면서 경제인과 기자로서의 직업상의 경계를 허물고 가깝게 지낸 사이였다. 따라서 나는 인사동에 화랑을 이전한 이후 몇 차례 방문하여 인사도 드리고 그림을 사달라고 간청했으나 들는 둥 마는 둥 다른 얘기만 하셨던 그분이 소낙비가 쏟아지던 어느 여름날 내게 전화가 왔다.

회사로 좀 오라고 해서 갔더니 "그림을 좀 살 테니 같이 갑시다. 내가 우리 문 부장에게 졌소. D일보사 출신인 우리 전무가 문 부장과 같은 집념과 열의가 있었으면 얼마나 좋을까. 내가 문 부장에게 그렇게 냉대를 한 것 같은데 얼굴색 하나 변하지 않고 자주 찾아와서 국회 얘기도 들려주고 여담을 하고 가는 그 자세가 참 좋고 그 성품이 맘에 들어 그림을 하나 사줘야겠다고 생각했으니 오늘 그냥 같이 갑시다."

"비가 이렇게 쏟아지는데 어떻게 그림을 싣고 오겠습니까?"

"비가 오면 그림을 용달차에 싣고 비닐을 덮으면 되지. 또 비어 좀 맞아도 괜찮으니 생각난 김에 갑시다."

그래서 그분의 자가용을 타고 인사동 우리 화랑에 왔는데 "지금 이 화랑에 걸려 있는 그림 중에 가장 좋고 비싼 그림이 어떤 것입니까?" 하고 묻기에 나는 몇몇 그림들을 지적, 곁들여 설명해 주었다.

그 중에서 지금 기억하기로는 약 2m 정도 되는 '금강산도'였는데 민화풍으로 그린 것으로 제작연대는 그렇게 오래된 것 같지는 않았으나 그 빛깔이 완연한 고색풍을 띠고 있었다. 이 그림 외에 일중一中 선생의 글씨 한 폭과 또 다른 작품 하나를 곁들여 총 세 작품을 사주셨다. 비가 억수같이 쏟아지고 있는데도 용달차가 와서 비닐을 씌워 차에 싣고 회사로 같이 갔다. 금강산도와 글씨는 사장실에 걸었던 것으로 기억된다.

그림대금은 비서가 은행에서 현금 뭉치를 큰 종이봉투에 담아 왔다. 수표 한 장으로 간단하게 지불할 것을 일부러 나 기분 좋으라고

현찰 다발로 그림대금을 지불해 주시는 성의에 너무 고마웠고 나는 기가 팍 죽었다. 그때 그 L사장님은 지금 어디에 사시는지, 아직 살아 계시는지 작고하셨는지 알 길이 없다. 그러나 나는 그때 그 비 오는 날의 추억을 생각하며 이 지면을 통하여 진심으로 감사드린다.

화랑을 하는 긴 세월 동안 고마웠던 손님들이야 한두 분이 아니고, 더러는 기분 나빴던 일들도 있었지만 세월이 많이 흐른 지금에 와서 생각하면 다 추억으로 남는다. 일일이 다 열거할 수는 없지만 그 중에서 특별히 나에게 큰 도움을 주셨던 몇 분들 중에서 국책은행의 임원으로 퇴임하고 계열회사의 사장으로 재직하시면서 그림을 많이 사주신 S사장님께 이 지면을 통하여 감사드린다.

또 한편 아현동 시절에 당시 전 D고속의 K사장을 말하지 않을 수 없다. 그분 역시 그림을 참 좋아하시는 분이었고 대가들의 그림을 간간이 사기도 했던 분인데 우리 화랑에서 청전靑田 이상범 선생의 '산수화 대련' 두 폭을 고가에 사주셨다. 그 그림대금을 받아 가지고 나오면서 엘리베이터에서 돈 봉투를 열어 확인하고는 말할 수 없이 감격스러웠고, 앞으로 내 화랑의 전망이 상당히 밝을 것이라는 확신을 갖게 되었다.

그리고 인사동 화랑 시절에 여의도 증권가의 큰 직분으로 계셨던 지인 한 분을 빼놓을 수 없다. 역시 그림을 좋아하셨던 그분은 회사에 걸기 위해 여러 점의 유명작가의 그림들을 사주셨다. 세월이 많이 지난 얘기지만 나는 그때 그 고마웠던 기억을 잊을 수가 없다. 따라서 이 자리를 빌려 그분께 진심으로 감사드린다.

또한 내 가슴에 영원한 추억으로 남아있는 정치인 한 분으로 YS정부 때 14대 국회의장을 지내신 고 H의장을 잊을 수 없다. H의장은 지역구에서만 무려 일곱 번이나 당선된 최다선 의원 중 한 분으로 원칙이 아니면 양보하거나 결코 타협하지 않았던 강직한 성품의 소유자였다. 따라서 H의장은 정론을 신조로 하는 의회議會주의자였고 YS를 구심점으로 민주화 운동에 앞장서 온 분이었다. 개인적인 친소관계를 떠나 기자가 본 H의장은 열정 넘치는 정의로운 정치인이었다.

의장님과 나는 정치인과 국회출입기자로서 공적인 측면에서 만나게 되었지만 이런 경계를 허물고 각별히 나를 생각해 주시고 도와주신 고마운 분이셨다. 일반적으로 정치인과 기자가 만나는 그런 모습과는 다른 인간적인 매력을 느낄 수 있었다.

우리 화랑의 전시 때 개인적으로 그림도 한 점 사주셨고 원효산 그림을 집에 걸면 재수가 있다는 말을 들었다고 하면서 작품을 주문하기도 하셨다. 따라서 산을 잘 그리는 작가 한 사람과 원효산에 직접 가서 스케치하여 좋은 그림을 그려 드렸다. 의장님은 정치력뿐만 아니라 예술적 감성과 그림을 보는 안목이 뛰어난 분이었다. 그런데 애통하게도 의장님은 이미 세상을 떠나셨다. 평소에 건강히 보이셨는데 그렇게 빨리 돌아가시리라고는 생각지도 못했다. 따라서 나는 대전에 위치한 국립현충원 국가유공자 묘역에 자리한, 존경해 마지않던 H의장님의 산소를 찾아 생전의 고마운 뜻을 새기면서 감사드리고 진심으로 삼가 고인의 명복을 빌며 애도를 표했다.

실로 이 외에도 그림을 사주고 격려해 주신 고마운 분들은 많지만 일일이 다 열거하기는 불가능하기 때문에 이 정도로 마무리할까 한다.

한편, 화랑 고객과의 관계는 아니었지만 잊을 수 없는 이야기가 있다. 인사동 화랑가에서 조그만 화랑을 하며 중간상을 하던 한 젊은이가 있었는데, 천안에 좋은 민화를 많이 소장하고 있는 소방대장 출신의 모 인사가 평생 수집한 민화를 한꺼번에 적당한 가격으로 팔려고 한다는 정보를 나에게 알려 주었다. 그래서 민화를 좋아했던 나는 그 중개상과 같이 천안으로 가서 그 민화 소장자의 집을 방문하였다. 그 집의 본채 뒷마당에 별도로 가건물이 있었는데 그 안에 민화가 가득 차 있었다. 민화로서의 연대가 높고 낮은 차이는 있었지만 아주 재미있는 소재의 각종 민화들이 가득 재어 있었다.

정말 그 중에는 탐나는 민화들이 많았지만 낱폭으로는 팔지 않겠다고 해서 살 수는 없었고 전부 한꺼번에 다 사는 조건으로 가격을 물었는데, 당시로서는 상당히 큰 금액이었다. 사실 그분이 오랜 세월 민화를 수집한 정성과 또 그 민화의 가치로서는 비싼 값은 아니라고 생각되었지만 결국 나에게 그 민화를 살 수 있는 여력이 되지 못해서 아쉬움을 뒤로하고 물러설 수밖에 없었다. 돌이켜 보면 그때 나에게 그만한 돈이 있어서 그 민화를 몽땅 사서 민화박물관을 만들었다면 나는 명사가 되고 훨씬 부자가 되지 않았을까 하는 아쉬움이 남는다. 이 또한 내가 안타깝게 생각하는 추억 속의 한 일화인 것만은 틀림없다.

대충 이상 언급한 바와 같이 35년의 오랜 세월, 화랑을 하는 동안 있었던 얘기들과 특별히 감성적으로 추억에 남아있는 편린들이야 수없이 많지만 이 지면에 다 담을 수 없는 것을 참으로 아쉽게 생각하며 이상과 같이 요약해서 마무리하고자 한다.

오랜 세월 화랑을 하면서 느낀 것은 화랑은 경기에 민감하고 정치, 경제, 사회적으로 어떤 큰 불안요인이 있게 되면 알게 모르게 금방 그 영향을 받게 된다. 돌이켜 보면 참 어려운 때도 많았지만 최근의 화랑은 지난 1997년 세계 금융위기 이후 지금까지 심각한 불황에 허덕이고 있다. 그러나 아이러니하게도 상대적으로 화랑은 많이 늘어났고, 작품 활동을 하는 단체와 작가들도 많이 늘어나 미술의 대중화시대가 열리면서 미술은 마치 범람한 강물처럼 거리에 넘쳐나고 있다.

그러나 이 시대의 예술은 범람하는 것이 아니라 향유하기 위해 넘쳐나는 것이다. 수없이 많은 어려움을 극복하면서 안빈낙도安貧樂道의 자세로 오랜 세월을 함께해 온 정든 화랑을 또 한 차례 어려움에 처했다고 좌절할 수는 없다. 따라서 우리 화랑은 계속 유지해 나갈 것이며 기회가 온다면 좀 더 규모가 큰 화랑으로 거듭날 것이고 다시 한 번 변신할 것이다.

미술계의 불황은 언제쯤 풀리고 봄이 올 것인가? 태양이 구름에 가려 빛을 잃을지라도 우리는 태양이 있음을 믿는다.

나는 어떻게 화가가 되었는가?

나는 어릴 적부터 그림을 무척 좋아했다. 아득한 옛날 초등학교 시절, 나는 6학년이었고 한 학년 아래 5학년에 재학 중인 성용이라고 하는 학생이 있었는데 그 학생은 그림을 참 잘 그렸다.

어느 날 미술시간에 전교생이 선생님의 인솔 하에 가까운 산과 들로 나가 그림을 그리는 사생시간이 있었다. 다른 학생은 한 점도 그리지 못했는데 성용이는 두 점을 그려냈다. 성용이가 그린 그림을 받아든 선생님은 성용이는 이렇게 그림을 두 점이나 잘 그렸는데 너희들은 여태 한 점도 그리지 못했느냐고 하시며 성용이는 커서 정말 훌륭한 화가가 될 것 같다고 칭찬을 하셨다.

다음날 조회 때 교장선생님이 교단에 성용이를 데리고 올라와서 성용이가 그린 그림을 전교생에게 내보이며 말씀하셨다.

"여러분, 이 시대의 솔거가 우리 학교에서 한 사람 태어났습니다. 성용이에게 뜨거운 박수를 보내 줍시다!"

그러자 우레와 같은 박수가 터졌다.

그 이후 나는 성용이를 더욱 가까이 하게 되었고 그림을 어떻게 잘 그리는지 좀 가르쳐 달라고 조르기도 했으나 그 친구는 그저 웃어 넘길 뿐이었다. 그러나 성용이는 참 애석하게도 초등학교도 졸업하지 못하고 저세상으로 가고 말았다. 우리 학교의 선생님들은 물론 전교생들이 참으로 애통해했던 것으로 기억된다.

어느 날 문득 나는 그림을 그려 보고 싶어서 아버지에게 졸라 그림을 그리겠다고 하면서 당시 이름도 몰랐는데 그림을 그릴 수 있는 연필(지금 생각해 보면 크레용이었던 것으로 생각된다)을 사달라고 했다.

아버지가 사다 주신 크레용으로 그림을 그려 보았으나 도무지 사실적인 그림을 그릴 수 없었다. 예를 들어 소나무 한 그루를 그린다고 했을 때 그 모양대로 똑같이는 그릴 수 없었고 그와 비슷한 그림은 그릴 수 있었다. 그래서 나는 그림에 소질이 없다고 생각하고 왜 나는 똑같은 그림을 그릴 수 없는가 생각하며 굉장히 안타까워하고 목말라 했다. 나는 스트레스를 많이 받은 나머지 크레용을 동강동강 다 부러뜨려 버려서 아버지께 혼이 났던 적도 있다.

한편 나는 카메라를 한 대 사서 사진 찍기를 시작했다. 왜냐하면 사진은 찍으면 내가 원하는 대상이 똑같이 나오기 때문에 재미있었다. 그래서 친구들이나 동네 처녀들의 사진을 찍어 사진관에서 현상을 하여 사진을 뽑아 주었더니 너도나도 찍어달라고 많은 친구들이 성화를 했다. 그런데 필름을 사진관에 맡겨서 사진을 뽑아야 하기 때문에 돈이 들었다. 아버지께 맨날 사진 찾는다고 돈 달라고 할 수도 없었고, 여러 차례 꾸지람도 들었다. 그래서 사진 찍는 것도 참 어려웠다. 만일 그 시대가 오늘날과 같이 디지털시대였다면 나는 아마도 그림보다는 사진작가가 되었을 것이다. 이와 같이 그림이냐 사진이냐에 대해 갈등을 했던 것으로 미루어 보면 나는 아마도 예술에 대한 욕망이 컸던 것으로 생각된다.

한편 나는 글짓기를 참 잘했는데 글짓기 대회가 있으면 항상 일등을 해서 내 글이 교실마다 붙어 있었고, 교장선생님이 나를 데리고 교단에 올라가서 내가 쓴 글을 전교생 앞에서 읽어 주셨는데 그때마다 우레와 같은 박수가 터졌다. 그리고 그 당시에는 고등학교도 채 졸업하지 않은 나이에 장가를 가는 친구들이 많이 있었는데 나는 한 친구의 결혼식에 우인 대표로 따라가 아무도 가르쳐 주지 않은 축사를 직접 써서 읽어 주기도 했다.

이와 같이 나의 어린 시절은 그림, 사진, 글쓰기 등 문학에 대한 선택적 갈등이 컸던 것으로 미루어 보면 그때부터 예술가가 되겠다는 잠재적인 꿈을 가지고 있지 않았나 생각된다.

그렇게 해서 나는 서울에 올라와서 글 쓰는 직업을 선택하여 기자가 되었고 언론계에서 25년여의 세월을 보냈으나 그림에 대한 갈망으로 결국 화랑을 내게 된 것이다. 이것은 아마도 나의 숙명이 아닐까 하고 생각된다.

화랑을 내고 그림과 함께한 35년 세월, 결코 짧은 세월은 아니다. 그 속에서 많은 명사들을 만나고 그림 애호가들을 만났으며 또한 많은 작가분들을 만나면서 교류하였다. 그런 가운데서 애당초 생각하지 않았던 작가가 되었던 것이다.

홍대대학원 현대미술 최고위과정을 나왔고 많은 작가분들과 교류하고 또한 활발한 작품 활동을 계속하면서 여러 미술단체에 출품하여 많은 입상경력을 쌓았다. 대한민국 신미술대전에서 국제예술상과 초대작가상을 수상했고, 대한민국 통일미술대전에서 우수상을 비롯하여 통일부장관상을 수상한 바 있으며 초대작가가 되었다. 또한 대한민국 회화대전에서 영예의 대상을 수상했으며 초대작가가 되었다. 이러한 경력은 요 몇 년 동안 열정적으로 한걸음에 달려온 노력의 결과이기도 하며 작가로서의 성적표이다.

대한민국 통일미술대전 통일부장관상 수상

아울러 나의 창작의 범위는 구상, 추상을 넘나들며 자유롭게 여러 장르의 그림을 그린다. 그림을 그리는 작가가 소재 선택을 하는 것은 작가의 특성에 따라 각각 다를 수는 있지만 자기의 인기장르라고 해서 그 작품 하나만을 고집하여 똑같은 그림을 연속적으로 그려내는 것은 창작의 기본정신에 배치되는 것이라고 생각한다. 따라서 나는 비록 자신 있는 장르라고 할지라도 똑같은 그림은 연속적으로 그리지 않는다.

작가가 그림을 그릴 수 있는 소재는 아마도 수백 수천 가지가 되고도 남는 실로 한없이 넓은 세계인데 꼭 한 가지 장르만을 고집할 필요가 있겠는가? 이러한 측면에서 나는 그릴 때마다 다른 창작품을 얻는 것을 좋아한다. 실로 어려운 작업이기는 하지만 나는 자연의 영역에서 사실적인 접근은 피하고 비가시적인 이상의 세계를 형상화하여 작품을 창작하는 것을 좋아한다. 즉 나의 '파라다이스paradise'가 이러한 작품에 속하는데 나는 구상보다는 추상작품을 창작하는 것을 즐겨한다. 비록 나이는 노년에 들어 있으나 나이는 숫자에 불과하다는 말을 되새기면서 나는 정신적인 젊음을 불태우며 이 생명 다 하는 그날까지 좋은 작품을 얻기 위한 창작활동을 계속할 것이다.

나는 그동안 유럽 선진 각국의 유명 미술관을 찾아 미술기행을 하면서 많은 명작을 감상하고 가슴 뜨겁게 느껴지는 작품들 앞에서 행복한 감탄사를 연발했다.

베르사유 궁전의 미술작품과(위) 천장벽화(좌)

동양미술과 서양미술의 특징과 흐름을 비교하면서 심안心眼으로 수없이 많은 명작을 가슴에 그렸다. 동양미술의 영역은 대체로 풍경이 주종을 이루고 있는 반면 서양미술의 특징은 인물이 주종을 이루고 있었다. 또한 서양의 유명 미술관은 주로 종교미술, 전쟁미술이 중심을 이루었고 간간이 아방가르드적 사조의 추상 그림도 볼 수 있었다. 또한 서양미술은 원근감보다는 명암 기법을 특징적으로 살린 명화들이 많았다.

러시아 상트페테르부르크에 있는 에르미타주 박물관 1층 렘브란트 전용실에서 감상한 대표작 '돌아온 탕자' 등 많은 대작들을 보면서 기막힌 명암법을 구사한 렘브란트의 회화정신에 경의를 표했다. 또한 빈센트 반 고흐의 '밀밭', 독특한 붓 터치가 특징적으로 돋보이는 풍경화, 고갱의 야성적인 그림 그리고 20세기 추상미술의 문을 연 바실리 칸딘스키의 추상화 등 많은 명작들은 감상자의 발길이 떨어지

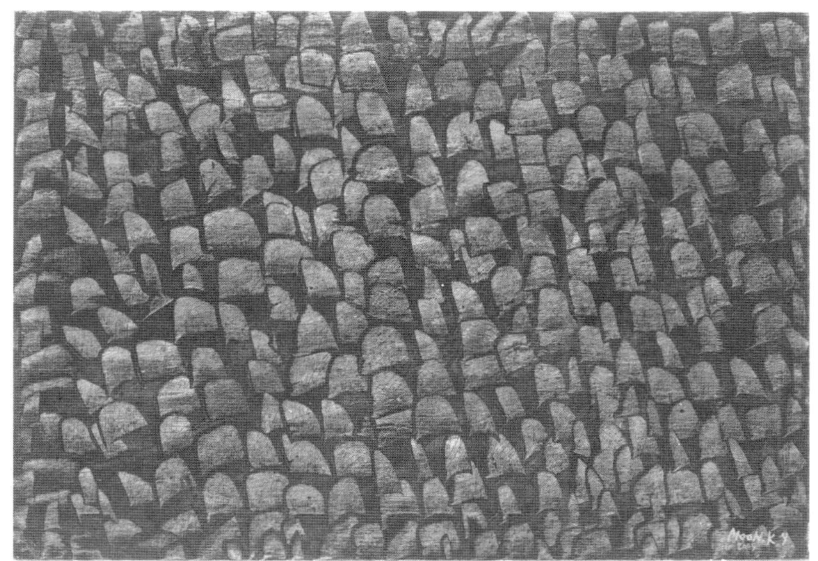

전쟁과 평화가 남긴 것 ⓒ 문금용

지 않게 했다.

아울러 러시아 국립미술관에서는 일일이 다 열거할 수 없을 만큼 감상자를 압도하는 놀라운 명작들이 많았는데 그 중에서 나의 발걸음을 딱 멈추게 한 대작은 카를 브률로프의 '폼페이 최후의 날'이었다. 리얼리티하게 그린 이 작품은 화산폭발의 현장감을 실감나게 느낄 수 있었다. 그리고 러시아가 낳은 대표적인 작가 일리야 레핀의 작품에 대해서는 감탄을 금할 길이 없었다.

이태리 로마 국립미술관 시스티나 성당의 천장벽화인 미켈란젤로의 '천지창조', 라파엘로의 '아테네 학당' 등 수많은 명작들이 나의 가슴을 뜨겁게 달구기도 했다.

또한 스위스 시립미술관에서 감상한 대작 '수련'은 호수에 투영되는 빛과 그림자를 독특한 명암기법으로 구사한 인상파 모네의 작품

빈센트 반 고흐 자화상 앞에서

임을 알 수 있었다. 따라서 모진 가난과 싸우며 일궈낸 모네의 회화정신에 경의를 표했다. 그리고 이 미술관에서는 단 한 점밖에 없는 귀가 잘려 붕대를 감은 고흐의 자화상을 볼 수 있었다.

그리고 예술의 도시 파리 루브르박물관은 수십만 점이 되고도 남는 눈부신 예술의 보고寶庫로서 스치고 지나가기도 벅찬데 어찌 감상한 작품을 다 기억할 수 있단 말인가! 다만 기억할 수 있는 것은 레오나르도 다빈치가 그린 불멸의 명작, 신비한 웃음을 머금고 있는 '모나라자'였다. 황금빛 찬란한 루브르박물관은 세계의 재산으로 후세에 길이 남을 것이다.

오르세미술관은 루브르박물관과 쌍벽을 이루는 유명한 미술관으로서 철도역을 개조하여 만든 천장이 높고 현대적 감각을 살린 멋진 미술관이다. 소장품은 19세기 인상파 미술의 보고로서 유명하다. 빈센트 반 고흐, 모네, 마네, 폴 고갱 등 인상파 작가들의 명작들이 전시되고 있기 때문에 현대적 감각으로 작품을 감상할 수 있다. 이 미술관에 걸려 있는 거장 인상파 작가들의 작품은 하나같이 마음에 와 닿는 명작들이었지만 특히 일출 그림을 자주 그리는 필자의 감성에 와 닿는 모네의 '해돋이' 그림이 제일 기억에 남는다.

또 피카소미술관을 찾아 90평생에 3만 점을 그렸다는 20세기의 놀라운 대가 피카소의 명작들 앞에서 감탄사를 연발했다. 열정적인 피카

소의 회화 생애에 경의를 표했고 이 미술관에 있는 피카소의 그림은 불후의 명작임과 동시에 세계의 자산이라고 생각했다.

피카소 작품 앞에서

또한 영국의 대영박물관, 내셔널갤러리 그리고 네덜란드 국립미술관 등 많은 미술관을 찾아 미술기행을 할 수 있었던 것은 내 생애에 잊을 수 없는 추억이기도 하다. 따라서 수많은 명작들을 다 명기할 수 없음을 유감으로 생각하며 이상으로 미술기행에 따른 얘기를 마무리한다.

끝으로 나의 창작의 세월은 계속될 것이고 이 과정에서 평가받을 수 있는 좋은 작품을 얻을 수 있기를 희망한다. 아울러 나를 작가로 탄생시켜 주시고 그림을 그릴 수 있는 달란트talent를 주신 하나님께 감사드리며 붓을 잡을 수 있는 그날까지 좋은 작품을 창작하기 위해 열과 성을 다해 최선을 다할 것이다.

〈유럽 6개국 여행지 기록〉

* 1995. 5. 30 Seoul, Kimpo Airport. … KAL — Europe 으로 …

1. Switzerland : Zürich / Kloten Airport – Zürich Hauptbahnhof – Limmat 江 – kunsthaus – Grossmünster – Zürichsee – Bahnhof Strasse – Pestalozzi 공원 – Uetliberg
2. Italy : Rome / Aeroporto Leonardo da Vinci – Stazione Termini – Basilica di San Pietro Musei Vaticano, Cappella Sistina – Piazza di Spagna – Fontana di Trevi – Piazza Venezia – Foro Romano -- Colosseum – Arco di Constantino – Terme di Caracalla – Tevere 江 – Piazza Navona Venezia / Marco Polo 공항 – Stazione F.S Santa Lucia – Mestre – Canale Grande (Vaporetto) – Piazza di San Marco · Basilica di S. Marco – Ponte di Rialto – Canale di S. Marco.
3. France : Paris / Charles de Gaulle 공항 – La Sorbonne – Panthéon – La Tour Eiffel – Jardins de Trocadéro – Arc de Triomphe – Les Champs-Élysées – Place de la Concorde – Montmartre Basilique du Sacré Coeur – Musée de Louvre – Cathédrale Notre Dame – Pont Neuf – L'Opéra Versailles / Chateau de Versailles – Louis XIV 동상 – 마리·앙트와네트 침실·거울의방·정원.
4. Germany : Frankfurt / Rhein-Main-Flughafen 공항 – Hauptwache – Goethe Haus – Römer Main 江 – Dom 성당 – Goethe, Heine, Beethoven 기념상 – Alte Oper – Hauptbahnhof – Heidelberg / Hauptbahnhof – Bismarck pl. – Hauptstraße – Heidelberg Schloß – Neckar 江 Mainz / the Rhine
5. the Netherlands : Amsterdam / Schiphol 공항 – Rijksmuseum Vincent Van Gogh – Rijksmuseum sex museum Dam 광장 / Anne Frank Huis – Rembrandt huis – Jewish Historish Museum central Station – Zaanse Schans / Windmills · cheese · wooden shoes

로마 바디칸 시 산피에트로 대성당

스위스 취리히 시

1995년 5월 장미꽃향이 짙어 가는 어느 날, 역사와 문화가 꽃피는 유럽 6개국의 여행은 내 생애에 있어서 가장 행복했던 잊을 수 없는 추억이다. 그 아름다웠던 추억을 함께 만들었던 소중한 한 사람은 이미 저세상으로 떠났다. 흘러간 강물을 되돌릴 수 없듯이 내 감성에 젖어있는 아롱지는 추억을 어찌 재현할 수 있겠는가. 세상의 모든 애환을 추억으로 남긴 채 이미 저세상으로 먼저 간 사람의 명복을 빈다.

따라서 그가 내게 남겨 놓고 간 아름다웠던 여행지를 찾아 다시 유럽여행을 떠나는 심정으로 이 기록을 남긴다(유럽여행 6개국 중 영국여행기록은 누락되었음).

추억은 구름처럼 피어오르고
심연深淵의 호수湖水에 은실비 내리는데
그리움은 강물처럼 애잔히 흘러간다
- 저자

이탈리아 베네치아

파리 에펠탑

독일 프랑크푸르트 마인 강

네덜란드 풍차마을을 방문하던 날

최초의 외국 여행

▌영국 옥스퍼드Oxford 전시회

나의 첫 외국 여행은 뜻밖에도 신문 한 장의 기사로부터 연유하게 된다. 1986년 4월 중순 어느 날, 외부에서 잠시 일을 보고 화랑에 들어서는데 정기구독을 하지 않는 경향신문 한 장이 반쯤 접혀진 채 책상에 놓여 있었다.

손님이 놓고 간 것으로 생각되는 그 신문을 펴들고 훑어보니 전두환 대통령의 유럽순방 기사였다. 정치 일면을 특집으로 실은 머리기사는 전두환 대통령의 유럽순방 일정 중(4월 5~21일) 영국을 방문하여 버킹엄 궁에서 '엘리자베스' 여왕을 알현하는 기사였다. 대한민국의 전두환 대통령과 엘리자베스 여왕의 만남은 한·영 양국의 친선과 우의를 돈독히 함은 물론 많은 외교적 성과를 거두었던 것으로 생각된다.

두 정상의 사진이 실린 화기애애한 분위기의 기사를 읽어 내려가다 조그마한 사진 한 장이 실린 박스기사를 본 순간, 나는 가슴 뜨거운 설레임을 느끼며 그 기사를 다시 자세히 읽었다.

'동방에서 온 미소'란 제목의 이 기사는 전두환 대통령 내외분의 버킹엄 방문과 엘리자베스 여왕을 알현하는 장면을 통역하는 기사였

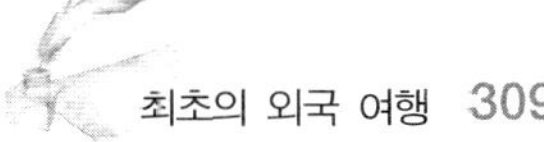

다. 사진을 자세히 보고 또 보니 분명히 한때 나에게 잊을 수 없는 추억을 남기고 유학을 떠난 한국의 여인이었다. 20여 년의 세월이 흘렀으나 사진상으로 보는 인상은 별로 변함이 없었고, 달라졌다면 그 때 젊은 시절에 쓰지 않았던 안경을 쓴 것뿐이었다.

그 박스기사를 읽고 또 읽으면서 얼마나 반갑고 기쁘고 감격스러운지 눈물을 흘리지 않을 수 없었다. 사진을 쳐다보고 또 보면서 나는 혼자 중얼거렸다.

"J야, 축하한다. 정말 진심으로 축하한다. 미국 유학을 간다고 했는데 영국 유학을 갔었구나. 오늘의 이 벅찬 성공을 하기까지 얼마나 많은 고생을 했겠는가. 나와 같이 동숭동에서 공부할 때 '초지일관初志一貫'이란 글을 써서 책상머리에 붙이고 머리 싸매고 공부하던 그대 J야! 그 노력이 헛되지 않아 세계의 명문 옥스퍼드 대학의 교수가 되고 또한 명문 에든버러 대학에서 박사학위까지 받았으니 개인의 영예는 물론 모교인 E여대와 조국의 영광인 것이다."

J교수와 나의 인연은 1970년도 내가 중앙대학교 SD대학원 매스컴 전공 석사과정에 입학하여 공부할 때 부족한 어학 실력을 보충하기 위해 지인의 소개를 받아 나의 개인교사로 채용하면서 알게 되었다. 당시 신문기자였던 나는 시간 관계로 퇴근 이후 전농동에 있던 우리 집으로 와서 J가 선택해 온 교재를 놓고 같이 공부하였는데 착실하게 잘 가르쳐 주었다.

내가 대학원에 입학하여 오후에도 시간이 없어 공부를 할 수 없게 되자 가끔씩 흑석동에 있는 중앙대학교까지 따라와 나와 같이 책상에 앉아 강의를 들으며, 칠판에 영어로 그려대는 교수의 필기를 받아 내

노트에 옮겨 정리해 주었고 모르는 단어는 토를 달아주기도 했다. 내 어찌 이 고마운 성의와 학구적인 우정을 잊을 수 있겠는가. 누렇게 색이 바랜 30여 년 전의 그 노트는 아직도 소중하게 보관하고 있다.

당시 내가 오후에도 학교에 나가게 되고 자주 만날 수 없게 되자 J는 '노스웨스트North west' 항공에 취직하여 김포공항으로 출근하게 되면서 우리가 같이 공부했던 동숭동 방을 내놓고 어머니가 사시던 공항동으로 이사를 했다. 나는 J가 보고 싶으면 김포공항으로 달려갔고 공항의 카페테리아에서 퇴근시간까지 기다리고 있다가 만나기도 했다.

비행기가 소리를 내며 활주로를 떠나는 것을 쳐다보며 '나도 빨리 저 비행기를 타고 날아가야 할 텐데…' 하면서 우수에 젖기도 했었다.

나는 그때 그 신문기사를 본 이후부터 하루하루의 일과는 설레는 마음으로 영국으로 날아가야겠다는 생각 외엔 별 다른 의미가 없었고 일도 손에 잡히지 않았다.

따라서 천신만고 끝에 그 당시 J가 어머니와 함께 살았던 주소지를 알게 됐다. 그 어머니를 안다는 인사동 모 골동품상의 여사장으로부터 주소를 알아내게 되어 세 차례에 걸쳐 연락한 끝에 마침내 J의 어머니를 만날 수 있었다. J와 내가 같이 공부할 때 먹을거리를 자주 해다 주시고 열심히 공부하라고 격려해 주신 어머니는 나를 잘 알고 있었기 때문에 만나자마자 얼마나 반가워했는지 모른다. 나는 그 해 어버이날에 핸드백 하나를 사드리고 고궁도 구경시켜 드렸다.

그 어머니를 통해 J의 주소를 알게 된 나는 장문의 사연을 담은 편지를 보냈고, 또 감격스러운 답신이 수차례에 걸쳐 오고갔다. 그 글씨와 사진들은 지금도 보관하고 있는데 작은 가방에 가득 차고도 남는 분량이다.

당시 20여 년의 세월이 흘러간 순수하고도 아카데믹한 이야기는 시공을 초월하여 우리 두 사람의 만남을 원하고 그리워했다. 따라서 나는 시대적 순애보를 써서 보냈고 감격한 고운 목소리는 국제전화로 내 귓전을 울렸다.

이렇게 계속하며 오고가는 편지 속에 유심히 눈에 들어오는 큰 봉투 하나는 초청장이었다. 그 내용은 옥스퍼드 시립미술관 초대전시招待展示였다.

나는 그 당시엔 그림을 겨우 소품 한두 장 그릴 정도였으나 서예Calligraphy는 나름대로 어느 정도 자신감을 갖고 있었기 때문에 서예전시를 하는 것으로 결정하였다. 초청장을 받은 이후 나는 만사를 제쳐두고 거의 날마다 글씨를 썼다. 액자로 표구를 하면 무거우니까 족자簇子로 표구를 해오라는 J박사의 편지를 받고 족자용(내리닫이)으로 여러 수십 장을 썼다.

이런 날들을 보내고 있는데 어느 날 당시 가장 친하게 지내던 우평宇平 조남기가 화랑에 왔다. 내가 여러 장의 족자용 글씨를 쓰는 것을 보고는 눈이 둥글해져서 무슨 용도로 이렇게 글을 많이 쓰느냐고 물었다. 그동안에 있었던 자초지종을 이야기했더니 손뼉을 치면서 기뻐하며 자기를 데려가 달라고 애원했다.

우평은 한때 H일보사 출판문화부에 근무하면서 미술서적을 보급하는 일과 작가의 화집 발간을 주선하는 일을 했었는데 우연히 잘 아는 작가의 전시장에서 알게 되었다. 그는 무궁화 그림을 곧잘 그리는 화가로 일명 '무궁화 작가'였다. 그는 나라꽃 무궁화를 사랑하고

KUMYONG MOON EXHITION

PERSONAL HISTORY FOR WRITER

○ Born at Hadong, Kyongnam, Korea.
○ Name In Full : MOON, Kum-yong
○ Date of Brth : June 18, 1937
○ Address : Kwanhun-Dong 73-1, Chongro-Ku, Seoul, Korea
○ Graduated agricultural business administration course from KUKMIN UNIVERSITY.
○ Graduated from graduate school of social developement of CHUNGANG UNIVERITY.
○ Engaged in the compiled bureau chief of political assembly news paper company.
○ Engaged in planning committee of DAEHAN commerce and industry news paper.
○ Engaged as a president of KOREA TOURLIST PR COMPANY.
○ Engaged as a lecture of government authorized central art institure.
○ Engaged as a editorial committee & political departement chief of KYONGNAM DAILY NEWS PAPER.
○ Engaged as a planning committoe of KYONGHYANG DAILY NEWS PAPER.
○ Engaged as a chief of TONGYANG CALLIGRAPHY RESEARCHING (Master of Mukhansan-Bang)
○ Invited as a writer in the KOREA NEW ART EXHIBITION MEETING.
○ Submitted a writing stuffs in the invited exhibition meeting held by DONG-AH News Paper located in U.S. area.
○ Became a honorable chairman of KOREA CHUNGHYO UNION.
○ Became a honorable institution chief of KOREA MUKUNG-HWA SPIRIT CULTURAL CENTER.
○ Became a repre sentative of KOCHON ART GALLERY.
○ Phone Number in Korea is 735 - 6553.
○ Phone Number in England:

KOREA CALLIGRAPHER

PLACE : OXFORD CITY CENTRAL LIBRARY EXHIBITION HALL
TIME : OCT, 12~16, 1987

무궁화 심기 운동인 '선양회'를 만들었다며 나를 무궁화 선양회 회장직에 추대한다는 취지로 명함 한 통을 찍어다 주고 계속 나를 회장님이라고 호칭하였다. 처음에는 좀 이상하였으나 나라꽃 무궁화 운동을 한다는 데야 굳이 반대할 이유가 없어 웃어넘겼다.

그 친구는 참으로 순수하고 인간성도 좋아보였다. 안양에 살고 있는 그 친구는 거의 매일 나를 만나러 서울에 왔고 설렁탕과 소주를 좋아하는 그 친구와 술을 마시며 대화를 하다 보니 그 친구의 순수함에 나도 모르게 정이 들었다. 결국 영국의 옥스퍼드 J박사에게 편지해서 사연을 이야기하고 초청장을 받았다. 그 친구는 무궁화, 나는 서예 작품으로 두 사람이 같이 전시를 하게 되었다.

초청장을 받은 이후에도 영국의 J박사에게서 계속 편지가 왔고, 나 또한 준비에 소홀함이 없이 최선의 노력을 다하고 있다고 답신하면서 방영訪英의 날을 기다렸다.

드디어 1987년 10월 12~16일까지 이미 잡혀 있는 전시일정에 맞춰 우리는 꿈에 그리던 영국행 비행기에 몸을 싣고 장도에 올랐다.

김포공항에는 아내와 딸 지영이가 배웅을 나왔고 우평 또한 그의 아내가 배웅을 나왔다. 그런데 그때 딸의 초청으로 전시하러 간다고 기뻐하며 축하하러 나오신 J박사의 어머님께 용돈 한 푼도 못 드리고, 우평이 구워서 만든 무궁화꽃 도자기 한 개만 드렸는데 그것이 비행기를 타고 가는 내내 마음속에서 떠나지 않았다. 왜 그렇게 되었는지 지금 생각해도 참으로 미안하고 죄송스럽다.

그 당시에는 영국으로 가는 직행노선이 없어서 프랑스 샤를드골 공항에 도착하였다. 새벽녘쯤 비행기에서 내린 우리는 제대로 출구를 찾지 못하고 무조건 밑으로 내려가고 있는 에스컬레이터를 탔다. 샤를드골 공항은 당시 우리 김포공항에 비해 웅장하고 큰 공항이었다. 우리가 탄 에스컬레이터는 계속 지하로 내려갔는데 도대체 어디가 어디인지 알 수 없었다. 대한항공의 비행기 티켓은 샤를드골 공항에 내려 영국 비행기British Airways 카운터에서 표를 점검하고 다시 좌석 배정을 받아야 했다.

족자가 잔뜩 들어 있는 무거운 내 가방은 우평이 받아들고 나는 좀 가벼운 우평의 가방을 들고 이리저리 얼마나 헤맸는지 모른다. 최초의 외국 여행인데다 촌놈 중의 촌놈인 우리는 팔도 아프고 다리도 아프고 해서 어설픈 영어로 지나가는 외국 사람에게 물었더니 다시 1층인가 2층으로 올라가면 그 카운터가 있다고 했다.

"그러면 그렇지. 우리가 촌놈이라 무조건 타고 내려왔기 때문이야. 올라가자. 휴! 너나 나나 촌놈이라 고생이 많다!"

올라와서 한 바퀴 도는데 금방 그 카운터가 눈에 띄었다. 좌석 배정을 받고 기다리다 제대로 영국행 비행기를 탔다. 그때 새벽을 밝히는 활주로의 코발트 불빛은 고생한 우리를 위로하는 듯했고 너무 아름다웠다.

히드로 공항에서

비행시간은 그렇게 많이 걸리지 않았다. 그러나 히드로 공항에 도착하여 많은 탑승객들과 함께 둘러서서 돌아나오는 짐을 찾는데 내 가방과 트렁크는 있는데 우평의 가방 하나가 나오지 않았다. 짧은 영어로 카운터에 가서 항의도 하고 물어 보기도 했으나 당장은 확인되지 않으니 연락처를 주고 가서 기다리면 가방을 찾는대로 연락하겠다고 했다. 할 수 없이 그 많은 탑승객들이 거의 다 빠져나갈 무렵 우리는 출구를 빠져나왔다.

아니나 다를까, J박사는 일행 한 사람과 같이 마중을 나와 걱정스럽게 우리를 기다리고 있었다. 분명히 그 비행기를 탄다는 전화를 받았는데 나오지 않으니 얼마나 애태우며 초조하게 기다렸을까 하고 생각하니 참으로 본의는 아니었지만 미안하기 짝이 없었다.

J박사와 함께 나온 사람은 영국 현지의 신라호텔 사장이라고 했다. 밖으로 나오니 비가 내리고 있었다. 히드로 공항에서 택시를 타고 나와서 옥스퍼드행 버스를 탔다. 세월이 많이 흐른 탓으로 J박사는 그때 그 옛날에는 쓰지 않았던 안경을 쓰고 있었고, 몸집이 좀 불어나서 분위기는 조금 달라진 것 같았고, 영어를 많이 구사해서인지 말의 속도가 좀 빠르게 느껴졌으나 그 목소리는 여전히 아름다웠다.

상대를 보면 나를 안다고, 나 또한 얼마나 변하고 늙은 모습일까

비 오는 옥스퍼드 거리에서

하고 생각하니 무심한 세월이 원망스러워 쓴 웃음이 나왔다.

런던 시내는 굉장히 넓고 우람하게 느껴졌으며 빗속을 달리는 검고 빨간 자동차와 우산을 쓰고 걸어가는 키 큰 사람들의 이국적인 거리 풍경은 확실히 외국의 정서를 느낄 수 있었고 아름다웠다.

옥스퍼드행 버스는 약 2시간 가까이 빗속을 달려 세계 학문의 도시 옥스퍼드에 도착하였다. J박사의 집이 있는 말스톤 거리로 들어오면서 차창 밖으로 보니 호수에 떨어지는 빗방울이 파문을 이루고 푸른 초원에는 양떼가 풀을 뜯고 있었다. J박사의 집은 아주 조용한 거리에 붉은 벽돌로 지은 2층 집이었다.

가방을 내리고 J박사가 안내하는 방으로 들어가니 피아노가 놓여 있고 침대 옆 조그마한 탁상에는 J박사의 박사학위 사진과 내가 보내준 사진 한 장이 나란히 놓여 있고, 인자한 어머니 사진도 같이 놓여 있었다. 그리고 내가 써서 표구해 보낸 글씨 '심여만고청산心如萬古青山', '행여만리장강行如萬里長江'이란 족자가 가지런히 걸려 있었다. 나는 이것들을 보면서 가슴 뜨거운 감사와 사랑을 느꼈다.

그러나 나는 참으로 비정한 사람이었다. J박사를 다정하게 안아주기는커녕 손 한번 잡아주지 않았으니…. 속마음은 그렇지 않았는데 왜 그리 몰인정하고 예의 없이 굴었는지 지금 생각하면 후회스럽다. 같은 동포를 만났어도 그런 상황이라면 그래서는 안 되는데, 이 지면을 통하여 존경해 마지않는 J박사에게 그때의 무덤덤했던 나의 행동에 대해 진심으로 미안한 마음을 전한다.

한참 얘기를 나누고 있는데 비는 더 세차게 내렸다. J박사는 자기 방은 문 선생이 쓰고 2층의 좁은 침대는 우평 선생이 쓰라고 했다. 그대로 하면 되는 것을 나는 생뚱맞게 "그러면 J박사는 어디서 묵느냐?"고 물었더니 자기는 학교 기숙사에 있는 자기 연구실로 가면 된다고 했다.

내 눈치만 살피는 우평을 쳐다보니 제발 그렇게 하자는 눈치였으나 우리나라의 모텔 수준인 적당한 호텔로 갔으면 좋겠다고 말했더니 J박사는 그렇게 하라면서 택시를 불러 주었다.

한 30여 분 후에 택시가 왔다. 비는 계속 쏟아지고 있는데 나와 우평은 다시 가방을 싣고 J박사가 안내하는 호텔로 갔다. 역사가 250년 된 포니Porny 호텔이라는 곳이었는데 외부 모습과는 달리 내부 시설은 별로 좋지 않았다. J박사는 우리의 경비를 최소화할 수 있도록 배려한 모양이었다.

침대를 나란히 놓은 방이 아니고 침대 두 개가 일자로 길게 놓인 방이었는데 코를 심하게 고는 우평과 거리를 두고 떨어져서 자게 되어 그런대로 다행이었다.

침대에 누웠으나 쉽게 잠이 오지 않았다. 나는 자문자답해 보았다. 왜 J박사의 방에서 자지 않고 나왔는가. J박사는 과연 어떻게 생각할까 하고 여러 측면으로 생각해 보니 참 현명하게 잘한 것 같았다.

J박사는 그 옛날 나와 같이 공부할 시절에도 자기는 결혼해서 평범하게 가정주부로 살고 싶지 않고, 책과 결혼하여 학자가 되거나 크게 출세해서 국가를 위해 유용하게 쓰임새가 있는 명사가 되는 것이 꿈

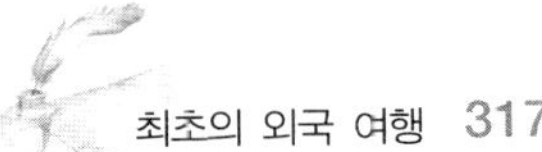

이라고 말했다. 지금까지 결혼을 안 하고 있는 것은 자기 포부대로 인생을 살고 있는 것이며, 그렇기 때문에 세계의 두 명문대학에서 박사학위를 받고 교수가 된 것이라고 생각하니 정말 그 결심이 대단하고 자기 철학대로 살아가는 학자로만 생각되었다. 따라서 이렇게 확실한 생활신조를 가지고 사는 여인에게 절대로 때를 묻히거나 마음에 동요를 일으킬 수 있는 행동을 해서는 안 된다고 생각하니 내가 처신을 참 잘하는 것으로 생각되었다.

최초의 나의 외국어 개인교수였고 지금은 학자와 예술가로서 그 길은 비록 다르나 같이 늙어 가는 영원한 친구로서의 우정이 그 무엇과도 비교할 수 없이 아름다운 것이라고 새롭게 정립하고 잠을 청했다.

다음날 아침 일찍 J박사가 호텔로 왔다. 내가 "Good morning!" 하고 인사를 했더니 발음이 정말 좋다고 하면서 웃었다. 나와 우평은 말스톤 거리에 위치한 J박사의 집에 가서 J박사가 정성스럽게 준비해 준 아침식사를 맛있게 먹었다. 식사를 마친 우리는 J박사의 안내로 옥스퍼드 캠퍼스와 시내 중심의 관광지를 자유롭게 둘러봤다.

그리고 다음날 J박사를 따라 런던에 갔다. 지하철을 타기 위해 에스컬레이터를 타고 내려갔는데 2km는 족히 넘는 듯했다. 지하철을 타고 한참 떨어진 시골까지 갔다 오기도 했고, 템스 강변에 자리한 르네상스 시대의 아름다운 고딕 건물인 '의사당House of Parliament'도 구경시켜 주었으며, 런던 시내의 한국식당인 신라新羅에 가서 한국일보 런던지사장과 함께 정말 맛있게 불고기도 먹었다. 뿐만 아니라 세계 3대 미술관인 대영박물관도 구경시켜 주었고 런던의 수준 높은 화랑거리에서 같이 데이트하면서 명화를 감상했다. 이 화랑거리는 특별한 추억으로 내 감성에 남아있다.

옥스퍼드 시내에는 당시 한국식당이 없었기 때문에 런던의 중국거리를 구경시켜 주면서 직접 쌀(안남미)을 사서 밥을 지어 주기도 했다. 뿐만 아니라 옥스퍼드 대학교 한국 유학생인 제자의 집에 초청하여 성대한 팔보채 차림의 한식을 극진히 대접해 주기도 했다.

옥스퍼드의 빨간 이층버스

이외에도 다 열거할 수 없으리만치 런던의 여러 관광코스를 같이 다니면서 안내해 주었다. 비 오는 거리를 우산을 쓰고 걸으면서 지나는 거리마다 설명해 주었고 영국 사람들의 생활방식과 사고에 대해 자세히 얘기해 주기도 했다.

그리고 내가 한식이 먹고 싶다고 했더니 런던에 있는 한일관에 데리고 가서 불고기를 사주어 정말 맛있게 식사를 하였다. 또한 옥스퍼드에 있는 중국집에 가서는 우리 입에 맞는 매운 메뉴를 시켜 먹도록 배려해 주었다. 뿐만 아니라 그동안 한국음식을 제대로 먹지 못한 탓인지 얼굴이 말랐다고 하면서 닭 한 마리를 사서 백숙을 만들어 호텔로 가져오기도 했다. 내 생애 최초의 외국 여행을 통해 이토록 분에 넘치는 대접과 사랑을 받았기 때문에 죽어도 잊지 못할 아름다운 추억으로 내 감성과 영혼 속에서 영원히 꽃피고 있을 것이다.

우리의 전시는 계약날짜에 정식으로 시작하여OCT, 12~16, 1987 OXFORD CITY CENTRAL LIBRARY EXHIBITION HALL 첫날은 나와 우평 그리고 J박사와 함께 미술관에 가서 직원과 함께 디스플레이를 하고, J박사의 외국

옥스퍼드 시립미술관 전시장에서 직접 글을 쓰는 모습

손님들과 한인회 동포 몇 분들 그리고 미술관 직원들과 J박사의 옥스퍼드 제자들이 참석한 가운데 테이프 커팅을 하고 조촐하면서도 성대하게 오픈식을 거행했다.

주로 오시는 손님들이 외국 손님이라 J박사가 따라다니며 일일이 내 족자의 글씨를 설명해 주었는데 그 외국 손님들은 감탄사를 연발하면서 나에게 악수를 청했다. 간간이 오는 한국 손님과 옥스퍼드 학생들은 장미꽃 한 송이씩 사 들고 와서 축하해 주었다. 얼마나 실용적이고 검소한 축하인가?

전시기간 5일 동안 교민들도 간간이 들리기는 했으나 외국 손님에 비해 많지 않았다. 이 전시를 통하여 뜻깊게 새기고 싶은 것은 J박사가 옥스퍼드 학생들을 초청하여 학생들 앞에서 직접 내가 글씨 쓰는 것Demonstration을 보여 주고 박수를 받은 것이었다. 한국 유학생들이야 모국에서 한문 글도 많이 볼 수 있는 기회가 있었겠지만 외국 학생들은 붓글씨를 처음 본다는 학생이 많았다. 더구나 큰 붓으로 화선지에 일필휘지로 큰 글씨를 쓰는 것을 보고는 탄성을 질렀고 "Very good!" 하며 박수를 쳐 줄 때는 정말 신이 났고 힘이 솟구쳤다.

나와 우평은 전시 도중 한두 차례 J박사와 전시장 직원에게 전시장을 맡기고, 우평이 만들어 온 무궁화 꽃바구니를 들고 비 오는 옥스퍼드 거리에 나서서 길 가는 사람들에게 선물했다.

"실례합니다. 우리는 한국 사람으로 옥스퍼드 시립미술관에 전시하러 온 작가들입니다. 저는 서예가이고 저의 친구는 '무궁화'를 그리는 동양화가입니다. 꽃을 한 송이 선사하겠습니다. 이 꽃은 대한민국의 국화입니다. 우리는 내년 88올림픽을 서울에서 개최합니다. 기념으로 선물하겠습니다.

옥스퍼드 시립미술관 전시회를 관람하는 손님들

Excuse me. We are artists from Korea. We are exhibiting works of calligraphy and paintings at Oxford city central library exhibition hall. I'm a calligrapher and my friend is an oriental painter who is painting 'the Rose of Sharon'. It's Korea's national flower. Olympic will be held in Korea next year, so I'd like to give you this flower as a souvenir of the Olympic game."

서툰 영어로 말했지만 그들은 잘 알아듣고 너무나 고맙다고 땡큐를 연발하며 가슴에 무궁화를 달았다. 우리 두 사람은 비에 옷이 흠뻑 젖는 줄도 모르고 마냥 즐거웠다. 많은 사람들이 오고 가는 옥스퍼드 거리의 붉은색 이층버스가 무척 인상 깊었다.

우리는 비록 한국의 유명 화가도 아니고 외교관이나 명사는 더더욱 아니지만 한국인으로서 이렇게 옥스퍼드에서 나라꽃 무궁화를 영국 사람들 가슴에 달아주며 민간외교를 했다. 따라서 이것은 영원히 잊을 수 없는 추억이요, 무궁화 선양宣揚을 한 자부심도 있었다.

이렇게 일정대로 전시를 마친 우리는 이삼 일 동안 자유롭게 옥스퍼드 시내를 걸어다니면서 관광을 했고 또한 J박사의 안내로 런던 관

히드로 공항에서 친구 조남기와 함께

광을 하루 더 했다. 우리는 떠날 행장을 꾸리면서 J박사에게 족자와 무궁화를 선사했다. J박사의 소개로 나의 족자와 우평의 무궁화 몇 점이 팔리는 성과도 있었다.

10여 일 남짓 머무는 동안 눈에 익고 정이 들어버린 옥스퍼드를 떠나 J박사의 안내로 히드로 공항에서 서울행 비행기에 올랐다. J박사의 표정은 그리 밝지 않았고 서운한 표정이 역력했으며 나 또한 너무나 냉랭한 표정으로 J박사와 아쉬운 작별을 했다.

지금은 J박사의 주소도 연락처도 모르지만 만일 어느 기회에 다시 연락처를 알게 되어 만날 수 있다면 그때 정말 고마웠던 J박사의 사랑어린 우정에 몇 배의 보답으로 감사인사를 하고 싶다. 그러나 세월의 장막에 가려 다시는 J박사를 만나지 못할 것 같다.

그렇게 낙천적이고 건강하던 우평宇平은 벌써 여러 해 전에 세상을 떴다. 좋은 친구였는데 참 마음이 아팠다. 그 친구가 많이 그립다.

강물처럼 소리 없이 흘러가 버린 40여 년의 세월, 먼 옛날이야기 같지만 내가 대학원에 입학하여 동숭동에 있었던 J의 집에서 같이 공부할 때 그녀는 내게 말했었다.

최영 장군이 황금 보기를 돌같이 하라고 했다면서 내게 '석石'이라는 예명을 지어 주었다. 여자 보기를 돌같이 하고 열심히 공부에만 집중하라는 뜻이었다. 그 이후 계속 나를 석石이라고 호칭하였다.

글을 쓰는 이 시간, 아름다웠던 그 옛날 추억 속의 내 예명 석石을 새겨본다.

J에게! 옥스퍼드에 핀 무궁화여, 시들지 말고 영원하라.

강물처럼 흘러간 그 옛날이야기
나는 석石이요
그대는 영玲이었다

우리 이렇게 불렀던 이름
아직도 내 가슴에 아로새겨 있는데
구름에 가리웠나 세월의 장막인가
그대 모습 그대 소식 찾을 길 없구나
그리움은 강물 되어 애잔히 흘러간다

사랑하면서도 사랑하지 못했던 회한
사랑은 타산이 아닌 오직 진실인 것을
숨기고 감추었던 내 감정은 위선이고 객기였다

높은 언덕에 핀 고고하고 향기로운 꽃 한 송이
바라보는 것만으로도 행복하리라 믿었는데
회한의 그리움은 파도처럼 밀려오고
그대 만날 수 없음은 아픔이요 슬픔이다

시공時空을 초월한 히드로 공항의 만남과 이별
애수哀愁와 같은 한편의 드라마였고
石과 玲은 애절한 이 영화의 주인공이었다

사랑했지만 사랑하지 않았던 그들
사랑하면서도 사랑할 수 없었던 그들

고고한 그들의 영혼은 옥스퍼드 하늘 아래
서울의 하늘 아래 시들지 않고 피어 있으리니….

-〈石의 哀歌〉 중에서

J박사여 안녕, 옥스퍼드여 안녕!

나의 신앙 나의 기도

나의 종교는 기독교基督敎이다.

나는 요즘도 매주 교회에 나가 한 주에 있었던 일들을 반추해 보면서 알게 모르게 하나님 앞에 죄 지은 일은 없었는지 반성하고, 고령에도 지금 이 시간까지 건강을 유지하며 살아있음을 감사드린다.

나는 지난 세월 오랫동안 천주교 신자로 명동성당에 나갔었다. 그런데 내가 세례를 받게 되면 대모가 되어 주겠다며 함께 명동성당에서 미사를 드리던 분이 먼 지방으로 이사를 가게 되어 자주 만나지 못하게 되었고, 나도 인사동의 화랑을 아내에게 경영을 맡기게 되면서 명동성당을 자주 나가지 못했다. 가끔 한 번씩 나가기는 했지만 결국 나의 신앙심이 약했던 탓으로 세례를 받지 못한 어줍지 않은 천주교 신자였다. 자주 성당을 나가지 않으니 성당을 나가야 된다는 생각도 점차 잊어버리게 되어 몇 년 동안 성당에 나가지 못했다. 세례를 받은 성실한 천주교 신자였으면 절대로 있을 수 없는 시간들이었다.

지금 살고 있는 마포로 이사를 온 지도 10년이 넘었는데 가끔씩 정서의 불안과 고독을 느낄 때면 신수동 성당에 가서 매주 충실히 미사를 드리지 못하는 내 자신을 반성하며 진실로 용서를 빌었다.

나는 이렇게 천주교 신자이면서도 진실한 신자가 못된 상태로 지내오고 있었는데, 어느 날 정말 몸과 마음가짐을 새롭게 하여 진실한 신앙생활을 할 수 있도록 나에게 기회를 만들어 주신 고마운 전도사 내외분을 만나게 되었다.

내가 사는 동네와 지척에 살고 계신 그분들은 천주교 신자가 아니고 여의도 순복음교회의 신도로서 비가 오나 눈이 오나 한 번도 빠짐없이 교회를 다니면서 신앙심을 키워 온 정말 성실한 기독교 신자였다. 남편 되는 분은 지금 현재 우리나라 동양화단의 이름 있는 작가 중의 한 분이신 S화백인데 내가 인사동에 화랑을 개업한 뒤 얼마 되지 않아 알게 된 분이다. 따라서 그분과 서로 알고 지내면서 그림을 받으러 마포에 있는 그 화백의 화실을 몇 번 방문도 했고, 그분의 인기 장르인 무궁화 그림과 목단 그림을 모 회사에서 주문을 받아 여러 점 팔아주기도 했다. 뿐만 아니라 S화백이 부산 국제화랑에서 개인전을 갖게 되었을 때 그분의 요청으로 부산까지 내려가 당시 정치부장의 신분으로 경남도청에 들러 도지사님께 부탁하여 전시 때 테이프 커팅을 함께 하며 축하해 주었다.

이후 서울에 올라와 자주 만나며 교분을 쌓아 왔다. 굳이 지금 이름을 밝히자면 동양화가 운원雲園 선생이시다. 나보다 한 살 위라고 해서 부담 없이 아무 얘기나 서로 나눌 수 있는 사이가 되면서 나는 운원 선생을 형님으로 호칭하게 되었다. 운원은 작고하신 부산의 청초靑草 선생의 소개로 부산 동아대학교 회화과 교수가 되면서부터 경남 부산이 나의 본거지인 관계로 더욱 좋아하게 되었다.

최근에도 우리는 가까운 이웃에 사는 관계로 자주 만나게 되면서 자연스럽게 운원 형님의 사모님을 뵙고 나는 스스럼없이 형수님으로 호칭하게 되었다. 사모님은 정말 독실한 순복음교회의 신자이며 성가대원으로서 국내는 물론 미국 등 외국을 다니면서도 순복음교회의 전도와 봉사활동을 하고 계신다.

여의도 순복음교회 하면 떠오르는 이름, 세계적인 종교 지도자로서 국내는 물론 세계의 오지를 찾아다니며 어려운 사람들을 위해 기도하고 도와주시는 조용기 목사님이야말로 이 시대의 진정한 목회자로서 기독교인들의 사랑과 추앙을 받는 분이다.

나는 지난여름 운원 형님과 형수님을 따라 생전 처음 여의도 순복음교회에 갔을 때 그 넓은 교회에 몰려드는 인파로 복도가 넘쳐나는 것을 보면서 정말 놀라지 않을 수 없었다. 이렇게 많은 사람들이 이 교회의 발전상과 규모만 보고 오는 것이 아니란 생각이 들었다. 다시 말하면 순복음교회를 세계 최고의 교회로 만든 것은 위대하신 하나님의 큰 은혜로 인한 기적 같은 일로 생각되었다. 따라서 특별히 하나님의 은혜와 사랑을 많이 받는 교회라고 생각하는 사람들이 많기 때문에 이렇게 많은 인파가 몰려드는 게 아닐까 생각했다.

운원 선생 내외분과 나는 인산인해의 인파 속에 이리 밀리고 저리 밀리면서 기다렸다가 우리 차례의 입장시간이 되어 본당에 들어갈 수 있었다. 홀 안을 꽉 채운 교회당의 분위기는 축제의 전당 같았고 가장 행복한 사람들과 가장 어려운 사람들이 공존하면서 하나님의 축복祝福과 은혜恩惠를 받아 평온함을 얻고, 영생을 기원하며 행복한 삶을 누리겠다는 한마음 한뜻으로 목사님의 설교를 경청하고 있었다.

나 또한 목사님의 설교에 감화感化되어 눈물을 닦으면서 진실한 마음과 정성으로 하나님께 감사 기도를 드렸다. 천주교 신자였던 내가 개신교인 순복음교회에 나오게 된 것과 이러한 모순적인 나의 행동을 사실 그대로 진솔하게 아뢰었다.

"천주교나 개신교나 하나님은 한 분이신데 성당에 다니기는 했지만 신앙심이 부족해 세례를 받지 못했던 저는 오늘 지인의 전도를 받아 이곳 순복음교회에 오니 정말 감동스러운 분위기에 마음이 들뜨고 충만한 행복감을 느낄 수 있습니다. 하나님! 이제 저는 이 순복음교회에 성실하게 나와 착한 하나님의 자녀가 되고 싶습니다. 하나님 그래도 되겠지요…"라고 기도하며 눈물을 훔쳤다.

요즘은 매주 아내와 같이 마포에 소재한 영산 신학원에 나가 영상으로 나오는 이영훈 목사의 설교를 들으며 진실하게 기도하고 찬송을 따라 부르며 예배를 드린다.

"하나님, 위대하신 우리 하나님! 저는 이제 하나님 자녀가 되었습니다. 저를 불쌍히 여기시고 저의 간절한 소원을 들어주시고 은혜를 내려 주시옵소서.

바라옵건대 노년의 인생을 살고 있는 이 사람의 건강이 나빠지지 않게 보살펴 주시고 그림을 그리는 화가인 저에게 좋은 명작을 그릴 수 있는 달란트를 주시고 제가 죽은 이후에라도 저의 작품이 세상에서 평가받는 예술이 되게 해 주시옵소서. 예수님 이름 받들어 간절히 기도드리옵니다. 아멘…."

끝으로 나를 위해 많은 기도를 해주시고 마음을 써 주신 운원 선생 내외분께 감사드린다. 또한 나는 순복음교회의 신도로서 더욱 참된 마음으로 진실한 신앙생활을 할 것이며 하나님 나라 천국의 꿈을 키워 갈 것이다.

역사와 문화가 꽃피는 터키와 그리스를 가다

— 한국 · 터키 국제현대미술전 —

국가보훈문화예술협회와 한국터키문화교류협회의 주최로 터키 국립현대미술관에서 개최하는 양국 미술교류전에 참석하기 위해 (사)국가보훈문화예술협회 임원진과 우리나라 참여 작가 20여 명은 지난 6월 30일 터키항공편으로 인천국제공항을 출발하였다. 약 11시간여의 비행 끝에 터키의 옛 수도 이스탄불을 경유, 현재 터키의 수도 앙카라에 도착하였다.

우리 일행은 준비해 간 작품들을 터키 국립현대미술관에 모두 설

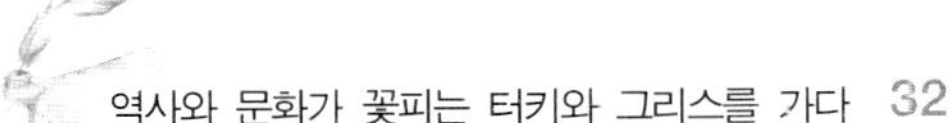

터키 국립현대미술관 개막식 기념사진

치하고 터키 문화부장관, (사)국가보훈문화예술협회 이석순 회장, 한국대사관 배재현 대사, (사)한 · 터키문화교류협회 박용덕 회장 및 총영사가 참석한 가운데 터키의 참여 작가들과 함께 개막식을 성대하게 거행하였다.

우리는 일정대로 정해진 호텔에서 하루 묵고 뒷날부터 터키 관광에 나섰다. 아시아와 유럽 대륙 사이에 자리하고 있는 터키는 역사와 문화가 깊고 영토는 776,723평방미터이며, 남북을 합한 한반도의 약 4배에 달하는 커다란 나라이다. 600여 년에 걸친 오스만 제국의 역사와 문화가 서려 있는 터키는 한때 대제국을 세웠던 민족으로(矻, 돌궐) 우리 민족과 함께 당나라를 상대로 전쟁을 치른 고구려의 일원이기도 했다. 이러한 역사적 배경을 기점으로 터키는 1950년 한국전쟁 때 참전했던 나라로서 파병 1만 4,936명, 부상 2,068명, 전사 724명으로 참전국 중 유일하게 형제국이라는 친선의 유대를 맺고 있다.

터키는 찬란한 문화와 역사 유적을 가진 나라이다. 성쇠를 거듭하며 600여 년의 영광을 누려온 오스만 제국은 훌륭한 장군이었던 케말파샤가 혁명을 일으켜 1922년에 황제를 몰아내고 터키공화국을 수립, 수도를 앙카라로 옮겼다. 오늘을 사는 터키 사람들은 케말파샤를 국부적인 인물로 추앙하고 있으며 7,600만의 인구에 90% 이상이 이슬람교를 믿고 있다.

내리쬐는 햇볕이 너무나 뜨겁고 더웠다. 박물관 도시라고 불리기도 하는 터키의 건물들은 역사와 문화의 이끼가 서려 있고 넓은 도로는 도시의 면모를 더욱 시원하게 느끼게 했다. 여러 군데의 관광코스를 일정에 따라 계속했기 때문에 일일이 기억을 되살릴 수 없는 아쉬움이 있으나 특별히 감명 깊었던 관광코스를 중심으로 얘기를 엮어 보기로 한다.

터키 소금호수, 투즈골Tuz Golu에 가다

터키의 국부적 자원이라고 할 수 있는 이 호수는 터키에서 두 번째로 큰 호수로서 앙카라에서 209km 떨어져 있다. 많은 관광객이 줄을 이어 찾아오는 이 소금호수는 자연의 신비로서 천혜의 관광지요, 보물창고임에

투즈골 소금호수에서

틀림없다. 어떤 물리적, 화학적 현상으로 이 호수가 소금호수로 변할 수 있단 말인가! 필자의 소견으로는 도저히 생각할 수 없는 신비한 현상이 아닐 수 없었다. 때문에 많은 관광객이 원더풀을 연발하며 호수에 하얗게 깔려 있는 소금밭을 바삭바삭 소리 내어 밟으면서 환호했다. 신발을 벗고 소금물에 발을 담그거나 개중에는 윗옷을 벗고 소금물로 양 팔을 씻는 사람들도 있었다.

염전을 하나 만들어 소금을 얻자면 많은 투자를 해야 하고 공을 들여야 하는데 이렇게 자연의 현상으로 온통 이 큰 호수가 식염으로 쓸 수 있는 염전이 된다는 사실은 정말 신기하고도 놀라운 일이 아닐 수 없다. 이는 불가사의한 일로 하늘이 내린 기적 같은 선물임에 틀림없다. 따라서 이 소금호수의 연간 관광수입은 아마도 터키의 재정에 커다란 비중을 차지할 것으로 생각된다. 이 소금호수의 주변에는 관광상품을 파는 많은 매점들이 있는데 연달아 이 소금호수를 찾아오는 관광객들에 의해 짭짤하게 장사가 잘되는 것 같았다.

▌파묵칼레pamukkale 관광

로마시대부터 온천 관광지로 유명했던 파묵칼레는 터키의 세계적인 문화유산이다. '파묵'은 터키어로 하얀 목화를 뜻하고, '칼레'는 성이라는 뜻으로 파묵칼레라는 말은 '목화의 성'이라는 뜻이다. 마치 목화의 솜처럼 하얗게 빛을 내는 석회층으로 온천물이 흘러내리며 빚어내는 아름다운 현상은 신비한 비경이 아닐 수 없다.

14,000여 년의 역사를 가진 파묵칼레는 쉼 없이 온천수가 흐르며 천연적으로 만들어진 신비하고도 아름다운 관광명소다. 석회암을 만

파묵칼레

들며 흘러내리는 뜨거운 온천수는 백악질과 이산화탄소와 유황성분, 나트륨, 철, 마그네슘이 함유되어 건강상의 치유효과가 크다고 알려져 수많은 관광객이 찾아들고 온천을 즐기고 있다. 이 파묵칼레야말로 하늘이 터키에 내린 선물로서 보배로운 재산이 아니겠는가! 오랜 역사는 실증의 증거로 남는 것인데 이 온천수가 흘러내리며 돌에 새겨진 수로는 그 시대를 살다 간 선인들의 지혜가 서려 있는 듯했다.

▌성스러운 에페소, 요한의 교회

현존하는 세계 최대 규모의 도시 유적 에페소에는 비단 신앙인들뿐만 아니라 많은 관광객이 몰려들고 있었다. 이 교회의 역사적 기록은

AD 37~42년, 사도요한과 성모마리아가 살았던 곳으로 사도요한이 복음서를 완성하고 그 생애를 마친 곳이다. 또한 성모마리아가 살던 집은 에페소에서 남서쪽으로 10km 떨어진 산 위에 위치해 있다고 한다.

서기 4세기경에 사도요한의 무덤 위에 나무로 지어진 교회가 있었는데 비잔틴제국의 유스티니아누스 황제(AD 577~565) 때 재건된 것이라고 한다. 이 성스러운 교회의 분위기는 기독교 신자인 필자의 감성에 깊은 의미를 새기게 되고 엄숙함을 느끼게 했다.

성스러운 기독교 성지의 하나로 많은 기독교인들이 끊이지 않고 이곳을 찾아 참배하고 묵념을 올리고 있었다.

기독교인들인지 아닌지 구분할 수는 없으나 우리 일행이 이곳을 관광하는 동안 수많은 관광객이 몰려들어 이 유적지의 이모저모를 관심 있게 살피고 있었다. 이 광대한 에페소의 구조물과 예술작품은 그 분위기가 로마의 유적지와 별로 다를 바 없었다. 따라서 필자는 지금 내가 로마의 어느 유적지를 관광하고 있는 게 아닌가 하고 착각할 정도였다.

오랜 세월의 지진과 풍수재해를 겪으면서도 절묘하게 원형이 살아있는 구조물과 조각품들은 그 시대를 풍미하며 살다 간 예술가들의 혼이 서려 있는 기가 막힌 예술품들이었다. 따라서 오늘을 사는 우리 후손들은 이 유적지의 예술을 인류공동체의 재산으로 생각하고 아끼고 사랑하며 귀히 보존해야 할 것이다. 멘트에 의하면 성스러운 이곳은 아직도 발굴과 복원작업이 계속되고 있다고 했다.

터키의 유명한 관광코스는 거리상으로 상당히 멀리 떨어진 곳에 운집하고 있었다. 버스로 10시간 이상을 달려야 하는 코스도 몇 군데 있었는데 시원하게 뚫린 도로를 속력을 내며 달리는 버스의 창밖으로 멀리 내다보이는 산자락에는 화산폭발로 빚어진 절묘한 현상들이 감탄사를 연발하게 했다. 한없이 넓은 들판에는 밀밭이 누렇게 익어가고 짙은 풀밭에는 소떼가 유유히 풀을 뜯고 있는 모습이 평화롭게 다가왔다.

우리나라 어느 지역, 어느 코스를 달려본들 이렇게 광활하고 넓은 평야를 볼 수 있단 말인가. 실로 부러움의 대상이었다. 이 넓은 평야에는 밀, 담배, 아편, 목화 등 기타 작물들이 무성히 자라고 있었다. 길 양편에 늘어선 올리브나무가 바람결에 날리는 것을 보는 여심旅心은 한없이 평화롭고 아름다웠다.

▌신이 내린 천혜天惠의 보고 카파도키아Cappadocia를 가다

카파도키아는 하늘이 내린 터키 예술의 보고로서 터키 관광에 있어 대미를 이루는 관광유적이다. 약 100만 년 전 화산폭발로 용암이 흘러내리면서 만들어진 절묘한 형상들이 빚어내는 각양각색의 유적들은 실로 필설로 표현하기 어려운 눈부신 예술작품이 아닐 수 없다. 용암이 흘러내리면서 천혜의 요새처럼 만들어진 기암괴석의 큰 바위에 굴을 뚫어 교회

카파도키아에서 신범승 교수와 함께

카파도키아에서 최예태 선생과 함께

를 만들고 창을 뚫어 사람이 살 수 있는 집을 만들어 한 시대를 살다 간 사람들의 지혜는 전설처럼 남아있다. 천정과 벽면에는 예수님과 성모마리아를 그려놓은 프레스코 성화들이 이끼가 서린 흔적으로 생생히 남아있는 곳도 볼 수 있었다.

큰 산자락 밑에 각양각색의 기기묘묘한 형상의 돌조각들은 신의 조화가 아닐진대 어떻게 상상이나 할 수 있겠는가. 몇 날, 며칠, 몇 년을 보고 또 본들 이 신비감이 사라지겠는가. 뿐만 아니라 기암괴석의 요새와 거대한 지하도시의 설계는 오늘을 사는 우리시대의 사람들이 감히 상상할 수 없으리만치 만들어져 있었다. 어느 역량 있는 영화사, 또는 촬영기사라도 좋으니 이 유서 깊은 천혜의 예술을 그대로 찍어 온 세상에 보여줬으면 하는 마음 간절하다. 따라서 세계의 모든 역사학자나 예술가들은 이 카파도키아를 꼭 한번씩 찾아 하늘이 내린 이 방대하고도 거대한 예술을 보고 감상해 주기를 바라는 마음 간절하다.

▌꿈과 예술과 신화의 나라, 그리스를 가다

우리 일행은 터키의 관광일정을 대충 마치고 그리스 일정에 들어갔다.

버스를 타고 또 10여 시간 먼 길을 달린다. 길옆으로 또한 광활한 평야가 펼쳐진다. 누렇게 밀밭이 익어 가고 멀리 산자락 밑에는 화산

터키와 그리스를 이어 주는 지중해

폭발로 빚어진 기기묘묘한 예술품들이 눈에 들어온다. 약 10시간에 가까운 시간을 달리는 버스의 창밖으로 스쳐가는 터키의 풍경은 여심旅心을 한없이 행복하게 했다.

그리스를 가기 위해 배를 타야 하는 어느 항구에 도착하였다. 저녁 식사를 마친 우리 일행은 현지시각 10시에 그리스로 가는 배에 올랐다. 약 15층 높이의 큰 배는 크루즈선의 분위기를 갖추고 있었다. 우리 일행 외에도 그리스로 들어가는 여행객들이 상당히 많았다. 우리 일행은 3층 객실로 지정되어 1실 4인의 방에 투숙하게 되었다. 나와 같이 룸메이트가 되었던 친구는 최예태 선생, 신범승 교수, 경노현 선생이었다. 밤새도록 에어컨이 들어왔는데, 에어컨을 끄려고 했으나 스위치를 찾을 수가 없어 그대로 잘 수밖에 없었다. 밤새 얼마나 추웠는지 나는 감기가 들었고, 다른 사람도 감기가 들은 것 같다고 말하면서 우리는 함께 웃었다.

다음날 아침 5시에 그리스 아테네 항구에 도착하였다.

그리스의 영토는 많은 섬들로 이루어져 있는데 그리스의 정치체제는 민주공화국으로 인구 약 1,100만 명, 지중해성 기후에 GNP는 약 28,000$의 선진국이다. 그러나 최근 그리스는 국가 재정상의 어려움으로 IMF 체제 하에 들어있다. 그렇지만 외부에서 듣고 생각했던 것과는 달리 그리스의 수도 아테네는 무척 평화롭고 고즈넉한 역사의 도시였다.

도로를 달리는 자동차는 소형차가 주종을 이루었고 간간히 지체현상을 빚었으나 차창 밖으로 펼쳐지는 지중해의 에메랄드빛 바다 풍경을 보고 있으면 조금도 짜증나지 않았다. 그리스의 문화와 예술은 고대 로마 비잔틴 제국에 많은 영향을 미치기도 했는데 그 역사적 가치와 흔적은 누가 뭐래도 그리스에 있어서 많은 유적으로 남아있는 여러 곳의 신전이다.

아크로폴리스 언덕, 파르테논 신전, 아레오파고스 언덕을 오른다.

그리스에서 신범승 교수, 최예태 선생과 함께

뜨겁게 내려쬐는 햇볕 아래 가쁜 숨을 내쉬며 구름처럼 많은 관광객이 몰려들어 고대 그리스 역사의 찬란한 문화 예술을 보고 감탄사를 연발한다. 고대 그리스는 높은 요새의 여러 곳에 신전을 짓고 그 도시의 주신에게 도시의 제사를 지내던 곳으로 도시를 방어한다는 요새로서의 의미를 새기고 있다. 오랜 세월의 풍수재해와 전쟁 등으로 기둥만 듬성듬성 서 있는 신전도 있고 지붕과 벽면만 없을 뿐 거의 원형에 가까운 신전도 있었다.

육중하고 무거운 돌기둥은 동강동강 부러진 채 쓰러져 있으나 절세의 예술로 새겨진 정교한 조각은 그 시대를 살다 간 그리스 조상들의 예술 혼과 장인정신의 실상이 살아있음을 느낄 수 있었다. 반면 오늘날과 같이 현대화된 건축기술과 장비가 없었을 것으로 추정되는데 어떻게 그 육중한 돌기둥을 하나같이 빈틈없이 조각을 새겨 단단하게 다진 대리석 위에 반듯반듯하게 세울 수 있었으며, 지붕에 올린 그 크고 육중한 돌은 어떻게 올릴 수 있었는가? 오늘을 사는 우리로서는 도저히 말문이 열리지 않는다.

그리스의 많은 신전 중에서 가장 대표적인 신전은 파르테논 신전

파르테논 신전에서 신범승 교수, 최예태 선생과 함께

이다. 세계문화유산 제1호로 지정되고 있는 이 신전은 아테나(미네르바)를 위해 BC 5세기에 지은 신전으로 그 원형의 기둥이 거의 살아있고 규모가 가장 크고 웅장하다. 바닥과 기둥 그리고 지붕이 전체 대리석만으로 된 건축물로 신전의 예술적 극치와 규모에 있어서 최고의 신전이다. BC 447년에 세운 이 신전은 대부분 전쟁 등으로 많이 파괴되었으나 그 안에 있던 조각, 벽면과 기둥 등 많은 문화재들은 현재 일부 영국의 대영박물관 등에 소장되어 있다고 한다.

포세이돈 신전을 향해 달리는 창밖에는 지중해의 아름다운 바다가 펼쳐지고 나지막한 산자락에는 회색 톤으로 도시를 이룬 전경이 그지없이 평화롭게 보였다. 신전을 오르는 산은 무척 가팔랐으나 역시 많은 관광객이 숨을 몰아쉬며 오르고 있었다. 정상에 올라가 신전을 둘러보며 이곳저곳에서 사진을 찍어대는 관광객은 우리 일행이나 다른 외국 사람도 다를 바 없었다. 높은 산 정상이라 불어오는 바람이 뜨거운 태양의 열기를 시원하게 식혀 주었다. 필자는 최예태 화백, 신범승 교수와 함께 번갈아 사진을 찍고 또 일행과도 함께 사진을 찍었다. 신전에서 내려다보니 굉장히 높은 절벽 위에 신전이 서 있음을 알 수 있었고, 사방으로 펼쳐지는 에메랄드빛 바다가 병풍처럼 둘러친 산자락에는 그리스의 아름다운 회색빛 도시가 고즈넉하게 펼쳐졌다.

포세이돈 신전에서 신범승 교수와 함께

내 감성에 아로새긴 아름다운 그리스여!
추억 속에 영원할 고도 그리스여!
에메랄드빛 아름다운 환상의 지중해여!
전설처럼 신비한 신의 고향 그리스여!
살아있음에 잊지 못할 그리스여!
크루즈에 사랑 싣고 지중해의 에게해를 누벼볼까 하노라!

이상과 같은 소회는 파르테논 신전, 제우스 신전, 아폴로 신전, 포세이돈 신전 등을 관광하면서 느낀바 그대로이다. 따라서 각 신전마다 건축적 특징과 느낌의 소견은 달랐으나 일일이 비교해서 열거하는 것을 생략하고, 필자로서는 대충 이렇게 마무리하고자 한다.

■ 고린도 운하

그리스의 관광명소로 많은 관광객이 찾고 있는 고린도 운하는 세계 3대 운하로서 길이 6.44km, 폭 25km, 수심 8m, 위에서 바닥까지는 80m 깊이의 아름다운 운하로 이탈리아 쪽에서 그리스 에게해와 터키 쪽의 교역이 이 운하를 통해 475km 단축된다고 한다. 이 운하로 들어오고 나가는 배들을 바라보는 정경은 그지없이 아름다웠다. 길 위에서 내려다보면 아찔아찔한 감을 느끼게 되는 이 운하는 로마 네로황제의 야심찬 역

고린도 운하에서

사로 많은 노예와 광부를 투입, 수많은 인명피해를 보면서 공사에 착수했으나 성공하지 못했고 그 이후 프랑스 자본으로 십년에 걸쳐 완공했다고 한다. 인공으로 조성한 이 운하는 자연적으로 형성된 것 같은 감을 느끼게 했는데 이 운하를 통해 그리스와 유럽 각국의 해상교통로를 단축시키고 물류 이동에 커다란 공헌을 하고 있다고 한다.

■ 그리스 국회의사당

우리 일행은 버스에 올라 가이드의 멘트를 들으면서 그리스 정치의 산실인 국회의사당으로 향했다. 숲으로 둘러싸인 아말리아스 Amalias 대로변에 자리 잡은 국회의사당은 담황색과 회색 톤이 조화롭게 어우러진 고전주의 양식의 건축물로 1836년 독일의 궁전 건축과 가르도나가 그리스 국왕 오토 1세의 왕궁으로 건축했다고 한다.

의사당 앞의 넓은 광장에는 수백 마리의 비둘기 떼가 관광객을 맞이하는 환영의 나래를 펴고 있었다. 일행 중 누군가가 가지고 간 누룽지를 뿌려주자 정신없이 모이를 쪼아대는 풍경이 가관이었다. 필자와 최예태 선생은 손바닥에 모이를 얹어 놓고 팔을 흔들어 대자 비둘기 떼가 내려앉아 정신없이 모이를 쪼아 먹는 것을 보면서 소리 내어 웃었다.

국회의사당 앞 광장에서 비둘기 떼가 관광객을 맞이한다

의사당은 회기가 없는 날이라 아주 조용한 분위기였고, 정문 옆 초소에는 경비병 한 사람만이 꼿꼿한 자

그리스 국회의사당 앞에서 최예태 선성과 함께

세로 근무를 서고 있었다. 가이드의 멘트에 의하면 경비병에게 말을 시켜서는 안 되나 사진은 같이 찍을 수 있다고 했다. 우리 일행 중 한두 사람은 그 경비병 옆에 서서 사진을 찍었다. 필자는 근엄하게 서서 근무 중인 경비병이 큰 구경거리라도 되는 듯 사진을 찍는 것은 실례가 되지 않았을까 하고 생각했다.

국회의사당에 인접해 있는 번화가 신타그마 광장을 걸으면서 보니 명품인지 아닌지 알 수는 없으나 각종 관광상품(핸드백류가 참 많았다)들이 즐비했다. 이 거리의 분위기는 우리나라 소공동에 있는 롯데백화점과 명동을 연결하는 중심거리처럼 짜임새 있고 많은 관광객이 붐볐으며 상당히 높은 건물들이 많이 들어서 있는 부티 나는 거리였다. 우리는 이 거리의 어느 지정된 한식당에 들러 우리 입에 맞는 점심식사를 맛있게 했다.

우리 일행은 이렇게 관광일정을 거의 마치고 지정된 호텔로 들어왔다. 저녁은 여러 가지 메뉴로 푸짐하게 나오는 호텔식으로 식사를 마친 다음 지정된 방에 들러 가벼운 옷차림으로 1층의 식당과 연결되는 넓은 잔디 광장에 나왔다. 넓은 광장의 벤치에는 많은 손님들이 자리를 잡았고 피아노 연주곡에 맞춰 싱어가 부르는 노랫소리는 여심을 수놓고 있었다. 잔디밭 한켠에 멋있게 자리한 풀장에는 맑은 물이 출렁이고, 많은 사람들이 수영을 즐기며 더위를 식히고 있었다. 이 호텔은 넓은 잔디밭과 풀장이 있어서 더욱 운치 있고 아름다운

주 터키 배재현 대사, 신범승 선생, 경노현 선생과 함께

분위기였던 것 같다.

우리 일행 중 여러 사람들이 협회 이석순 회장과 함께 바닷가에 가서 술 한잔씩 나누고 오겠다고 가고, 나는 혼자 남아 잔디밭 벤치에 누워 행수를 달래듯이 혼자 노래를 부르다가 객실로 들어왔다. 한참 시간이 흐른 후에 최예태 선생이 왔는데 바닷가에서 술을 먹을 수 없다고 단속하는 바람에 다들 일찍 돌아왔다고 했다.

이 호텔 이름은 잘 기억되지 않으나 창밖으로 펼쳐지는 환상적인 에메랄드 빛 에게해, 거대한 쿠르즈 여객선이 바다를 누비는 아름다운 전경은 필자와 룸메이트인 최예태 선생의 감성에 영원한 추억으로 남을 것이다.

한편 필자는 책의 원고 마감과 편집상의 지면 관계로 비중이 컸던 여러 여행지를 상술하지 못했고, 특히 오스만 시대의 대표적인 궁전 블루모스크와 소피아 성당의 거룩하고 찬란한 예술성을 기술하지 못해 못내 아쉽다. 따라서 우리의 이번 한·터 미술교류전을 통하여 터키라는 거대한 나라의 역사와 문화를 살펴 볼 수 있었으며 그 저력을 느낄 수 있었다. 마지막으로 이번 여행에서 신범승 교수와 새로운 우정을 다질 수 있었던 것을 기쁘게 생각한다. 우리 협회의 많은 화우畵友들과 신비한 천혜의 관광지를 구경하면서 많은 공부를 했다. 따라서 우리 일행의 여러 화우들과 우의를 돈독히 다질 수 있었던 것을 큰 보람으로 생각하는 바이다.

그리스여 안녕!!!

Part 03

반려견 사랑의 희로애락(喜怒哀樂)

오늘날 반려동물을 가족으로 맞아 사랑으로 키우는 일은
생활의 큰 비중을 차지할 뿐만 아니라
우리 인간에게 크나큰 감동과 사랑을 주는 일이 되었다.
여기에 쓴 이야기는 사랑으로 키우던 귀여운 강아지를 홍역으로 잃고,
또 개 짖는 소리가 시끄럽다고 시비하는 아파트 주민의 성화에
어쩔 수 없이 남에게 보내면서 생이별했던 아픔을 쓴 글이다.
반려동물을 사랑하는 많은 독자들과 함께 이 이야기를 나누고 싶다.

백동이의 죽음

— 백동이의 홍역 투병기 —

백동이를 처음 만난 그날, 갤러리에는 별로 손님이 들지 않아서 나는 이젤을 펴고 그림을 그리고 있었다. 간단히 빨리 그리고 치우려고 캔버스 4호에 아크릴 물감으로 내가 좋아하는 조춘早春을 그리고 있었다. 응접실 문을 닫고 그림을 그리는데 밖에서 여자 손님이 왔는지 미스 우가 반갑게 맞이하면서 "잘 지내셨어요? 어디 갔다 오셨어요?", "화랑은 요즘 어떠세요?" 하고 인사를 나누고 있었다.

순간 강아지 짖는 소리가 났다. 나는 '웬 강아지 소리가 나지?' 하면서 문을 열었다. 처음 보는 아가씬데 몸집이 크고 첫인상은 그리 곱지는 않았으나 무척 겸손한 표정으로 정중히 인사를 하였다.

"사장님께서 그림도 그리시네요. 아유, 정말 반갑습니다. 그림 그리는 선생님들이 존경스럽습니다. 저도 그림을 무척 좋아합니다" 하면서 만면에 웃음을 머금은 모습이 무척 착해 보였다.

"아, 그러세요? 반가워요" 하며 다시 붓질을 하려는데,

"사장님, 이 강아지 어때요? 참 귀엽지요?" 하고 가방에서 하얀 강아지를 꺼내 보였다.

"아, 참 예쁘고 귀여운 강아지네. 이름이 뭐요?"

"말티즈 종류로 화이트테리어라고 하는데 굉장히 귀하고 비싼 강

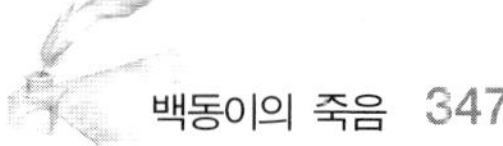

아지예요."

"웬 강아지를 안고 왔어요? 혹시 강아지 장사해요?"

그 아가씨는 강아지를 좋아해서 여러 마리 키우고 있는데 며칠 전에 귀여운 강아지 한 마리가 죽어서 눈이 붓도록 울었다고 했다.

'저 아가씨도 나만큼 강아지를 좋아하나 보다' 하고 붓질을 빨리 해서 작품을 완성하려고 생각에 몰두하는데, 그 아가씨 말했다.

"사장님, 이 강아지 사장님께 선물로 드리겠습니다."

내가 왜 그 예쁜 강아지를 선물로 받느냐고 반문하며 극구 사양했으나 꼭 드리고 싶다고 하면서 막무가내였다. 성의는 고마우나 우리 집에 '킹돌'이라고 하는 영국종 닥스훈트 한 마리를 키우고 있기 때문에 아파트에서 두 마리를 키우기는 힘들 텐데 하며 망설이고 있는데, 어느새 그 아가씨는 미스 우에게 그 예쁜 녀석을 맡기고 문밖으로 나가버렸다.

미스 우는 파리 소르본 대학에서 미술을 전공하고 귀국하면서 키우던 화이트테리어종 강아지를 비행기에 태워 데려왔는데 그 강아지는 순종으로 굉장히 비싼 개라고 했다. 적어도 몇 백만 원 간다고 했다.

나는 설레임보다는 큰 부담을 느꼈다. 미스 우는 이 강아지가 어쩌면 진짜 '화이트테리어'인지도 모른다고 하면서 만일 순종이라면 굉장히 비싼 강아지라고 했다.

누군지도 모르는 아가씨한테 큰 빚을 진 것 같았다. 대충 그림을 완성하고 붓을 놓고 그 강아지를 안았다. 촉감도 좋고 한없이 예쁘고 귀여웠으나 한편 걱정이 태산 같고 마음이 무거웠다. 한지공방에 갔다가 금방 화랑에 도착할 시간이 된 아내를 생각했다. 집에 키우고 있는 킹돌이 한 마리도 힘든데 어찌 키우려고 이 강아지를 받았느냐고 하면서 짜증을 내며 당장 누굴 줘 버리자고 할 것이 분명하기 때문이었다.

킹돌이를 데리고 다니는 동네 Y동물병원 원장에게 전화를 걸어 강아지가 한 마리 생겼는데 어찌해야 할지 모르겠다고 하면서 생김새를 들어 '화이트테리어'라는 강아지냐고 물었다. 원장은 확실히 보지 않고는 알 수 없으나 '말티즈'일 가능성이 크다고 하면서 한 번 데리고 오라고 했다.

잠시 후 아내가 한지공방에서 돌아와 소파에 엎드려 자는 듯 가만히 있는 강아지를 보더니, "어머, 이 강아지는 어디서 났어요? 너무 예쁘고 귀엽다. 어쩌면 털이 이렇게 희고 잘생겼을까?" 하면서 의외로 좋아했다. 자초지종을 얘기했더니, 한없이 예쁘고 귀여워서 키워 주고 싶어도 집에 킹돌이가 있는데 어찌 두 마리를 키울 수 있겠느냐고 걱정했다.

우리는 좌우간 오늘은 데리고 갔다가 내일 평소 그림 거래를 하며 친하게 지내는 최예태 화백에게 선사하기로 합의하고 퇴근길에 Y동물병원에 데리고 가서 선을 보였다. 원장은 잘생기고 귀여운 강아지이지만 '화이트테리어'는 아니고 '말티즈'라고 했다. 이 강아지를 어떻게 해야 할지 걱정이라는 내 말에 원장은 웃으면서 말했다.

"뭘 그리 걱정하십니까? 귀여운 강아지가 공짜로 생겼으니 잘 키우면 되지요. 안 그렇습니까, 어르신!"

우리는 그 강아지를 데리고 와서 거실에 내려놓았더니 기분이 좋은지 킹돌이를 보고 꼬리를 치며 짖고 야단이었다. 이제 온 조그마한 놈이 겁도 없이 킹돌이에게 매달리고 목덜미도 깨물며 사납게 굴면서 왕 노릇을 하는 것이 아닌가. 우리는 그 모습을 보고 배꼽을 쥐고 웃

었다.

첫날밤은 그렇게 데리고 놀다가 우리가 자는 안방에다가 집을 들여 놓고 재웠다. 화장실 문을 열어 놓고 신문을 깔고 오줌, 똥은 화장실에 들어가서 누라고 가르쳤다. 그런데 강아지가 꼭 내 머리맡에서 자거나 화장대가 놓여 있는 공간의 구석에 들어가서 자곤 했다.

다음날 출근길에 마음 모질게 먹고 적당히 사료를 먹인 후 가방에 넣어서 갤러리에 데리고 나갔다. 최예태 화백을 불러서 "이 예쁜 강아지는 선사로 받은 것이니 선사로 드립니다. 정성껏 잘 키워주시오"라고 하겠다고 다짐하면서.

그러나 하룻밤 데리고 잔 탓인지 강아지가 너무나 잘 따랐고 무릎에 엎드려 자기도 하고 손가락을 깨물고 장난을 치는 모습이 한없이 귀여웠다. 내게 강아지를 선사한 이름 모를 그 아가씨 모습이 떠오르기도 하고 내게 온 인연을 남에게 떠넘긴다는 것이 도리에도 어긋나는 것 같아 마음이 한없이 무거웠다.

몇 번이고 최예태 화백에게 전화를 걸려고 망설이다가 마음이 내키지 않아 나는 아내에게 전화해 나의 심정을 얘기했다. 그랬더니 아내는 의외로 내 마음과 같이 어찌 그렇게 귀여운 강아지를 남에게 떠넘기는 식으로 줄 수가 있겠느냐고 하면서 당신 마음이 그리 아프고 내키지 않으면 데리고 오라고 했다. 나는 그렇게 말해 주는 아내가 한없이 따뜻하고 고마웠다.

그렇게 해서 우리는 하얀 털의 귀여운 강아지를 백동이라고 이름 짓고 킹돌이와 같이 키우게 되었다. 킹돌이는 베란다에서 끈을 매놓고 키우고, 백동이는 거실이고 방이고 제 마음껏 뛰놀았고, 같이 자고 같이 놀고 갤러리에까지 데리고 다녔다.

그러던 어느 날, 백동이를 주고 간 그 아가씨가 또 강아지 한 마리를 안고 다시 화랑에 들렀다. 백동이와는 생김새가 전혀 다르고 털이 회색 톤으로 아주 귀엽고 예뻤다. 그 강아지는 '아메리칸 코커스패니얼' 종이었는데 '말티즈'보다는 많이 큰다고 했다. 그런데 그 아가씨는 또다시 그 강아지를 선사하겠다고 말했다. 나는 왜 자꾸 강아지를 선사하겠다고 하느냐고 묻고 더 이상 강아지를 키울 수 없으니 절대 받지 않겠다고 단호하게 거절했다.

그러나 그 아가씨는 "이 강아지는 사장님이 저 말티즈(소파에서 놀고 있었음)를 처음에 선사하려고 하였던 그 화가 선생님께 선사하시면 되시지 않겠습니까" 하고 말하면서 그림 그리는 화가 선생님들은 다 좋아하니 어떤 분이신지는 모르나 꼭 드렸으면 좋겠다고 하면서 막무가내인 게 아닌가.

나는 잠시 생각했다.

'처음 저 아가씨가 우리 백동이를 내게 선사로 주고 갔을 때 최예태 화백에게 주겠다고 마음먹고 아내와도 얘기한 바 있었지. 그렇지, 그런데 결과적으로 백동이는 최예태 화백에게 주지 않고 내가 예쁘게 키우고 있지 않은가. 그렇다. 저 아가씨가 선사하겠다고 또 야단이고 화가 선생님께 드리라고 하니 일단 받자. 받아서 최예태 화백에게 선물로 드리자. 그러면 강아지를 좋아하는 최예태 화백이 얼마나 좋아하겠는가.'

이렇게 생각하고 그 아가씨의 호의를 순수하게 받아들이고 그 강아지를 건네받았다. 그리고 미안해서 약간의 용돈을 교통비나 하라고 주고 며칠 뒤에 다시 오라고 해서 4호짜리 한 폭을 정성들여 그려주었다. 그 아가씨는 기뻐서 어쩔 줄 몰라 했다.

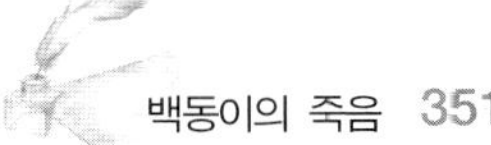

강아지를 받은 그날 오후 연락을 받고 달려온 최예태 화백은, "아이구, 귀엽게도 생겼구나. 털도 회색 톤으로 참 예쁘다!" 하며 흐뭇한 표정으로 기뻐하면서 그 강아지를 차에 태워 데리고 갔다.

백동이는 우리 내외가 출근하기 위해 옷만 갈아입어도 벌써 나가는 줄 알고 옆에 와서 짖어대고 뛰어오르며 야단을 떨었다. 집에서 잠이나 푹 자고 집 보고 있으면 저도 편하고 우리도 편할 텐데 그저 따라가려고 야단법석이었다. 할 수 없이 우리는 거의 매일 데리고 다닐 수밖에 없었다. 강아지를 넣어서 어깨에 메고 다니는 가방이 있었는데 그 가방만 꺼내 놓아도 제가 먼저 뛰어 들어가는 모습을 보노라면 주인 따라 나가는 것이 저렇게도 좋은가 하고 측은하기도 하고 대견스럽기도 했다.

백동이는 사료만 먹이는 것이 좋다는 동물병원 의사의 말만 듣고 30~40알 정도 세어서 먹였는데 그 밥이 부족했는지 항상 더 먹으려고 밥 넣어 두는 서랍을 앞발로 긁어대고 짖어대기도 했다.

백동이는 데리고 올 때부터 갈비뼈가 앙상하게 만져지곤 했는데 처음 한 이틀은 푸른 설사를 했다. 어느 의사는 참치에 밥을 말아 조금씩 먹이라고 했고 또 동네의사는 'Id'라는 통조림과 사료만 먹이라고 했다. 동네병원에서 주사를 맞히고 치료하여 설사는 멎었고, 밥도 잘 먹고 화랑에 데리고 가면 소파에서 잠도 잘 잤다. 자고 일어나면 무릎에 올라와 손가락을 깨물기도 했는데 때론 상당히 아프기도 했다. 어린 강아지가 이빨이 나려면 잇몸이 간지러워 그런 것이라고 했다.

한편 킹돌이는 큰형답게 이리저리 피하면서 많이 참아주는 모습이 대견했다. 아침 한강변을 산책할 때는 꼭 두 녀석을 데리고 나가 훈련을 시켰다. 앞서거니 뒤서거니 경주하듯이 날뛰고 좋아하는 모습을 보노라면 내 마음도 홀가분하고 기분이 좋았다.

주인과 함께 한강변의 산책로를 뛰고 걸으며 자유롭게 노는 것이 저다지도 좋은가. 비록 말 못하는 동물이지만 사람과 무엇이 다르겠는가. 저 녀석들이 신이 나는 것은 사람들이 신이 나서 즐거운 것이나 다를 바 없을 것이라고 생각되었다.

이렇게 우리는 강아지 두 마리와 한식구가 되어 행복해 하며, 때론 버릇을 고친다고 엉덩이를 때려 주며 꾸지람도 하면서 점점 깊은 정이 들어갔다.

그러던 어느 날, 퇴근 시간에 백동이 용태가 좋아 보이지 않아 Y동물병원에 데리고 갔다. 진찰 결과 크게 나쁜 데는 없다고 하면서 주사를 놓고 약을 3일분 지어 주면서 의사가 하는 말이, 속 썩지 않고 깨끗이 키우려면 이 약을 다 먹인 후 바로 '고환 수술'을 해야 한다고 했다. 수놈은 크면 영역표시를 하느라 집안 곳곳에 오줌을 찔끔~ 갈기기도 하고, 발정기가 되면 더 심한 행동을 한다면서 더 크면 수술하기가 어려우니 지금 해버리는 것이 적당하다고 권유했다.

그 말을 들은 아내는 약을 다 먹이고 데리고 올 테니 수술해 달라고 부탁했다. 그러나 나는 남자로서 생각이 좀 달랐다. 남자에게 있어서 힘의 원천이고 상징인데 힘이나 제대로 쓸까 싶었고, 종족 보존은커녕 아프지 않을까 하고 썩 마음이 내키지 않아서 좀 더 있다가 했으면 좋겠다고 말했다. 그러나 아내는 집에 키우고 있는 킹돌이의 예를 들면서 의사선생님 말씀대로 수술을 해야 한다고 막무가내였다.

할 수 없이 아내의 성화에 못 이겨 출근길에 데리고 나가서 Y동물병원에 맡기고 수술 잘 해달라고 부탁하고 갤러리로 갔다. 마취를 하고 수술을 하면 깨어나는 시간이 상당히 걸리고 하니 아예 퇴근길에 와서 데리고 가라고 했다.

그날은 갤러리에 손님도 없고 우리 귀여운 백동이 수술이 잘 되었는지 궁금하기도 하고, 보고 싶기도 해서 한 30분 앞당겨 퇴근하고 Y동물병원에 달려갔다. 백동이를 안고 나오는데 아직 마취가 덜 깬 탓인지 강아지가 힘도 없어 보이고 멍청해 보였다.

마취가 덜 깨서 그러니 괜찮을 거라는 의사의 말을 등뒤로 들으면서, "우리 백동이~ 우리 배또!(백동이 애칭) 우리 배또! 그래, 고생 많았지? 괜찮니? 아프지 않아?" 하며 어르고 얼굴을 부비면서 집에 데리고 왔다. 시간이 갈수록 백동이는 마취에서 깨어나면서 다시 똑똑해졌다.

그 다음날 아침 백동이는 눈곱이 많이 나와서 한쪽 눈이 달라붙어 있었고, 자기의 고환을 찾아 연상 거기를 입으로 핥으며 털을 비볐다. 그 모습을 바라보려니 마음이 한없이 아프고 큰 죄를 지은 것 같았다.

"백동아, 괜찮아. 찾지 마. 그거 없어도 괜찮은 거야. 뭘 자꾸 찾아. 잊어버려…."

수술 후 백동이는 여전히 밥 잘 먹고 잘 놀았는데 약 10일쯤 지나서 백동이는 눈물도 흘리고 눈곱도 많이 끼고 끙끙 앓기도 하고 어딘가 아픈 것이 확실한 것 같았다.

'불쌍한 녀석, 말 못하는 동물로 태어나 어디가 아프다고 말도 못하고…. 사람이 잘 살펴서 치료해 줘야지, 그렇지 않으면 이 녀석 동포들은 다 죽고 말 거야.'

퇴근시간에 백동이를 Y동물병원으로 데리고 갔다. 원장이 진찰을 하더니 열이 조금 높은 것 같으나 별 지장이 없다고 하면서 혈관주사와 또 다른 주사 한 대를 목덜미에 놓아주고 또 약 3일분을 지어 주었다.

그러나 한 달 가까이 Y동물병원에 데리고 다녔는데도 백동이 증세는 좋아지지 않고 더욱 나빠졌다. 열도 40도 가량 오르고 눈곱도 많이 끼고 해서 마음 아픈 것은 이루 다 표현하지 못할 만큼 속상하고 측은했다.

'내 잘못이다. 우리가 미련한 탓이다. 의사의 경솔한 실책이다.'

이렇게 자책하며 항변하기도 하면서 그 어린놈의 고환을 제거해 버린 탓이라는 생각이 들어, 비정한 인간들의 사악한 행동을 미워하고 저주하고도 싶었다.

오후 퇴근시간에 한 번씩 Y동물병원에 데리고 가던 것을, 아침 출근시간에 데리고 가서 열을 재고 혈관주사를 맞히고 데리고 갔다가 오후에 다시 들러 똑같은 치료방법을 반복하였으나 우리 백동이는 전혀 좋아지지 않았다.

어느 날 아침 백동이를 안고 내 차 앞 조수석에 앉아 가던 아내가 백동이의 발바닥을 만져 보더니, "여보, 우리 백동이 발바닥이 단단해지고 쪼그라든 것 같아요. 한번 만져 보세요"라고 했다.

백동이의 발바닥을 만져 본 순간, 마치 시멘트 바닥처럼 딱딱하게 굳어졌고 그나마 쪼그라들었음을 느꼈다. 이상한 일이었다. 그런 초조한 마음에 Y동물병원에서 조금 떨어진 'M동물병원'을 찾았다. 그 원장은 나이 들어 보이고 경험도 많아 보였다.

그는 우리 백동이를 진찰해 보더니 근심어린 표정으로 우리를 쳐다보며 아마도 간염이나 홍역에 걸린 것 같다고 했다. 이미 상당히 진행된 것 같은데 만약 홍역이면 백발백중 다 치사하고, 간염 도한

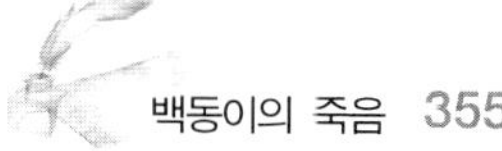

낫기가 힘들고 특별한 치료약이 없다고 했다. 우리는 크게 놀라고 실망하면서 어떻게 좀 낫게 할 수 없겠느냐고 원장에게 사정했으나 의사는 우선 2차 병원이나 다니던 병원에 가서 다시 정확한 검사를 해보라고 했다.

나는 분하고 억울했다. Y동물병원에 데리고 다니면서 치료하고 돈도 들였는데 도대체 간염인지 홍역인지도 모르고 무슨 치료를 한다고 했단 말인가. 화가 잔뜩 나서 백동이를 안고 Y동물병원으로 가서 우리 백동이를 검사해 보았느냐고 물었더니 원장은 검사해 보지 않았다고 했다.

"검사를 한 번 해봐야 제대로 병명을 알 것 아니오. 한 번 검사를 해보시오!" 하고 나는 퉁명스럽게 말했다.

검사 결과는 바로 나오지 않고, 특히 홍역 검사는 서울대병원에 의뢰하면 한 2~3일 걸린다고 했다. 다음 다음날, 검사결과를 보러 간 나와 아내는 눈앞이 캄캄하고 다리에 힘이 빠지는 것을 느꼈다. 백동이는 양성 홍역이었다. 먹는 것에 비해 영양도 제대로 공급되지 못한다고 했다. 나는 이 모든 것을 수술 탓이라고 생각했다.

"수술을 하려면 적어도 이 어린 녀석을 조심스럽게 항체검사를 하고 상태를 본 후에 해야지, 고환수술이 뭐가 그리 급해서 덮어놓고 수술을 했느냐? 예방접종 주사를 맞히면 절대 홍역에 안 걸린다고 했는데 왜 홍역이 걸렸느냐?"

의사를 나무라며 따져 물었더니 상당히 곤혹스러워했다.

'우리 백동이를 이대로 죽이면 안 된다, 꼭 살려야 한다.'

그때부터 내 일과의 전부는 우리 백동이 생각뿐이었다.

M동물병원으로 가서 검사결과를 얘기하면서 선생님이 치료해 달

라고 애걸복걸했으나 자신이 없다고 거절했다. 건대병원이나 서울대병원에 데리고 가서 입원시키고 최선을 다해 보라고 했다. 홍역 바이러스가 머리까지 올라오면 뇌신경이 마비되고 뇌막염도 일으켜서 나중에는 발작 증세까지 보인다고 하면서 결국은 죽는다고 했다. 절망적이었다.

치료를 사양하는 선생님께 사정해서 주사를 맞히고 약을 받아들고 집으로 왔다. 그날 오후 나는 혈압약이 떨어져 처방전을 받으러 신촌 연세병원에 들러 처방전을 받아 나오다가 어느 깨끗한 동물병원을 발견하고는, 아내와 백동이를 안고 그 병원으로 들어갔다. 의사는 젊은 사람이었는데 역시 홍역은 어렵다는 말은 똑같았다. 자세히 설명을 들어 보니 상당히 실력이 있는 의사 같았다. 그 의사는 특효처방 주사라고 하면서 주사 두 대를 놓아주고 약을 주었다. 그때 이미 백동이는 앞다리 하나가 신경이 마비되어 자동적으로 끄덕끄덕하고 저절로 올라갔다가 떨어지곤 했다.

집으로 데리고 와서 밥을 주니 밥은 역시 잘 먹었다. 오히려 더 먹으려고 해서 나는 밥을 조금 더 주었다. 건강할 때는 밥을 먹고 나면 가만히 앉아서 조금 쉬거나 한쪽에 가서 잠을 자는 때도 있었다. 그런데 그날 저녁은 잠시도 가만히 있질 못했다.

병원에서 주사 맞히고 집에 와서 밥 먹이고 난 이후 약 30분이 지난 후 백동이는 비명을 질러대며 정신없이 왔다 갔다 하면서 날뛰고 발광을 했다. 나는 당황하여 어쩔 줄을 몰라 백동이를 지켜보다가 그 병원에 전화해서 상태를 설명하고 그 주사가 이상이 있는 주사거나 또는 잘못 맞히지 않았느냐고 물었으나 병원장은 절대 그런 주사가 아니고 오히려 뇌신경을 보호하는 특효처방 주사라고 했다.

그러나 우리 백동이는 더욱 비명을 질러댔다. 아내는 저녁 준비도 못하고 백동이를 안고 달래었다. 나도 번갈아가면서 백동이를 안고 발을 동동 구르며 "백동아~ 어디가 아프냐?"고 물으며 보듬고 어르고 하였으나 어찌 강아지가 말을 할 수 있겠는가. 계속 백동이는 상태가 심해졌고 밤새 비명을 질러댔다. 아내가 백동이를 안더니 우리 아파트 1층 화단 휴게실에 내려가서 바람을 좀 쐬어 주겠다고 내려갔다.

한참 만에 올라온 아내는 너무나 지치고 맥이 빠져 있었다. 바람을 쏘이고 나니 조금 덜 하는 것 같았으나 여전히 비명을 질렀다. 이번에는 내가 백동이를 안고 어르고 달래다가 잠시 내려 주었더니 달리다가 쓰러지고 걷다가 쓰러지면서 시간이 갈수록 점점 심해져만 갔다.

나는 백동이를 안고 화단으로 내려갔다. 휴게실 의자에 백동이를 누이고 시멘트바닥에 무릎을 꿇고 앉아 두 손 모아 하나님께 간절히 기도했다.

"우리 백동이를 살려 주십시오. 말 못하는 어린 생명을 불쌍히 여기시고 제발 우리 백동이를 살려 주십시오."

내 눈에서는 빗물처럼 눈물이 목까지 흘러내리고 등허리엔 땀이 나서 온몸이 흠뻑 젖었다. 그러나 우리 백동이는 조금도 낫지 않았다. 우리 내외는 밤새 교대로 백동이의 비명을 들으면서 눈이 붓도록 눈물 콧물 흘리며 저녁밥도 거른 채 꼬박 밤을 새웠다.

다음날 아침 일찍 나는 Y동물병원에 가서 그 원장에게 말했다. 어떻게 해서라도 우리 백동이를 살려야 한다고. 아니 꼭 살려내라고 애원하면서 나는 말을 제대로 하지 못하고 서럽게 울었다. 원장의 치료는 면역촉진제 주사를 놓고, 입맛 떨어지지 않는 주사를 놓고, 열 내리는 주사를 놓아주는 도리 외에 홍역에 대한 치료제나 특효약은 없다고 했다.

의술이 최첨단을 달리고 유전공학으로 복제인간도, 복제동물도, 모든 장기까지도 만들어 실험에 성공하는 이 대명천지에 강아지 홍역 치료약이 없다니, 이런 말이 도대체 어디 있단 말인가!

그날은 열이 40도 이상으로 오르면서 정말 생명을 잃을 수 있는 위험 수위에 달해서, 링거 주사를 매달아 놓고 오전 11시부터 오후 7시까지 점심도 굶고 백동이를 쳐다보며 그 자리를 떠나지 않았다. 아내가 퇴근하면서 병원에 들러 주사바늘을 빼고 집으로 데려왔다.

그날 밤도 백동이는 더 심한 발작을 하면서 비명을 질러댔다. 우리는 서럽게 울면서 함께 기도했다. 그러나 하나님은 우리의 기도를 들어주시지 않았다. 하나님도 정말 무심하셨다.

그날 밤도 우리는 교대로 백동이를 안고 달래고 간호했다. 날이 밝았으나 기진맥진하여 아침도 먹는 둥 마는 둥 하고 다시 Y동물병원으로 갔다. 똑같은 치료 외에 다른 선택의 방법이 없었다. 집에 데리고 오기도 하고 화랑에 데리고 가기도 하면서 아침저녁 하루 2회씩 Y동물병원에서 약 40여 일을 치료하였다. 어떤 날은 약간 호전되는 것 같다가도 다시 악화되었고, 그러다가도 평상시를 유지하며 잘 견디기도 했다.

하루는 아내가 백동이 코를 만져보더니 "여보, 우리 백동이 코가 촉촉하고 물기가 돌아요" 하며 운전하는 나를 쳐다보았다. 나는 얼른 백동이 코를 만져 보았다. 정말 물기가 돌았다. 까칠까칠하게 말랐던 코가 아닌가. 이제 우리 백동이가 살았다고 소리치며 백미러에 매단 '로마 바티칸' 돔에서 산 묵주를 잡고 기도했다.

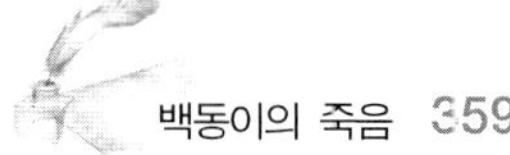

"하나님, 감사합니다. 하나님, 우리 백동이를 살려 주셔서 감사합니다. 우리의 기도를 들어 주셔서 감사합니다!"

기도하는 내 눈에 눈물이 흘러 운전도 제대로 할 수 없었다.

Y동물병원에 갔더니 원장이 "백동아, 백동아, 너는 만 마리 중에 한 마리 있을까 말까 한 정말 대단한 녀석이다. 잘 견디고 버텨 왔으니 일주일만 더 견디면 네 코에서 물기가 완전히 촉촉이 돌아올 거야. 그러면 그때는 만세, 만세야!"라고 했다.

그날 오후는 실오라기 같은 희망이 있기 때문에 기분이 좋았다. 우리는 저녁을 먹으면서 백동이도 밥을 주었다. 밥은 악착같이 잘 먹는데 실컷 배부르게 한 번 못 준 것이 지금 생각하면 후회되고 어리석었다. 고기도 구워 주고 먹으려고만 하면 자꾸 먹여서 면역성을 길러 주고 힘을 낼 수 있도록 하는 것이 상책인데 병원 의사는 밥을 많이 주거나 과식을 시키지 말라고 수시로 주의시켰다. 이렇게 홍역으로 죽어 가는 극한 상황에서 먹으려고 하는 강아지에게 밥조차 충분히 주지 않은 것 큰 잘못이고 미련한 무지의 소치이다. 의사의 말이 과히 절대적인 것은 아닌 것이다.

그날 저녁은 잠시의 위안과 희망도 물거품이 되고 최악의 상태를 겪게 되었다. 우리의 백동이가 심한 간질 발작증세를 하면서 거품을 물고 비명을 질러댔다. 한참 발작을 거듭하더니 머리가 툭툭 튀면서 소리도 제대로 못 질렀다. 나는 휴대폰으로 전화해서 Y동물병원 원장을 왕진시켰다. 그러나 답답하였다. 똑같은 치료 외엔 달리 손을 쓸 수가 없다고 했다.

"머리까지 바이러스가 올라가서 뇌신경을 다 파괴시켜 버린 상태이니 어찌할 도리가 없습니다. 어르신, 마음이 아프시지만 어쩌겠습니까. 그동안 최선을 다하지 않았습니까. 이제 백동이 고생 그만 시키고 그냥 보내 주시지요" 하고 나를 애처롭게 쳐다보았다. 그러나 나는 그럴 수 없다고 고개를 설레설레 저었다.

"아니요, 절대 그럴 수는 없어요. 진인사대천명盡人事待天命이라고 했거늘 백동이가 스스로 제 목숨을 거두는 순간까지 지켜봐야지, 인위적으로 안락사시키는 그런 악독한 일은 할 수 없소."

Y동물병원 의사가 돌아간 후 우리 부부는 밤새 백동이와 그 아픔을 같이 하면서 울며불며 밤을 새웠다.

날이 밝은 다음날 아침, 도저히 이대로는 안 되겠다고 생각하고 다시 M동물병원으로 백동이를 데리고 달려갔다. 원장은 백동이 상태를 보고 이제 1차 병원에서는 달리 해볼 도리가 없으니 서울대병원이나 분당에 있는 2차 병원에 데리고 가보라고 했다. 특히 분당의 2차 병원은 동물병원협회와 연구소가 있는 건물에 '해마루'라는 병원이 있는데 그곳에서는 특효 비방약으로 간질 발작증세를 치료하는 약이 있다고 들었다고 친절히 얘기해 주었다.

'해마루'에 전화를 하니까 일요일인데도 의사들이 당번제로 상시근무하며 치료한다고 했다. 그러나 1차 병원의 의뢰서를 가지고 와야 한다고 했다. 사람이 다니는 병원하고 똑같은 형식의 절차였다. Y동물병원에 가서 그동안의 치료경과와 검사결과에 대한 의뢰서를 받아 비명을 질러대며 축 늘어져 발작을 하는 우리 백동이를 차에 태워 청담대교를 타고 분당으로 가는 고속도로에 진입하여 나는 더욱 세차게 액셀을 밟았다.

우리 백동이를 살리기 위해서 나는 묵주를 잡고 기도했다.

'해마루, 그 병원에 가면 꼭 우리 백동이를 낫게 해주십시오.'

분당으로 들어서 동물병원협회 건물 건너편에 '소동물연구소'라는 간판과 함께 '해마루'가 눈에 들어왔다. 깨끗한 분위기가 마음에 들었다. 축 늘어진 백동이는 잠시 비명을 멈추었다. 젊은 의사 한 분이 진찰실로 안내했다. 우리는 따라 들어가서 백동이의 상태와 발병기간, 그리고 그동안의 치료 상황을 설명하고 Y동물병원의 진료 의뢰서를 보였다. 의사는 즉시 백동이를 진찰하고 간호사를 불러 입원 수속을 밟고 응급조치를 취했다.

그동안 수없이 주사바늘이 꽂혔던 앞 발목 혈관을 간신히 찾아 계속 주사를 맞을 수 있는 상태로 만들고(주사바늘만 꽂으면 되게 고정시키는 장치), 허벅지와 목 등에 주사를 놓고 연이어 링거를 매달았다. 백동이는 힘이 없어서 반항은 못하고 많이 아픈지 계속 비명을 질렀다.

홍역이란 병이 이렇게 무서운 병인가. 홍역에 걸리면 정말 다 죽을 수밖에 없는가. 억장이 무너지는 것 같았다.

의사는 아주 친절하게 백동이의 상태와 홍역에 대해 설명해 주었고, 이제 잠을 재우는 주사를 놓아 푹 자게 하겠으니 일단 입원을 시키고 가라고 했다. 계속 상태를 보면서 그때그때 치료를 해 나가야 한다고 하면서 마음이 아프시더라도 꾹 참고 며칠 기다리면서 상태를 보자고 했다. 한 일주일 전에만 데리고 왔어도 좋았을 텐데 하면서 지금으로서는 낙관도 비관도 할 수 없으니 최선을 다해 치료하면서 며칠 경과를 볼 수밖에 없다고 하며 명함을 건네주었는데 그 병원의 팀장이었다. 지금도 그분의 부드러운 인상이 떠오른다.

백동이를 데리고 나가 입원실에 넣자 잠이 들었는지 비명소리도 안 들리고 잠시 조용해졌다. 방석을 깔고 옆으로 누워 잠들어 있었고, 발목에는 링거 주사약이 한 방울씩 느릿느릿 떨어지고 있었다.

"백동아, 우리 착한 백동아. 이 병원에서 꼭 나아서 나가길 빈다. 그럼 우리는 내일 또 올게" 하고 나오는데 팀장님이 인사를 시키는 분들이 있었다.

50대가 조금 지나 보이는 그 병원 원장님과 사모님이었다. 얼마나 마음고생이 많으냐고 우리를 위로했다. 1차 병원에서 이 병원으로 보낼 때는 이미 늦은 상태가 다 되었을 때 보내곤 한다면서 "조금만 더 빨리 왔더라면 얼마나 좋았겠습니까" 하고 안타까워했다. 우리는 정중히 인사를 드리고 최선을 다해 달라고 부탁하고, 그분들의 인사를 받으면서 해마루를 나서는데 뒤돌아보고 또 뒤돌아보는 발걸음이 천근만근이나 된 것처럼 무거웠다.

나는 옆자리에 아내를 태우고 서울을 향해 달려오는데 팔다리에 힘이 빠지고 기운이 하나도 없었다. 허탈한 마음, 공허한 마음으로 집에 도착한 우리는 대충 저녁을 먹는 둥 마는 둥 조금 들고 이내 잠자리에 들었다. 며칠 동안 쌓인 피로가 한꺼번에 몰려왔다. 백동이의 비명소리가 들리지 않으니 좀 살 것 같았다.

다음날 오후, 그날도 갤러리 그림은 한 점도 팔리지 않았다. 빨리 우리 백동이를 보러 가야 하는데, 그날따라 시간이 더욱 지루하게 느껴졌다.

나는 몇 번이고 해마루에 전화해서 백동이의 상태를 물었다. 팀장은 아직 속단하기 이르지만 어제 데리고 올 때보다 훨씬 좋아진 것 같고 비명도 덜 지르고 밥도 잘 먹었고, 낮에는 밖에서 좀 걷게 하고 운동도 시켰다고 했다. 반가운 소리였다. 희망이 있다는 징조였다.

팀장님에게 연거푸 감사인사를 하고 서둘러 분당을 향해 차를 몰았다. 마음이 하늘로 붕 뜨는 그런 기분으로 분당에 도착하여 해마루

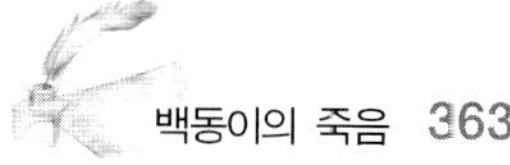

에 들어섰다.

"백동아~ 우리 백동이 어디 있어요?"

아내가 먼저 입원실 쪽으로 들어가려고 하니 간호사가 잠시 기다리라고 했다. 초조하게 대기실에서 기다리는데 우리 백동이를 안고 나왔다. 백동이가 우리를 보자 마구 짖어대며 발을 바동거리며 얼마나 반가워하는지, 그 모습이 감격스럽고 고마워서 눈물이 쏟아졌다. 아내는 백동이를 간호사로부터 받아들고 밖으로 나왔다. 내려놓으니 어제는 잘 걷지도 못하던 녀석이 비틀거리기는 해도 잘 걷고, 부르면 뛰어오기도 하면서 기뻐서 어쩔 줄 모르는 것 같았다. 밥을 아직 먹지 않았다고 하여 우리는 밥그릇을 화장실로 가서 깨끗이 씻은 후에 사료로 밥을 주었다. 백동이는 배가 고팠는지 잘 먹었다. 많이 먹고 힘을 내서 빨리 나으려고 그러는지 자꾸만 자꾸만 먹으려고 했다.

우리는 한참 걷게 하고 운동도 시키고 하다가 힘들까 봐 안아도 주고 하면서 한참을 데리고 노는데 간호사가 와서 주사를 놓고 약 먹일 시간이라고 했다. 팀장님이 주사를 놓고, 약도 먹였다. 다시 비명을 질렀다. 주사가 아픈지 더 까라지는 것 같았다. 곧 잠을 잘 테니 이제 그만 올라가시라고 했다. 우리는 데리고 오고 싶어서 견딜 수 없었다. 아내는 데리고 가자고 했다. 그러나 나는 "우리 백동이를 살리기 위해서 며칠만 더, 아니 나을 때까지 입원시키고 치료하면서 꾹 참자"라고 말했다.

소위 호텔이라고 부르는 철창 방에 데리고 가서 가두니 소리소리 비명을 울리면서 짖어댔다. 애처로워 들을 수가 없었다. 우리는 팀장에게 너무 극성을 피우는 것 같아 미안하다고 말하고 최선을 다해 달라는 부탁을 하면서 해마루를 나섰다. 몇 발자국 한참 걸어 나왔는데도 우리 백동이 울부짖는 소리가 귀에 아련했다. 서운하고 마음이 아파서 그날 저녁도 우리는 잠을 잘 수가 있었다.

다음날은 아침부터 비가 촉촉이 내렸다. 운이 좋은 날인지 그림이 한 점 팔렸다. 우리는 설레는 마음을 진정시키며 오후에 서둘러 분당으로 향했다. 해마루 철창에서 비명을 질러대던 우리 백동이가 오늘은 많이 좋아졌으리라 믿고 싶었다.

해마루에 들어서자마자 우리는 백동이를 찾았다. 기다리는 시간이 상당히 경과되었으나 백동이는 나오지 않았다. 초조하고 궁금하고 또 불안했다. 왜 이리 늦느냐고 좀 빨리 데리고 나오라고 재촉하는데, 축 늘어진 백동이를 간호사가 안고 나왔다.

"백동아, 백동아!" 아내는 울먹이며 백동이를 받아들었다. 주인도 잘 알아보지 못하는 것 같았다. 밖으로 데리고 나와 복도에서 내려놓았다. 그러나 제대로 서지도 못하고 쓰러졌고, 또 세워 놓으면 주저앉아 버렸다.

"백동아, 일어서서 걸어봐!" 하고 조금 떨어진 곳에서 손뼉을 치면서 불러도 일어나지 못했다. 일어나려고 안간힘을 쓰다가는 또 주저앉아 버리고, 간신히 일어나서 몇 발자국 걷다가 비틀거리며 쓰러져 버렸다. 그 애처로운 모습은 필설로 다 표현할 수 없는 가슴 저미는 아픔이었다.

철창 방에 누워 비명을 질러대며 앓다가 오줌을 싸서 그 하얗고 깨끗한 털이 누렇게 물들고 몰골이 말이 아니게 상해 버렸다. 어제까지만 해도 제법 기운을 차리고 걷고 부르면 잘 따라오기도 하면서 상태가 상당히 좋아졌는데 어째서 하룻밤 사이에 이렇게 다시 나빠졌는지 알 수가 없었다. 우리 내외는 온몸에 힘이 다 빠져나가는 것 같았다.

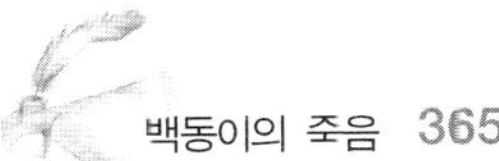

백동이를 안고 다시 병원 안으로 들어가서 팀장 의사를 만났다.

“왜 우리 백동이가 오늘은 이렇게 나빠졌습니까” 하고 물었다.

의사는 무척 어두운 표정으로 조용히 말했다.

“이렇게 말기 상태로 발작을 보이며 신경이 마비된 상태는 최악의 경우로, 어떻게 더 이상해 볼 수가 없습니다. 오늘은 일단 며칠분 주사약과 먹이는 약을 드릴 테니 데리고 가서 간호나 잘 하십시오. 우리 병원에서는 비방의 극약처방으로 이런 상태의 개를 더러는 완치시키는 경우도 있습니다만 사람과 같이 개도 체질에 따라 그 약이 잘 맞는 녀석이 있고 듣지 않는 경우도 있습니다. 한 이틀 조금 좋아지는 것 같아 일말의 희망을 걸어 보았는데 백동이 체질에는 잘 듣지 않는 것 같습니다. 더 이상 입원할 필요도 없고 희망도 없습니다. 죄송합니다. 이 정도까지 하신 것도 최선을 다하신 것입니다. 마음 단단히 먹고 만약 심한 발작을 하고 비명을 질러대면 이 주사약을 항문에 넣어 주세요. 그리고 약을 먹이고 나면 잠을 잘 것입니다.”

나는 입원비와 치료비를 계산하고 백동이를 안고 허탈하게 병원을 나서면서 비록 낫지는 못했으나 친절하게 최선을 다해 준 그분들께 진심으로 감사했다.

그렇게 악화된 상태는 자꾸만 홍역 바이러스가 악랄하게 괴롭히며 모든 기능을 망가뜨리고 있기 때문이기도 하지만, 전날 오후 우리가 면회 갔을 때 그토록 따라오려고 기를 쓰고 비명을 지르고 울어댔는데 비정하게도 철창에 가두어 버리고 데려오지 않았기 때문에 하룻밤 사이에 더욱 스트레스를 많이 받았기 때문인 것 같았다. 말 못하는 우리 백동이는 아마도 이렇게 울부짖었을 것이다.

“엄마, 아빠! 나는 살지 못합니다. 내 병은 내가 압니다. 그러니 제발 나를 이 병원 철창 방에 가두고 가시지 말고 내가 뛰놀던 킹돌이 형이 있는 집으로 데려가 주세요. 단 하룻밤만이라도 집에서 간호해 주시는 따뜻한 정을 받으며 더 살고 싶습니다…."

말을 못하는 동물, 어린 강아지의 처절한 울부짖음의 의미를 미련한 이 사람이 어찌 알겠는가. 지금 이 백지 칸을 메우고 글을 쓰는 순간에도 그때 그 전날 퇴원시켜서 데려오지 못한 것이 참으로 회한으로 남는다.

축 늘어져 비명을 질러대던 백동이를 안고 앞좌석에 앉은 아내가 창문을 조금 열어 바람이 들어오게 해주니까 기분이 상쾌해서 그런지 비명도 심하게 지르지 않았다. 분당에서 서울로 오는 고속도로에서 시원시원하게 속력을 냈으나 차창에는 이미 비가 뿌리고 있었다. 조금 열어 놓은 백동이의 앞좌석 창문으로 비가 들이치는 것 같았다. 아내는 유리창을 닫으면서 말했다.

"슬프게도 오늘은 비까지 내리는군요. 당신과 나와 우리 백동이의 눈물이 빗물 되어 차창에 뿌려지고 있는 것 같아요."

서울로 돌아와 우리 집 현관문을 들어서니 킹돌이란 놈은 내용을 아는지 모르는지 반갑다고 짖어댔다. 백동이 발목에 반창고를 붙여 주사바늘을 항시 꼽게 만들어 놓은 장치에 여전히 링거 주사약이 천천히 한 방울씩 떨어지고 있었다.

항상 요를 깔고 내 옆에서 자곤 했던 백동이를 그날 밤도 약간 거리를 두고 내 옆자리에 수건을 깔고 눕혔다. 백동이는 밤새 자다가 깨다가를 되풀이하면서 발작을 했다. 심한 발작을 하고 비명을 질러댈 때는 해마루에서 받아온 주사약을 넣어 주고 약도 먹이곤 했다. 그렇게 그 밤을 힘들게 보내고 다음날은 Y동물병원에 잠시 들렀다.

나는 원장에게 “사람이 어쩌면 그럴 수 있소. 두 달 동안이나 밤낮 없이 데리고 다니면서 마음고생은 말할 것도 없고 치료를 받다가 결국은 안 되어서 2차병원으로 데리고 갔으면 궁금해서라도 전화를 걸어 ‘백동이 어떻게 됐습니까? 좀 차도가 있습니까?’ 하고 한 번쯤 안부전화로 물어라도 볼 것이지. 사람이 매정하게 그럴 수가 있느냐”라고 꾸짖었다. Y동물병원 원장은 별 소식이 없기에 어르신이 자기에게 오히려 서운해서 그런 줄 알았다고 하면서 약간 계면쩍어 하는 것 같았다.

상태가 너무 나빠진 우리 백동이를 집에 데리고 온 뒤 다시 몇 번 별 수 없이 Y동물병원에 데리고 다녔으나 이제는 혀가 굳어지고 신경이 마비되면서 통원치료가 도저히 불가능했다. 그래서 발작이 심하고 비명을 많이 질러대는 날이면 주로 저녁때쯤 Y동물병원 원장을 왕진시켰다. 항상 링거 주사는 꽂혀 있는 상태로 눕혀 놓고 그 애처로운 모습 쳐다보고 있노라면 가슴이 미어지는 아픔을 수시로 느꼈지만 사약을 주사해서 안락사시킬 수는 없었다.

아프면 아픈 상태로 숨을 거두는 그 순간까지 최선을 다해 치료하고 간호해 주리라고 내 마음이 약해질 때마다 더욱 결심했다. 이것이 나의 욕심일 뿐 내 자신의 아집으로 백동이에게 더 큰 고통을 가중시키는 것은 아닌지를 생각하면 한없이 미안한 생각도 들었지만 결코 인위적으로 살생을 할 수는 없었다.

Y동물병원 원장이 왕진을 와서 주사를 놓아주고 가도 조금도 달라지지 않았다. 내 마음도 자꾸만 수렁으로 빠져들고 자포자기 상태에서 회의적으로 실의에 빠져들고 있었다.

또 그렇게 힘든 하루가 지나고 다음날 아침 백동이 상태를 살피니 밤새 오줌을 싸서 깔아준 수건과 화장지가 누렇게 젖어 있었다. 옆으로 돌려 눕히면서 쳐다보니 백동이 눈 하나가 퉁퉁 붓고 완전히 안구가 터져버렸다.

아아, 이럴 수가 있는가. 이런 비극이 또 어디 있는가. 그렇게 예쁜 눈이 저렇게 터져버리다니, 얼마나 아프고 고통스러웠을까. 측은하고 애처로워 쳐다볼 수가 없었다.

나는 서둘러 Y동물병원으로 달려갔다.

"원장, 이것 좀 보시오. 우리 백동이가 눈 하나가 완전히 터져 버렸고, 터지지 않은 눈 하나도 부풀어 올라 곧 터질 것 같아요. 어디 어느 동물병원이 강아지 눈 치료 잘하는 병원이 있소. 죽을 때 죽더라도 눈까지 터트려 죽일 수가 있소" 하고 나는 초조하게 다그쳐 물었다.

Y동물병원 원장은 어느 병원인가로 전화를 걸더니 나에게 한 병원을 소개했다.

"눈이 터지는 것은 열이 높아서 그런 것이고, 눈 치료뿐만 아니라 아주 실력 있는 의사이니 빨리 가보십시오. 여의도에 있는 W동물병원입니다. 대학 선배인데 미국에서 많은 공부를 하고 온 사람입니다."

나는 진작 그 병원을 소개해 주지 그랬느냐며 서둘러 차를 몰았다.

그 W병원장도 젊은 사람이었다. 미리 전화를 걸고 왔기 때문에 잘 알고 있었다.

"선생님, 얘기는 나중에 하고 우리 강아지가 눈이 하나가 부풀어서 터졌습니다. 하나 남은 눈마저 터지려고 하니 눈이 터지기 않게 최선을 다해 치료해 주세요" 하고 우리 백동이를 진찰대에 내려놓았다. 간호사가 있었으나 원장이 직접 백동이를 안고 진찰실 원장 방으로 들어가서 방석을 깔고 누이고서 계속 이쪽저쪽 눈에 약을 넣고 주사를 놓고 링거 주사를 매달았다. 열을 재니 39도까지 올라갔다.

"열이 이렇게 높으니 조금만 늦었어도 이 눈마저 터질 뻔했습니다. 이렇게 터진 눈도 아마 몇 시간 전에 터진 것일 것입니다. 홍역은 참으로 어려운 병이고 복잡한 병입니다. 미국이나 유럽, 선진국에서는 홍역이 없습니다. 공기 중에 오염되는 바이러스 병인데 후진국에만 있는 병입니다. 아시아 지역에만 홍역이 성행합니다."

그러면 왜 홍역 치료약이 없느냐고 물었다. 의사는 "홍역 치료제를 만든다면 미국에서만이 만들 수 있는데 소비량이 많지 않으니 개발비가 많이 드는 홍역 약을 만들 필요가 없을 것입니다. 특히나 자기 나라에서는 홍역이 없기 때문에 예방접종만 잘하면 절대 걸리지 않는다고 보는 것이 통례입니다."

"그러면 우리 백동이는 예방주사를 맞혔는데 왜 홍역에 걸렸습니까?"

"예방주사를 맞혀도 항체가 안 생기면 걸리는 수가 있지요. 사람도 그렇지만 개도 체질에 따라 조금씩 다릅니다."

원장은 자상하게 얘기해 주면서 쭈그리고 앉아 계속 백동이의 눈에 약을 넣고 있었다. 참으로 지극한 정성을 다하는 것 같아서 안심이 되었다. Y동물병원에서 진작 소개를 받았더라면 눈도 안 터트리고, 아니 두 달 가까이 다니며 치료했다면 나을 수도 있지 않았을까 하는 아쉬운 생각이 잠시 떠올랐다. 원장은 기적 같은 일이 있을 수 있으니 최선을 다해 보자고 하면서 일말의 희망을 주었다. 참 고마웠다. 나는 원장에게 잘 부탁한다고 인사하고 인사동 화랑으로 돌아왔다.

마음 졸이며 기다리던 퇴근시간, 나는 여의도 W동물병원으로 차를 몰았다. "우리 백동이 어떻습니까?" 하고 병원 문을 들어섰다.

원장이 "간신히 한쪽 눈은 구했는데 상태는 여전히 나쁩니다. 좀 더 해봐야겠지요. 아예 입원을 시키시렵니까, 데리고 가시렵니까?" 하고 물었다.

나는 해마루가 생각났다. 어차피 살지 못할 녀석이라면 집에 데리고 가서 링거 주사나 매달아 놓고 맞히면서 따뜻이 간호해 주는 것이 좋겠다고 판단되어, 링거 주사병을 차 손잡이 위에 매달고 백동이는 가방에 넣어서 앞좌석에 싣고 집으로 왔다. 급한 일이 생기면 선생님께 전화할 테니 왕진을 좀 와달라고 하고 명함도 한 장 가지고 왔다.

백동이를 집에 데리고 와서는 화장대 옆에 걸린 소품 그림 한 장을 뗀 후 그 못에 링거 병을 매달고 수건과 종이귀저기를 깔고 눕혔다. 그리고 W동물병원 원장이 시키는 대로 열을 내려 즈기 위해 얼음주머니도 사가지고 와서 머리에 받쳐 주었다.

그러나 백동이는 완전히 혼수상태에 빠졌고, 그때는 이미 사람도 알아보지 못하고 밥을 물에 녹여 주사기로 목구멍에 넣어 주어도 잘 삼키지 못했다. 비명도 지르지 못했고 깔딱깔딱 그저 숨만 붙어 있는 상태였다. 그렇게 아픈 밤을 지새우고 다음날 아침, 죽은 듯이 축 처져 누워 있는 백동이를 바로 눕히고 기저귀를 갈아주고 링거를 쳐다보니 뜨문뜨문 한 방울씩 들어가고 있었다. 더 이상 지켜봐야 마음만 아플 뿐, 이제는 어느 병원이고 치료하러 데리고 갈 필요도 없었다.

나는 늦게 화랑에 출근했다. 하루 종일 마음이 무겁고 착잡하고 주체할 수 없이 눈물만 흘렀다. 왜냐하면 저녁에 들어가서 아내에게 "내일은 우리 백동이를 천국으로 보내주자"고 말하려고 결심하고 있었기 때문이다.

최선을 다했다. 수없이 기도했다. 모든 노력은 다해 본 것 같은데, 미국을 가도 일본에 데려가도 못 고친다는 이 무서운 홍역을 더 이상 내가 무슨 재주로 어떻게 해보겠는가. 우리 백동이를 차라리 진작 편안히 보내주지 못한 것이 후회되고 미안하고 가슴 아팠다. 내 무지의 소치인가, 내 아집과 내 억지의 욕심인가.

나는 우리 백동이 살리고 싶은 간절한 소망, 오직 그것 하나뿐이었는데 이젠 모든 것을 포기하고 내 마음을 접어야 한다. 슬픈 일이다. 인간의 힘은 한없이 강하지만 때로는 한없이 약하다. 지혜로우면서도 한없이 어리석다. 어쩌면 우리 백동이를 홍역으로 죽이지 않을 수도 있었다. 항체검사도 해보고 다시 예방접종 시키고, 먹고 싶어 하는 밥 많이 주고, 고기도 좀 먹이면서 살을 찌워 주고, 힘을 키워 주었더라면 아마도 홍역은 걸리지도 않았을 것이다.

그날 저녁 방바닥에 옆으로 누워 숨만 깔딱거리는 백동이를 보면서 나는 말했다.

"백동아, 그동안 얼마나 고생하고, 얼마나 아팠니. 미안하구나. 너를 살려서 너와 함께 살려고 욕심 부리다가 너를 이 지경으로 만들었구나. 백동아, 백동아, 우리 배또, 배또, 백동아!"

나는 손등으로 눈물을 훔치고 서재로 건너갔다. 책상에 걸터앉아 조금 큰 백지에 두서없이 글을 썼다. 백동이를 보내는 조사弔死인 것이다. 18장을 단숨에 그려대면서 흘린 눈물은 한이 없었다.

Y동물병원에 전화해서 원장과 통화하면서 내 결심을 밝혔다. 화장을 해달라고, 그냥 돈 얼마 주면서 버리다시피 우리 백동이를 보낼 수가 없었다. 내일 오전에 시간을 내어 어디 먼 산자락에 깊숙이 묻

어 주고 싶다고, 그렇게 해달라고 했다. 원장은 잘 마음먹었다고 하면서 약속했다.

아내는 한지공방에 다닌 탓으로 색종이도 여러 가지 가지고 있었고 상자도 찾아보니 적당한 것이 있었다. 밤늦도록 종이를 자르고 풀을 붙이고 하면서 백동이의 관을 만들었다. 종이 관 위에 검은 한지로 십자를 만들어 붙였다. 훌륭한 백동이의 관이 되었다. 우리는 차분히 마음을 정리하고 "백동아, 오늘밤이 너와의 마지막 밤이란다. 하늘나라에 가는 꿈을 꾸면서 오늘 저녁에는 편히 자거라" 하고 말했다.

다음날 아침, Y동물병원 원장이 각종 의료기구가 든 가방을 들고 집으로 찾아왔다.

"어르신, 마음의 준비 다 되셨는지요. 이제 링거 주사를 거두겠습니다" 하면서 발목에 꽂힌 바늘을 빼고 백동이를 깔아 놓은 수건으로 한 번 문질러 닦고 영면의 수면주사를 놓으려고 했다.

"원장, 여기서 주사 놓아 보내지 말고 내가 안고 갈 테니 장지에 가서 보내면 안 되겠소? 내 소원이오. 그렇게 해주시오."

"굳이 그래야만 합니까. 이왕 보낼 것을, 거기 가서 보내려면 더 힘들고 아플 텐데요."

그러나 원장은 그렇게 하겠다고 대답하고 백동이를 일으켰다. 아내와 나는 모든 것을 준비하여 축 늘어진 백동이를 안고 원장과 함께 아파트 문을 나서는데 눈물이 한없이 흘렀다. 나는 백동이를 데리고 나와 평소에 운동을 시키던, 홍역이 걸려 비명을 질러대던 밤에는 땅바닥에 꿇어앉아 하나님께 살려 달라고 간절히 기도했던 화단을 한 바퀴 안고 돌면서 말했다.

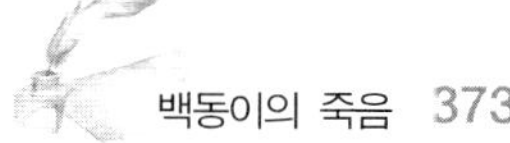

“백동아, 이제 네가 놀던 이 화단을 떠나 영원히 편히 잠잘 곳을 찾아 집을 떠나는 거야. 백동아, 너를 안고 집을 나서는 엄마와 나의 아픔을 너는 알리라. 그러나 슬퍼하지 말고 무서워하지도 말고 외로워하지도 말아라. 네가 귀여워서, 하도 예뻐서 하나님이 너를 데리고 가시는 거다. 그곳에서 너는 말끔히 새로 태어나 즐겁고 행복하게 뛰놀게 될 것이다. 자, 이제 갑시다.”

Y동물병원 원장과 간호사, 그리고 아내와 내가 차에 탔다. 나는 축 축 늘어져 몸을 가눌 수도 없는 백동이를 무릎에 누였고, 원장은 강변북로로 진입하더니 속력을 내어 자유로로 향하고 있었다.

들판을 스쳐가는 풍경, 일산 시가지가 보였고 창밖으로 스쳐가는 풍경이 퍽이나 시원했다. 아내와 나는 불쌍한 백동이를 번갈아 가면서 안고, 무릎에 누이곤 하면서 아무 말 없이 눈물만 흘리고 앉아있었다. 한참을 달려서 산도 많이 스쳐 갔으나 도대체 어디로 얼마나 더 가야 하는지 몰랐지만 재촉하거나 묻고 싶지 않았다.

우리 백동이는 아직도 살아있다. 안고 실컷 드라이브를 시켜 주고 싶었다. 원장은 그때그때 스쳐가는 밖을 보며 여기가 어디고, 저기가 어디라고 얘기하였지만 나는 듣는 둥 마는 둥 귀에 잘 들어오지 않았다.

출발한 지 두 시간쯤 지나 차는 조그마한 동네 입구에 들어섰다. 그 병원 간호사의 집이 있는 동네이며, 그곳에 나지막한 산이 있는데 산주인도 그 동네에 산다고 했다. 차는 동네 앞에 머물고 원장과 간호사는 어느 집으로 들어갔다. 주인인 듯한 아주머니 한 분이 나와서 인사를 했다.

곧이어 원장과 나는 삽을 들고 장지를 물색하러 산으로 올라갔다.

간호사와 아내는 차 안에서 백동이를 안고, 묘지를 다 팔 때까지 기다리고 있었다.

여름 더위가 극성을 부리던 그날은 무던히도 더웠다. 원장이 먼저 올라가서 여기저기 기웃거리며 솔가리가 벌겋게 덮인 한 곳을 발로 문질러 보더니 삽으로 파고 있었다. 그 뒤를 따라 올라가서 보니 너무나 돌이 많아서 팔 수가 없었고 위치도 좋아 보이지 않았다. 나는 딴 장소로 옮기자고 하여 새로 한 곳을 삽질하여 팠다. 그곳에도 돌이 많이 나왔으나 처음보다는 조금 나았다.

나는 계속해서 원장에게 "깊이 파시오. 깊이 파요. 들개와 들고양이들이 냄새라도 맡는다면 파헤칠 것이고, 그러면 큰일 나니까 깊이 파요!"라고 말했다.

원장이 땀을 뻘뻘 흘리며 삽질하는 것이 힘들어 보여서 삽을 받아들고 내가 번갈아 팠다. 욕심 같아서는 더 깊이 파고 싶었으나, "이 정도면 됐습니다. 이 정도면 안심해도 됩니다" 하고 자꾸 말하는 원장의 말을 받아들여 나는 삽을 놓고 산을 내려갔다.

아내는 차에 그대로 타고 있었고 백동이는 축 늘어져 이미 죽어 있는 것 같았다. "가자, 이제 자리를 다 파 놓았으니 올라가자"라고 하는 내 말에 아내는 어깨를 들썩이며 소리 내어 울며 말했다.

"백동아, 백동아, 우리 백동아! 이제는 어쩔 수 없이 너를 보낼 수밖에 없구나. 나와 너의 아저씨가 너를 치료해서 완치가 되면 같이 살려고 최선을 다했는데, 종래 너를 이렇게 보내야 하는 마음이 찢어지게 아프단다. 귀엽고 예쁜 우리 백동이, 얼마나 좋아하고 사랑했는지 너도 알겠지. 그동안 얼마나 고생 많았니. 불교에서는 윤회설이라는 말이 있다. 너는 반드시 사람으로 태어날 것이고, 만일 강아지로 태어난다면 아픔도 없고 이별도 없는 곳에서 예쁘고 건강하게 한껏 사랑받으며 살게 되리라 믿는다. 백동아, 우리를 원망하지도 미워하지도 않겠지. 슬퍼하거나 외로워 말고, 편안히 잘 가거라. 영원한 너의 안식처로‥.”

아내가 물기가 다 말라버린 백동이의 한쪽 눈을 바라보며 이렇게 말하고 있을 때, 그 눈에 눈물이 고였다고 하면서 아내는 더욱 서럽게 울었다.

나는 눈물로 범벅된 아내의 어깨를 토닥거려 주면서 산으로 올라가자고 했다. 산꼭대기에 같이 올라온 우리는 종이를 깔고 백동이를 눕혔다. 그리고 내가 밤새 즉흥적으로 써온 조사를 읽었다. 목이 메고 눈물이 앞을 가려 중간 중간 멈추곤 하면서 긴 장문의 글을 읽었다. 다 읽고 난 후에 나는 성호를 긋고 기도를 했다.

“이제는 백동이를 보내겠습니다, 어르신!” 하는 원장의 말에 나는 잠깐만 하고 그 자리를 피해 등을 돌려 버렸다. 곧이어,

“어르신, 다 끝났습니다.”

“여보, 이제 우리 백동이가 영원히 눈을 감았어요. 끝났어요.”

나는 등을 돌려 백동이가 눈을 감고 쓰러져 있는 모습을 보았다.

허무한 일이고 무심한 일이로다. 생명은 모질게도 끈질긴 것이다. 인위적인 안락사는 한 방의 주사로 눈 깜짝할 사이에 끝나버렸다. 생과 사는 손바닥 한 번 뒤집기보다도 쉬운 것이었다.

아내가 밤새 만든 예쁜 종이 관에 한지를 깔고, 백동이를 누이고 내가 쓴 장문의 조사를 위에 덮고 종이 관의 뚜껑을 닫은 후에 파놓은 구덩이에 묻었다. 묻고 나서 원장은 흙을 발로 밟아서 무덤을 다지고 무거운 돌을 주워다가 눌러놓았고, 나는 솔가리와 나뭇잎을 주

워 모아 무덤을 덮었다. 이렇게 우리의 백동이를 영면의 세계로 보낸 것이다.

무덤을 다 덮고 산세를 한 번 둘러보고 어떤 짐승이 우리 백동이의 무덤을 훼손하지 않기를 기도하는 마음으로 힘없이 산을 내려왔다. 삽을 빌려 준 그 집에 원장과 같이 들러 정중히 인사를 하고 차에 올라 서울로 향했다.

"원장! 도대체 여기가 어디요."

"예, 어르신. 통일전망대 밑까지 온 겁니다."

"멀리도 왔구먼. 아무튼 원장도 그동안 수고 많았소."

한때 원망도 했지만 최선을 다해 준 Y동물병원 원장께 진심으로 수고했다는 인사를 드립니다. 따라서 그동안 우리 백동이를 치료해 준 M동물병원, W동물병원, 해마루 등 모든 동물병원 의사선생님들께 감사드리면서, 두 달여의 처절한 우리 백동이의 투병기는 여기서 그 대단원의 막을 내립니다.

끝으로 애완견을 사랑으로 키우시는 모든 분들께 홍역을 조심하시고, 진심으로 사랑하고, 더욱 건강하게 키워달라는 말씀을 드리고 싶습니다.

킹돌이와의 이별

반려견을 처음 길러본 것은 앞서도 얘기한 것처럼 킹돌이다. 영국종이기 때문에 'Kingdom'에서 '킹'을 따고, '돌'은 우리의 토속적인 여물고 단단하다는 뜻으로 '킹돌'이라고 했으며, 임금처럼 최고의 존재로서 잘 자라달라는 뜻으로 지은 이름이었다.

10층에 살 때는 베란다에 매어 놓지도 않고 그냥 풀어놓고 키웠다. 여기저기 오줌도 갈기고 똥도 싸고 했지만, 주로 신문지를 깔아놓은 곳에 볼일을 보았기 때문에 그리 힘들게 하지 않았다. 그러던 녀석이 크면서 더욱 심하게 왕성한 활동을 하고 싶을 터인데 16층에 와서 매어 놓고 키우니 얼마나 답답하겠는가. 그래서 사람이 없으면 종일 자다가도 좀 늦게 들어오는 날이면 짖어대곤 한 모양이었다. 17층 사람들이 두 번이나 내려와서 개 짖은 소리가 시끄럽다고 항의하고 심한 소리까지 하고 간 이후 나는 킹돌이를 어떻게 해야 할지 무척이나 많은 고민을 했다.

킹돌이를 보내지 않고 키워 보려고 여러 가지 방책을 생각해 보았으나 마땅한 방법도 없고, 비정하게 목청수술 같은 일은 할 수도 없었다. 17층에 사는 사람들의 성화에 무척 신경이 예민한 상태에서 일과를 보내고 있었다. 아침밥을 늦게 먹고 나가는 늦은 출근이지만 금동이만 데리고 나가고 킹돌이를 놓아두고 갈 때는 항상 마음이 무겁고 베란다에서 짧은 목끈에 매여 겨우 1m 정도 되는 공간을 왔다 갔다 하는 것을 보면서 나갈 때는 마음이 한없이 아팠다.

지난해 10월 중순경이었다. 인사동 우리 화랑 앞에서 각종 옷감을 가지고 와서 펴놓고 불우 어린이를 위한 '천사의 집' 건립 기금을 조성한다고 나온 수녀 한 분이 있었다. 아내는 거기에 잠시 건너가서 옷감을 하나 사면서 인사를 하고 알게 된 그 수녀님께 어디 어느 곳에 천사의 집을 짓느냐고 물으니까 양평 어디라고 했다는 것이다. 그래서 우리 집 킹돌이 얘기를 하였더니 그해 11월 말경이면 집이 완공되니 그때 킹돌이를 주면 데리고 가서 잘 길러 주겠다고 했단다.

나는 어쩔 수 없는 상황이면 거기에라도 보내려고 생각하고 있었다. 아내는 "수녀님이 얼마나 잘 키워 주겠느냐. 당신도 성당 다니는 천주교인 아니냐"고 하면서 나를 설득하고 위로하기도 했다. 집을 준공했다고 연락하면 그때 데려다 달라고 했단다.

별 수 없이 기다리고 있던 어느 날, 아내가 TV를 보니 수원에서 농장을 하는 사람인데 내가 키우는 '닥스훈트(우리 킹돌이)'만 수백 마리를 키운다고 했다. 시설도 좋고 개를 정성스럽게 자식처럼 키운다더라고 말하면서 그곳에 보내도 되겠다고 했다.

전화를 해보라고 했더니 주면 키우겠는데 원래 닥스훈트 종은 주인을 지나치게 잘 따라 한동안 환경이 바뀌고 주인이 안 보이면 병이 나는 경우도 있다고 하더라는 것이다. 일단 맡기면 적어도 두세 달은 주인을 보면 안 된다고 하면서, 개를 어디든 주고 나면 보고 싶어도 절대 보러 가면 안 된다고 아내는 일침을 놓았다.

두 군데 중에 한 군데를 골라 주자고 결심, 어디에 주는 것이 좋을

까 하고 동물병원 원장에게 물으니 집단 사육 농장을 하는 분들은 주로 새끼를 많이 낳게 하여 분양 장사를 목적으로 하는 경우가 많다고 하면서(킹돌이는 잘 생기고 건강해서 농장에 주면 아마도 종견으로는 최고일 것이라고 말했다), 자기의 생각으로는 농장보다는 사랑으로 키워 줄 주인이 좋을 것 같다고 했다. 그래서 수녀원 천사의 집 소식만 기다리고 있는데 연락이 없었다.

그러던 어느 날, 동생이 자기 동네 동물병원에 자주 다니는 사람인데 우연히 우리 킹돌이 사연을 얘기했더니 그 사람이 자기는 개를 좋아하고 경험도 많고, 지금 세 마리를 키우고 있다고 하면서 달라고 하더라는 것이다. 그러나 나는 잘 모르는 사람이고 이미 세 마리나 키운다고 하는 소리에 혹시나 키워서 팔아먹는 개장수가 아닌가 하고 신경도 쓰였다.

또 하루는 같은 언론계 출신의 친구와 통화하다가 우리 킹돌이 얘기를 했더니 옥상에서 키울 데가 있다고 달라고 했다. 그런데 추운 겨울에 옥상이 얼마나 추울까 하고 생각하니 그도 적합하지 못했다.

기다리던 수녀에게 연락이 없어 연락을 한 번 했다. 천사의 집은 준공을 했으나 거기가 산골이고 얼마나 추운지 집안에서 귀엽게 키우던 애완견을 데려와서 야외에서 키우게 되면 강아지라 추위에 견딜 것 같지 못하고, 특별히 따로 개를 키울 만한 시설을 할 수 없다고 하면서 "아이들에게도 신경 쓰기 힘든데, 개까지 신경 쓸 여유가 있겠습니까"라고 반문하며 곤란할 것 같다고 했다.

참, 킹돌이 때문에 이렇게 신경을 쓰고 노력을 많이 하는데도 보내려고 하니 그리 마음 내키는 데도 없고 마땅치가 않았다.

무료하고 지루한 어느 날, 그림 그리고 싶은 생각도 없고 해서 여기저기 지인들에게 전화를 몇 통 걸다가 경기도에 소재한 '초루화실' 서양화가 T씨의 전화번호가 눈에 들어왔다. 그분은 그림 거래 관계로 알게 된 여류화가인데, 무척 싹싹하고 교양 있는 분 같아서 가끔 인사를 주고받는 사이였다. 그분은 인가가 드문 조그마한 동네에 초가 한 채를 싼 값으로 사서 가지고 있었는데 집 앞으로는 개울물이 흐르고 뒷산이 나지막하게 있는 풍광이 좋은 그곳을 화실로 쓰고자 했다. 내가 처음 화실이라고 초대받아 방문했을 때에는 서울에서 굉장히 먼 거리로 교통이 상당히 불편하였다. 처음 그 동네에 들어서자 무척 조용하였고, 쓰러질 듯한 초가 한 채가 허술하게 서 있었다. 울타리조차 제대로 없어 금방 무너질 것 같았고 비도 샌다고 했다.

그 후 그분은 억척같이 그 집을 수리하고 지붕을 새로 입히고, 싸리로 울타리를 새로 치고 마당에 자갈을 깔고 꽃도 심고 하여, 그 집을 그림 그리는 화실로 사용하면서 전통찻집을 운영했다. 처음 나에게 와서 좋은 옥호를 하나 지어달라고 해서 '그림, 그리고 詩가 있는 찻집'이라고 지어 주었다. 화단에서 그분을 아는 작가분들이 많기 때문에 종종 들러서 그림도 그리고, 등산 갔다 오는 사람들도 들러 차를 마시고 가는 모양이었다.

거기 들어가서 16년 동안 그림도 그리고 때로는 공모전이나 전시회에 출품작을 내기도 하면서 열심히 노력한 결과, 화재로 잃어버렸던 집을 너와 지붕을 입힌 토담집 두 채로 늘릴 수 있었다. 옛날의 초라했던 분위기를 일신하여 전통적이고 토속적인 분위기를 살려 이제 완전히 기반을 잡은 듯했다. 그 동네에서는 물론이고 주변에도 소문이 자자하게 퍼져 거기 들어가서 성공했다고들 말한다. 그러나 화가로서 그림 작업을 하기에는 지장이 있을 뿐만 아니라 작가로서의 품위를 지키며 작업을 할 수 있는 새로운 계기가 다시 한번 마련되어야 하지 않을까 생각되었다.

여하튼 초루화실은 단독이고 마당에 자갈도 깔려 있고, 또 시골이니까 킹돌이를 키우기에는 아주 적합할 것 같은 생각이 스쳐갔다. 마침 화실 주인 T선생과 통화를 하게 되었는데, 우리 아파트 17층 사람들의 성화로 킹돌이를 키울 수 없다는 자초지종을 듣고는 많이 속상해 하면서 킹돌이를 데려다 주면 키우겠다고 했다.

개가 짖는 것은 사람의 말소리와 같은 자연의 이치인데, 개 짖는 소리가 조금 들리나 보다 하면 그런 대로 넘길 수도 있고 의식하지 않으면 잘 들리지 않을 때도 있을 텐데, 그 사람들도 참 어지간히 딱딱한 사람들 같다고 하면서 속상하시겠다며 나를 위로해 주었다. 순간 참 고마운 생각이 들었다.

나는 그 초루화실에 가본 적이 있기에 킹돌이가 살 곳으로 적합다고 생각되었고 또 주인이 여자분이니 더욱 부드럽고 사랑스럽게 키워줄 것으로 생각되어 우리 킹돌이를 그곳에 데려다 주기로 약속했다.

2~3일 내로 데리고 가겠다고 약속해 놓고 자꾸만 무슨 잡다한 일들이 생겨서 며칠씩 늦어지게 되었다. 아니, 금방 우리 킹돌이를 데려다 주고 싶지도 않았다. 다시 전화를 해서 일주일 후에 꼭 데리고 가겠다고 약속해 놓고 일을 보다가 아내의 이벤트(그림 전시장)에서 밤 12시경에 집에 들어왔다. 불 꺼진 거실은 캄캄했으나 베란다의 킹돌이는 나를 알아보고 유리창에 뛰어오르면서 꼬리가 유리창에 부딪히는 소리가 연방 들렸고, 낑낑 소리도 냈다.

'하루 종일 얼마나 지루하고 기다림에 지쳤을까. 배도 고플 테고….'

거실 전등을 켜고 옷을 갈아입으려고 안방에 들어서는 순간, 현관 벨이 울렸다. 나는 이렇게 늦은 시간에 누구일까 하고 수화기를 들고 "누구십니까?" 하였더니 17층에서 내려왔다고 했다.

"왜 그러십니까? 또 개가 많이 짖었습니까?" 하고 묻자, 문을 열라고 했다.

문을 열었더니, 그분들 내외는 경비실에서 내 차가 들어오는 것을 기다리며 지켜보고 있었다고 하면서 "왜 개가 짖게 내버려 두느냐, 어떻게 하겠느냐. 입시 공부하는 아이가 있는데 공부에 지장이 많다. 이사를 가든지 개를 없애든지 해라. 그렇지 않으면 고발하겠다"고 했다.

나는 피가 거꾸로 치솟는 것 같은 최악의 기분을 진정시키며 연방 미안하다, 보내기로 결정해 놓고 데리고 오라는 연락을 기다리고 있으니 며칠만 더 참아달라고 사정했다.

분통이 터지고 곤혹스럽기 짝이 없었다. 킹돌이만 아니면 내가 이 사람들에게 무엇 때문에 이렇게 자존심 상하게 저자세로 미안하다고 연거푸 사정해야 할 것인가? 나는 그들에게 1주일만 시간을 달라고 했다. 그들은 그것이 지켜지지 않으면 고발한다고 하면서 돌아갔다. 내 평생 이런 이웃 사람들은 처음이었다.

그런 뒤 며칠 후 밤에 들어오니 또 전화가 걸려 와서 받으니 17층 그 사람들이다. 왜 그러느냐고 묻기도 전에 그 개 참 이상한 개라고 하면서 짖어 대서 못 살겠다고 소리쳤다. 약속한 대로 며칠 내로 조치하겠다고 말하니, 소리가 들리는지 어떤지 한번 들어보라고 하면서 발로 아파트 바닥을 연방 쿵쿵 굴러댔다.

나는 화가 머리끝까지 치밀었다. 공동주택인 아파트를 왜 이 밤중에 마치 무너지는 소리가 나게 굴러 대느냐. 이런 몰상식한 행동을 하는 사람들이 애완견 짖는다고 시비할 자격이 있느냐. 개는 동물이라 주인이 올 시간에 오지 않으니 지루하고 배고파서 짖는다고 치자. 그런데 사람이 개 짖는 소리 시끄럽다고 항의하고 전화했으면 되지, 발로 쿵쿵 아파트를 구르면서 울려대면 그 소리가 들리는 몇 집은 지진이라도 났나 하고 얼마나 놀라겠는가. 세상에는 별 사람이 많지만 나는 이런 사람들을 처음 본다.

공동주택인 아파트에서는 애완견을 못 기르게 하지만 아파트 시공사에서 방음장치 좀 잘 해놓았으면 적어도 아래층 소리, 옆집 소리, 윗집 소리가 들리지 않을 게 아닌가. 요즘 시대에 거의 아파트에서 주거생활이 이루어지고 또 애완견 기르는 사람들은 얼마나 많은가. 이 또한 문화요, 시대의 흐름인 것을… 하며 나는 아파트 바닥을 쿵쿵 울려대는 그 사람에게 호통을 쳤다.

결국 약속한 날이 내일로 다가왔다. 나는 참으로 가슴 아팠다. 마음이 아파서 어찌할 바를 몰랐다. 그날 저녁 킹돌이를 안고 소파에 앉아서 쓰다듬어 주었다. 주체할 수 없이 눈물이 흘렀다. 베란다에 안고 나가 항상 불러 주는 자장가를 불러 주었다.

"킹돌, 킹돌, 우리 킹돌, 킨도, 킨도, 우리 킨도, 한강 물은 흘러가고 수많은 불기둥이 한강 물에 아롱지고 여의도의 불빛이 참으로 아름답고 강변도로 위를 수많은 차들이 오고 가고 달리고 있다. 킹돌아, 킨도야. 참 아름답지. 하~모, 우리 킨도!"

킹돌이는 이 소리가 자장가로 입력되었는지 이 소리로 다독다독 얼러 주면 가슴팍 어깨 위에 머리를 묻고 잠이 들곤 한다.

킹돌이가 우리 집과의 마지막 밤임을 어찌 알겠는가. 한참 다독거리고 안고 있다가 밥은 주었기 때문에 집에 들어가 자라고 들여보냈다.

다음날 킹돌이는 정확히 아침 8시에 방문을 뛰어오르고 몇 번 짖으며 나를 깨웠다. 11시경 동생을 불렀다. 동생의 쉬는 날이 토요일이기에 같이 갈 수 있었다. 킹돌이가 자꾸만 보채고 팔에 발을 걸치고 하면 운전에 방해가 될 것 같아서 조수석에 앉아 킹돌이 좀 안고 가자고 했다. 집도 챙기고 옷도 챙기고, 먹다 남은 밥, 새로 산 사료 한 봉지, 밥그릇, 밖에 다닐 때 쓰는 목줄, 하루에 세 알씩 먹이는 냄새 안 나는 비스킷 등을 챙겨서 킹돌이를 안고 집을 나오는데 눈물이 주체할 수 없이 흘렀다.

이렇게 우리 킹돌이와는 생이별을 해야 하니, 17층 그 사람들이 한없이 원망스러웠다. 내가 그들과의 싸움에서 진 것도 아니고 무서워서 피하는 것이 아니다. 다만 이웃으로서의 예의와 도덕적인 측면에서의 양보이고 조치일 뿐이라고 자위해도 왠지 억울하고 분했다. 10층의 이웃처럼 좀 관용하고 너그러운 사람들이면 얼마나 고맙고 좋겠는가. 이 일이 벌어지기 전에도 우리는 개 짖는 소리 때문에 미안하다고 옆집에 사과하고 인사했으나 그분들은 우리는 괜찮으니 조금도 신경 쓰지 말라고 오히려 위로해 주신 고마운 분들이셨다.

추석 하루 전에는 아내를 시켜 17층에 미안한 마음으로 배 한 상자를 들려 보냈으나 16층에서 왔다고 하니 문도 안 열어 준 사람이었다. 우리는 자존심이 많이 상했었지만 킹돌이 때문에 별수 없었다.

아파트 문전에서 관리소장을 만났다.

"소장님, 오늘 우리 킹돌이 어디 데려가려고 안고 나왔습니다."

나는 말도 제대로 못할 정도로 목이 메이고 눈물이 앞을 가렸다.

"마음 아프시겠습니다. 개 안 길러 본 사람들은 모르지요. 서운해서 어쩝니까?" 하며 소장은 나를 위로해 주었다.

모든 킹돌이의 도구를 차에 싣고 동생이 조수석에서 킹돌이를 안고 탔다. 내 차는 아파트를 빠져나와 초루화실로 달리고 있었다. 물어서 물어서 찾아가는 길은 정말 멀고 지루했다. 한두 번 가보긴 했지만 가본 지가 하도 오래라 한참 달리다가 다시 전화를 걸어 물어보니 딴 데로 달린 것이었다.

차를 돌려 고개를 넘는데 연방 킹돌이는 내 무릎에 고개를 묻고 자다가 깨다가 섰다가 앉았다가 하면서 지루해하더니 녀석이 꾸륵꾸룩, 끄륵끄륵 하고 소리를 내면서 목을 길게 빼고는 참았던 멀미를 하는 것이었다. 내 바지에도 묻히고, 바닥에도 많이 묻혔다. 아침에 먹인 밥이 채 소화도 되지 않은 상태였다. 휴지로 대강 문지르고 닦은 다음, 차를 세우고 바람을 좀 쐬어 주었다. 조금도 더럽지 않았고 다만 우리 킹돌이가 측은했다. 어디를 이렇게 오랜 시간 멀리 가는지 어찌 이 녀석이 알겠는가.

물어물어 벽제 화장터를 넘고 산길을 따라 내려가다가 다시 물어서 그 동네를 찾아갔다. 초루화실은 완전히 멍석도 깔고 인사동의 전통 찻집과 같은 꾸밈과 그런 분위기였다. 집을 새로 짓고 처음 갔었는데 T선생은 기다리고 있다가 반갑게 맞아주었다. 방 안쪽으로 들어가서 킹돌이의 모든 소유물을 풀어놓고 맞은편 방으로 와서 차 한잔 하고 킹돌이 키우는 데 필요한 참고사항과 밥 주는 양과 목욕시키는 것 등 내가 3년을 키우면서 얻은 경험에 대해 얘기해 주었다.

킹돌이 집을 건너 채 안쪽 구석방 벽에 붙여 놓고 문지방 틀에 목끈을 길게 해서 못을 박고 붙들어 매었다. 킹돌이는 눈치를 챘는지 비명 같은 소리를 내며 짖어댔다.

"킹돌아, 우리 킹돌아, 나는 너를 좋아하고 사랑했다. 하지만 네가 짖는다고 야단하는 17층 이웃사람 때문에 어쩔 수 없이 너와 함께 살지 못하고 여기에 데려왔다. 새로 네 주인이 될 분은 참 좋은 분이고, 내가 아는 분이다. 너를 잘 키워 줄 것이다. 네가 보고 싶으면 또 보러 올게. 킹돌아, 잘 크고 아프지 말고 잘 있어라."

목이 메어 말을 제대로 할 수 없는 이별의 사연을 킹돌이에게 들려주고 한 번 쓰다듬어 준 뒤 밖으로 나오니 동생이 그만 빨리 가자고 재촉했다.

그 집에서 상당히 떨어진 배추밭 옆에 세워둔 차 앞으로 다가서면서 차문을 열려고 하다가 잠시 그 울타리 쪽을 보는 순간, 우리 킹돌이가 입은 옷에 앞발 하나가 빠져나온 채 제대로 걷지도 못하고 절뚝절뚝하면서 나를 찾아오는 것이 아닌가. 이럴 수가! 상당히 떨어진 거리인데 저를 버리고 가는 주인의 냄새를 맡고 같이 데려가 달라고 찾아오는 것이었다. 참 기특하고 감격스러웠다. 말 못하는 동물이라 그렇지 떨어지고 싶겠는가. 비정한 이별이 얼마나 아팠겠는가.

"킹돌아, 왜 찾아왔어. 내가 아까 말했지. 너는 이제 여기서 살아야 하는 거야. 주인이 잘해 줄 거야. 너를 사랑해 줄 거야, 가자, 가자" 하면서 안고 다시 그 집으로 들어가는 나는 내 정신이 아니었고 마음이 무거웠다.

킹돌이를 안고 들어가서 붙들어 매놓고 한 번 쓰다듬어 주고 어떻게 나왔느냐고 물으니, T선생은 하도 짖어서 풀어 주었다고 하면서 얼굴 표정이 썩 좋아 보이지 않았다.

T선생의 "이제 킹돌이는 우리 개이니, 그리 아세요. 안녕히 가세요"라는 말이 그렇게 마음 아팠다. 그 집 앞을 나오는데 눈물이 한없

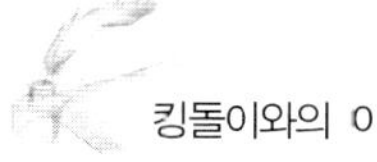

이 앞을 가리며 쏟아졌다.

차를 몰아 서울로 향하는데 눈물 때문에 운전을 제대로 할 수 없고 옆자리에 탄 동생에게 부끄럽고 민망하였다. 도중에 점심을 시켰으나 나는 제대로 먹을 수가 없었다. 서울로 나오는 길을 잘못 들어서서 많은 시간을 소모하게 되었다.

그 뒤 나는 킹돌이가 잘 적응하고 밥 잘 먹고 아프지 않은지, 밥그릇에 물은 항상 떠놓고 사료만 먹이되 정량만 먹이라는 둥 이삼 일 만에 한 번씩 전화를 했다. T선생은 몇 번 전화를 잘 받았으나 뒤에는 전화 받는 것을 짜증스러워했다. 한 번 주고 갔으면 그만이지 강아지 한 마리 가지고 퍽이나 신경 쓰이고 귀찮게 한다고 생각했을 것이다.

그러나 사람의 정이란 그 무엇보다도 귀하고 소중하다. 또한 아프고 쓰리고 서러운 것이 정인 것이다. 그것이 사람과 동물과의 정이라고 할지라도 정, 그 자체는 본질적으로 다른 것이 아닌 것이다.

킹돌이를 데려다 준 것이 2001년 11월 한참 추울 때였는데 어느덧 2002년 4월 꽃 피고 잎 피는 새봄이 왔다. 두 달만 지나면 꼭 한 번 보러 가겠다고 마음먹었는데 그동안 한 번도 보러 가지 못했다.

얼마 전 T선생이 전화해서 킹돌이를 성북동에 있는 조카들 집에 한 번 데리고 갔는데 조카들이 좋다고 야단들이고 킹돌이도 따라오려고 안 해서 두고 왔다고 했다. 나는 그 뒤에 또 전화해서 물어보았더니 다시 데리고 왔다고 했다.

그런 일이 있고 한참 만에 T선생은 조각가라는 어떤 사람과 함께 인사동에 나온 김에 들렀다고 하면서 화랑에 들렀다. 인사동의 점포 임대 시세와 가게 나온 것들이 더러 있느냐고 묻고, 한 군데 점포가

났다고 해서 보러 나왔다고 하며 같이 가자고 했다. 가는 동안에도 킹돌이 이야기는 의도적으로 피하고 들으려고도 하지 않았다.

봄도 되고 몇 개월이 지났으니 한 번 보러 갈까 하는 마음이었는데, 내가 돈 받고 판 것도 아니고 다시 달라고 하는 것도 아닌데 보고 싶은 녀석의 안부 좀 묻는 것이 인지상정 아닌가.

"킹돌이 보고 싶으시면 언제든지 와서 보고 가세요. 그리고 내년 봄에 날 따뜻해지면 오셔서 목욕이나 한 번 시켜 주고 보고 가세요" 하고 인사하던 T선생은 적어도 내가 아는 한 그런 분은 아니었는데.

애지중지 소중하게 키운 우리 킹돌이를 맡길 때의 내 마음은 잘 키워주겠다고 약속하고 받아주는 T선생이 고맙고, 킹돌이가 바뀐 환경에서도 잘 적응하고 탈 없이 잘 살기를 바라는 순수한 마음뿐, 무슨 다른 생각이 있었겠는가?

우리 집 베란다에 나가면 킹돌이 집이 놓여 있던 곳, 킹돌이 목끈을 매어 놓았던 물받이 기둥, 그리고 킹돌이를 안고 자장가를 불러 주며 바라보던 유유히 흐르는 넉넉한 한강, 그리고 혼자서 사랑을 독차지하고 있는 지금의 우리 금동이… 이런 모든 것들이 때때로 킹돌이 생각을 문득문득 불러일으킬 때도 있었다.

내 마음이 이러할진대 T선생이 받는 짜증스러운 전화는 내게 있어서는 적어도 옛날에 비해 아름답지 못했다. 킹돌이가 배추밭 옆에 세워 둔 차까지 냄새를 맡고 주인을 찾아오던 그 모습은 아마도 영원히 잊을 수 없을 것이다. 누가 데리고 있든지 킹돌이를 잘 키워 주고 사랑해 주길 바란다.

귀여운 우리 금동이 재롱에 시름을 잊다

백동이를 잃은 슬픔에 마음이 공허하기 짝이 없었고 우리 집 분위기 또한 너무나 썰렁했다. 눈송이처럼 하얀 녀석이 온 집안을 왔다갔다 쫓아다니다가 갑자기 없어지니 그럴 수밖에 없었다. 아내는 내가 좋아하니까 따라서 강아지를 좋아하게 되었고, 나는 원래 개를 좋아하는 사람인데 키우던 정든 놈이 없어진 상황 속에서 우리 집 거실은 텅 빈 듯하였다.

그렇게 하루 이틀 날짜가 가니 백동이를 잃은 아픔도 조금씩 아물어 가는 것 같았다. 킹돌이만 사랑하고 잘 키우면 되지, 그 고생을 하고 또 무슨 강아지를 사겠는가 하고 아예 단념해 버리기로 했다. 킹돌이에게 공을 던져 주면서 데리고 놀다가 가슴팍에 길게 세워서 껴안고 자장가를 불러 준다.

"킨도, 킨도, 우리 킨도, 한강 물이 잔잔히 흘러가지. 여의도의 국회의사당, 쌍둥이빌딩, 63빌딩도 보이고 밤섬이 한눈에 들어오지. 수많은 새들이 날아들고 참으로 아름답지. 킨도야, 그렇지. 우리 킨도, 하모, 우리 킨도, 자거라. 집 잘 보고, 우리 다녀올게."

이 말이 내가 생각나는 대로 읊으며 불러 주는 킹돌이 자장가이다.

이 자장가를 불러 주면 킹돌이는 내 어깨 위에 머리를 파묻고 자는 듯이 가만히 있다. 주인의 정이 소록소록 파고들면서 잠이 오는 모양이었다. 킹돌이는 베란다에서만 키웠고, 백동이는 거실이 제 놀이 마당이었다.

어느 날 오후, 우리 백동이가 간 지 한 10여 일쯤 되는 날, 나는 화랑에서 퇴근하면서 아내에게 간청했다. 우리 퇴계로에 가서 강아지 구경이나 하고 가자고. 그러나 아내는 백동이가 죽은 지 불과 며칠이나 되었다고 또 강아지 타령이냐고 핀잔을 주면서 싫다고 했다.

"아니, 사자는 것이 아니고 퇴계로에 가서 이 집 저 집 다니면서 우리 백동이처럼 예쁜 녀석 있나 구경이나 하고 가자"며 나는 차를 몰아 퇴계로로 갔다. 이곳저곳 다니면서 많은 강아지를 구경했다. 참 귀엽고 예쁜 놈들이 많았다. 윈도우 밖에서 들여다보면 강아지 사러 온 손님인 줄 알고 종업원은 자꾸만 들어오시라고 유혹했다. 천진난만한 녀석들은 저희들끼리 장난도 치고 깊은 잠에 푹 빠진 녀석들도 있었다.

아예 강아지 살 생각은 하지도 말라고 엄포를 놓는 아내의 말을 귓등으로 들으며, 머지않아 우리 백동이처럼 예쁜 녀석을 꼭 사고 말 거라고 다짐했지만 아직은 때가 이르다고 생각했다. 적어도 키우던 강아지가 홍역으로 죽은 집에서는 한 2, 3개월쯤 지난 후에야 새로운 강아지를 들여놓아야 한다고 미리 동물병원 의사가 달했기 때문이다.

그날은 그렇게 구경만 하고 집으로 와서 킹돌이만 어루만져 주면서 엉덩이를 톡톡 다독거려 주었다.

다시 3일쯤 후에 나는 막무가내로 가지 않겠다는 아내를 태우고 역시 퇴계로 강아지 시장에 구경을 갔다. 퇴계로는 강아지 가게도 많

고 사러 나온 사람들로 북적거리는 강아지 천국이었다. 우리는 한 집의 윈도우 앞에 서서 안을 들여다보다가 하얀 강아지 한 마리가 죽은 우리 백동이와 너무나 닮은 것을 보고 깜짝 놀랐다. 그리운 우리 백동이를 다시 보는 것 같아서 그 가게로 들어갔다.

종업원들은 남자 두 명, 여자 한 명으로 다들 젊은 사람들이었다.

"저 강아지, 얼마요?"

"저 강아지는 '말티스'인데 아주 인물이 잘생긴 놈입니다. 100만 원쯤 하는 것인데, 90만 원에 드릴게요."

강아지 값이 너무 비싸다고 하면서 한 번 안아나 보자고 하며 아내와 내가 번갈아 안아보았다. 나중에 생각해 보고 다시 오겠다고 하고 나오려니까 종업원은 80만 원까지 드리겠다고 했다. 돈이 문제가 아니라 사고 싶어도 때가 너무 이른 것 같아 그냥 그날도 이곳저곳 구경만 하고 집으로 왔다. 킹돌이가 반갑다고 짖으며 거실 창문에 뛰어올랐다.

그날 저녁 잠들기 전까지 백동이 닮은 그 강아지 생각이 자꾸 났다.

'잠을 자자, 잊어버리게….'

그 뒤 다시 두 번인가 퇴계로에 갔었는데 그 강아지는 새로운 주인을 만나 팔려가고 없었다. 나는 한없이 서운했고 아내도 서운한 것 같았다.

우리는 전에도 몇 번 들렀던 건너편 가게로 갔다. 도로에서 보이는 진열장에도 강아지가 많았고, 안에도 많은 강아지가 있었다. 그 중 한 마리가 유난히 눈에 들어왔다. 우선 똘똘하였다. 이 녀석은 이 놈 저 놈을 걸터타고 물기도 하면서 마치 대장 노릇을 하고 있었다.

유심히 그 녀석을 살피는데 종업원이 이제 막 들어온 녀석인데 잘

금동이

생기고 똘똘하고 이미 예방 접종도 2번이나 맞췄다고 하면서 잘 해드릴 테니 사 가시라고 말했다. 사고 싶었으나 백동이가 간 지 아직 한 달 정도밖에 안 되었는데, 안 되겠지 하는 마음이 스치면서도 그 녀석을 사고 싶었다. 얼마냐고 물었더니 80만 원을 받아야 하는 강아지라고 큰소리 치고는 다시 60만 원, 50만 원까지 드린다고 했다.

엉터리였다. 무슨 강아지 값이 이렇게 비싸고 가격이 몇 십만 원씩 오르락내리락하느냐고 핀잔을 주었다. 비싸서 안 사고 나오려고 하는데, 그 종업원이 나를 붙들고 최종적으로 45만 원까지 준다고 했다. 이미 며칠 동안 이 가게 저 가게 다니면서 강아지 값을 물어 본 바 있기 때문에 그 정도면 괜찮은 것 같았다. 그러나 아내가 동의해 줘야 하기에 아내의 눈치를 살피면서 “우리 이 강아지 사면 어때?” 하고 표정을 살피니 얼굴에 웃음을 띠면서 “예뻐요?” 하고 물었다.

먼저 우리 백동이보단 못하고 귀 털이 좀 노란 것 같아 보이나 우선 똘똘하고 건강해 보이지 않느냐고 말하면서 “사자, 우리 저 녀석을 사자” 하고 좀 더 깎아주면 사겠다고 하고 문밖으로 나왔다.

그런데 몸집이 크고 훤칠한 키에 정장으로 깨끗이 차려입은 얼른 보기에 40대 초반으로 보이는 웬 남자가 다가오더니 “강아지 사기로 하셨어요?” 하고 물었다.

“글쎄요, 생각 중이오. 똘똘하기는 한데 가격을 왔다 갔다 하면서

너무 많이 부르는 것 같아요."

"얼마나 달라고 합니까?"

"45만 원 달라는데요."

"이럴 수가 있나! 이 사람들 너무하는군. 내가 조금 전 8만 원에 팔고 지금 떠나려니 너무 서운해서 잠시 머뭇거리는데, 저 사모님이 참 좋은 분 같아 보이고 사 가지고 가시나 사지 않으시나 마음 졸이며 보고 있던 중이었습니다. 잠깐 계십시오. 금방 팔고 나왔으니 도로 찾아서 돈 안 받고 그냥 드리겠습니다."

그 젊은 신사는 무척 화가 난 듯 가게 안으로 뛰어 들어갔다.

"자, 여기 8만 원 있어요. 내 강아지 팔지 않겠으니 도로 돌려주시오. 당신들 어쩌면 그리 심할 수 있소. 내가 팔려고 들어왔을 때는 어쩌고저쩌고 하면서 값나가는 강아지 아니라고 8만 원에 사놓고 눈 깜짝할 사이에 45만 원이라니 내 강아지 당장 내놓으시오. 내 이 손님들께 그냥 드리겠소!"

그런데 이렇게 말하는 그분에게 나이가 비슷해 보이는 그 가게 사장인 듯한 사람이 대뜸 욕을 했다.

"이 얼간이 같은 새끼야. 팔았으면 그만이지, 남이야 얼마를 받건 무슨 상관이냐?"라고 따지고 대들었다. 젊은 종업원 두세 명도 합세하여 마구 욕을 해대며 나가라고 소리치며 강아지 절대 못 물러준다고 소리소리 지르고 야단이었다.

젊은 신사는 그런 상황에서도 차분하게 이성을 잃지 않고 당신들이 너무 지나친 것 같아 도저히 기분 나빠 참을 수가 없다고 말하면서, 나를 잠깐 보자며 밖으로 불러냈다.

의아해서 쳐다보는 나에게, "선생님, 강아지 판 돈 8만 원을 드릴 테니 이 돈 보태서 제발 우리 강아지를 저 사모님이 꼭 사 가지고 가셨으면 합니다. 저 사람들하곤 얘기가 안 되네요!" 하고 말하였다.

나는 순간 큰 감명을 받았다. 자기가 강아지 팔고 받은 돈을 그냥 드릴 테니 보태서 그 강아지를 사 가시란 그 말이 내 가슴에 화살처럼 아프게 와 닿았다.

"선생, 그 돈을 제가 왜 받습니까. 제 돈 있습니다. 저 사람들이 너무 공신력 없는 행동들로 말장난을 해서 잠시 망설인 것이니, 내 꼭 저 강아지 사 가리다. 들어갑시다. 손에 들고 있는 그 돈은 넣으시오!" 하고 내가 앞서 그 가게로 들어갔다. 나는 소리를 질렀다.

"칼만 안 들었지, 이 나쁜 놈들! 그래 금방 눈 깜박할 사이에 8만 원에 산 강아지가 90만 원 간다고 하면서 인심 쓰듯이 45만 원이라고 하니 아무리 장사지만 도덕적으로 용서할 수 없다. 강아지 팔고 돌아서니 너무나 서운하여 도로 데리고 가겠다고 금방 받은 그 돈 8만 원 내주는데 강아지 못 주겠다고! 나쁜 놈들. 그러면 어디 나와 한 번 붙어 보자. 당신네가 24시간도 경과되지 않고 한 시간도 채 안 되었는데 강아지 도로 안 물러 주고 배기는지 어디 한번 해보자. 당신들이 이 손님에게 집단적으로 욕설을 하고 언어폭력을 했겠다. 왜 강아지 억울하게 판 손님에게 욕설을 해대느냐, 너희들이 깡패냐? 어디 한 번 해보자. 여기 관할 파출소가 어디냐!"

나는 분통이 터져서 도저히 견딜 수가 없어서 소리소리 질렀고, 그들은 갑자기 기가 죽은 듯 조용해졌다.

"선생님은 강아지 사러 온 손님인데 저 사람이 일단 팔고 나가놓고 다시 들어와서 장사를 방해하니 화가 나서 그랬습니다. 그만하시죠. 미안합니다" 하고 젊은 종업원 한 사람이 저자세로 수그러들면

서 나의 소매를 이끌었다.

잠시 밖으로 나왔다. 그는 우리도 장사이니 이해하시고 30만 원만 주고 사 가시라고 중개했다. 돈이 문제가 아니라 지금은 기분이 문제라서 그렇다고 말하고 나는 그런 식으로 손님 대하고 장사하면 못 쓴다고 꾸짖고는 저 사람을 봐서 그 값에 사가겠다고 말했다.

종업원은 가게로 뛰어 들어가서 사장인 듯한 사람과 잠시 얘기를 한 다음 강아지를 안고 나왔다. 강아지 팔러 왔던 그 젊은 신사는 만면에 웃음이 돌았다. 아내도 더 이상 그 사람들하고 입씨름 그만하고 제값 치르고 사 가자고 했다.

처음부터 그 녀석이 눈에 들어오더니 결국은 우리 집으로 가게 된 것이다. 그 강아지 본래 임자였던 젊은 신사는 "선생님, 고맙습니다. 사모님, 감사합니다!" 하고 머리 숙여 인사를 했다.

강아지 집과 사료 한 봉지 등 필요한 것을 아내가 추가로 챙겨서 그 가게를 나왔다. 강아지는 역시 하얀 '말티스'였다. 젊은 신사는 그래도 가지 않고 길가에 세워둔 검정 중형차 앞에 서 있었다. 우리가 강아지를 차에 태워 떠나는 것을 보고 가려는 모양이었다.

나는 아내에게, "저 사람 비록 초면이지만 참 착한 사람 같다. 저녁 먹을 시간도 되고 했으니 우리 집으로 가자고 해서 따라오면 저녁이나 대접하자"고 말했다.

아내는 잠시 생각하더니 그러자고 동의했다. 나는 그 사람 옆으로 다가가서 지금 나의 심정은 꼭 우리 집으로 같이 가서 저녁이라도 같이 하고 헤어지고 싶다고 했더니 그러겠다고 했다. 그래서 그분을 모시고 우리 집에 같이 왔다. 내 차를 따라서 그 사람도 자기 차로 따라온 것이다.

아내가 급히 서둔 저녁이라 반찬은 없었으나 워낙 음식 솜씨가 괜찮은 편이라 그날 저녁 식탁은 그런 대로 좋았다. 그분도 식사를 맛있게 했다. 식사 후 차 한 잔씩 나누면서 나의 명함을 주었더니 그 사람은 이름과 전화번호를 적어 주었다. 차 한 잔을 하는 동안에도 강아지는 주인의 발등에 턱을 고이고 옆에 기대앉았다. 주인이 바뀌는 줄을 아는지 모르는지 강아지는 사르르 눈을 감곤 했다.

강아지는 그분이 현관을 나서자 어느새 따라가며 짖어댔다. 사람과 개, 귀엽게 사랑으로 키워 준 주인과의 정이 어찌 아프지 않으리오. 주인과의 영원한 이별이 아마도 목이 메이는 아픔이요, 슬픔이었을 것이다.

그 사람은 강아지를 한 번 안아주고 눈물을 훔치면서 현관문을 열고 나갔다. 강아지는 계속 짖어 댔는데, 왜 자기를 모르는 집에 두고 가느냐고 하면서 울었을 것이다.

그 사람은 얼마 전까지 도봉구 창동에 살았다고 했다. 내가 살던 동네도 창동이어서 깊은 인연이 있는 사람으로 생각되었다. 단란하고 행복하게 살았는데 어떤 말 못할 연유로 이혼을 해서 도저히 남자 혼자서 강아지를 키울 수 없어 눈물을 머금고 퇴계로에 강아지를 팔러 갔었다고 하면서, 좋은 주인을 만나서 안심이 되고 기분이 좋다고 했다.

그 뒤 그 사람이 주고 간 강아지 수첩은 성남의 서울동물병원으로 되어 있었는데 그분의 직장도 성남이었다고 했다. 지금쯤 좋은 여자를 만나 잘 살았으면 하는 마음 간절하다. 그 사람으로부터 물려받은 정든 강아지는 지금의 우리 금동金童이다. 킹돌이, 백동이 다음으로 데리고 온 삼형제 중 막내 동생인 셈이다.

우리는 금동이 수첩에 적힌 주소를 찾아 성남까지 가서 세 번째 접종을 시켰고, 백동이와 같은 비극을 되풀이하지 않기 위해 노심초사하면서 건강하게 예쁘게 키우고 있다.

처음에 건강하던 금동이가 두 달쯤 지난 후에 감기가 들어 가끔 기침도 하고 콧물도 흘리고 해서 애를 태우며 주로 퇴계로의 H동물병원에 자주 데리고 다녔는데, 그 병원 의사가 시키는 대로 고기를 자주 먹였다. 고기 맛을 본 금동이는 사료로 주는 밥을 먹지 않아 한때 속을 많이 썩였다. 동네 Y동물병원에서 검사하고 X-ray를 찍어보니 기관지가 좀 좋지 않고 혈관에 이물질이 끼어 있으니 절대 고기를 주지 말라고 해서 그때부터는 사료만 먹이고 예방접종을 한 번 더 맞힌 다음부터는 감기도 낫고 밥도 잘 먹는다.

이제 많이 컸고, 씩씩하고 매우 사납다. 계속 따라다니려고 짖어대서 매일 화랑에 데리고 다닌다. 오늘은 글을 쓰기 위해 내가 집에 있으면서 데리고 있다. 심심한지 자꾸만 책상 밑에 와서 내 발을 건드리기도 하고 발밑에 엎드려 자기도 한다. 사람이나 동물이나 정은 아프고 소중하고 값진 것이다.

금동이는 제 엄마와 떨어지지 않으려고 한다. 목욕시키고 머리 빗겨 주고 밥 주고 살펴 주는 사랑이, 그것이 곧 엄마의 사랑인 것이다. 다 같은 주인인데 어쩌다 엄마가 잠시 떼놓고 나가면 짖다가 늑대 울음소리를 내면서 울어댄다. 엄마가 옆에 있으면 기가 살아 사납게 굴고, 내겐 잘 오려고 하지 않지만 손가락을 깨물면서 장난을 잘 친다. 오줌 똥은 착실히 잘 가리고, 엄마 옆 침대에서 자다가 요 깔고 자는 방바닥의 내 옆에 와서도 잘 잔다.

'목 디스크' 때문에 가끔 아내가 뜨거운 수건으로 목과 등허리 마사지를 해줄 때는 금동이가 펄쩍 뛰어 올라와 내 등허리에 엎드린다. 뜨거운 물수건이 제 배에 닿으면 시원한 모양이다. 자식, 참 귀엽고 때론 괴짜 짓도 잘한다.

금동이와 함께 화랑에서

오늘은 아내가 화랑에 혼자 나가고 나는 글을 쓴다고 저하고 놀아주지 못하니, 계속 책상 밑에서 의자 뒤에서 주인 냄새를 맡으며 지금도 자고 있다.

우리 금동이는 아주 건강하다. 더욱 건강하게 사랑으로 키울 것이다. 그러나 멀리 어디를 갈 때는 어떻게 해야 할지 걱정된다. 오늘은 화랑에 구경 오시는 손님이 놀라지 않겠지. 금동이가 달려 나가면서 뛰어오르거나 짖지 않으니까.

우리 금동이는 이제 없어서는 안 될 우리 식구로서 같이 살고 있다. 그야말로 금덩이 같은 金童이다. 킹돌이가 떠난 베란다엔 금동이 용변을 위한 신문지가 깔려 있고, 아내가 정성껏 키우는 작은 꽃들이 봄을 장식하고, 악재를 막고 재수를 주는 회나무가 훤칠하게 줄기를 뻗고 새잎을 피웠다. 금동이가 있는 우리 집은 행복하고 즐겁다.

문금용 선생 ⓒ 2011 SHin Hyun Ho 작

대한민국 회화대전 대상작가 초대전(2011년 3월 인사동 한국미술관)

대한민국 회화대전 대상 수상식에서
최예태 화백과 함께

대한민국 회화대전 대상작가 초대전에서
선학균 강릉관동대학 명예교수,
조성호 한국미협 부이사장, 권의철 선생과 함께

2011년 3월 대상작가 초대전에서 서양화가 신현우와 함께

문금용 고촌화랑 개인전
(좌측부터 신종섭 화백, 박용인 화백, 강정완 화백, 필자)

고촌화랑 개인전에 축하차 방문해 준
홍대 미술대학원 20기 회장 김무일 선생과 함께

개인전 때 축하차 방문해 준 강정완 화백과 함께

구상대전 운영위원장 최예태 선생과 예술의
전당에서

홍익대학교 미술대학원 현대미술 최고위과정 수료식에서 축하차 온 딸 지영과 함께

축하하는 아내와 함께

미술대학원 동문 박상준 동창회 부회장과 함께

대한민국 통일미술대전 통일부 장관상을 수상하고

2009년 개인전을 마치고 최예태 화백, 강정완 선생과 함께

홍콩 모던아트페어 당시 홍콩 해양공원에서. 좌측부터 선학균 교수, 필자, 최예태 화백

유일한 초등학교 친구 차상보(해군 대령 출신)와 부산 APEC에서

상트페테르부르크 아트센터 연합전에서 술탄 교수, 황상근 화백과 함께

부산 APEC에서

음력 6월 18일, 내 생일에 케이크를 사 온 친구 고 조남기와 함께

홍콩 모던아트페어에서 선학균 교수와 함께

2011년 3월 2일 대상 초대전에서 대상작가 대표로 인사하는 모습

홍콩 모던아트페어에서 홍콩 영사와 함께

대한민국 통일대전 통일부장관상 수상 후 고촌화랑에서 아내와 함께

황산에서 최정길 선생과 함께

장가계에서 부산 친구 정수웅과 함께

터키에서 최예태 선생과 함께(햇볕은 뜨거웠으나 바람이 많이 불어 시원했던 날)

우리 땅 독도에서

추억의 편린들

초판 1쇄 인쇄 2011년 9월 1일
초판 1쇄 발행 2011년 9월 5일

지은이 문금용
펴낸이 金泰奉
펴낸곳 한솜미디어
등 록 제5-213호

편 집 박창서 김주영 김미란 이혜정
마케팅 김영길 김명준
홍 보 김태일

주 소 143-200 서울시 광진구 구의동 243-22
전 화 (02)454-0492(代)
팩 스 (02)454-0493
이메일 hansom@hansom.co.kr
홈페이지 www.hansom.co.kr

값 15,000원
ISBN 978-89-5959-277-7 (03810)